天津市艺术科学规划项目（E12004）成果

党校研究成果系列

张殿军◎著

当代中国
对外文化交流战略

The Foreign Cultural Exchange
Strategy of Contemporary China

天津出版传媒集团

天津人民出版社

图书在版编目(CIP)数据

当代中国对外文化交流战略 / 张殿军著. ——天津:
天津人民出版社,2014.8
（党校研究成果系列）
ISBN 978-7-201-08801-3

Ⅰ.①当… Ⅱ.①张… Ⅲ.①中外关系－文化交流－
研究 Ⅳ.①G125

中国版本图书馆 CIP 数据核字(2014)第 186337 号

天津人民出版社出版
出版人:黄 沛
（天津市西康路 35 号 邮政编码:300051）
邮购部电话:(022)23332469
网址:http://www.tjrmcbs.com
电子邮箱:tjrmcbs@126.com
高教社(天津)印务有限公司印刷 新华书店经销

2014 年 8 月第 1 版 2014 年 8 月第 1 次印刷
710×1000 毫米 16 开本 17.75 印张 2 插页
字数:325 千字
定价:60.00 元

目　录

第一章
对外文化交流的历史考察

对外文化交流是世界上各民族、国家文化之间广泛而快速的交融与互动。它不是从来就有的现象，而是在一定的历史阶段产生并随着生产力的发展而逐渐演进的一种动态的历史进程。在经历了人类早期野蛮状态的文化交流之后，当今世界的文化交流进入了一个全新的、更高文明层次的历史时期。

现实是历史的延续。要科学研究当今世界不断涌现的文化交流浪潮，就有必要对世界文化交流的历史过程和特点进行全面考察，这样，才能为文化全球化下世界不同文化交流的科学研究打下必要的基础。

一、对外文化交流战略概念的界定

对外文化交流是人类文明发展到一定历史阶段的产物。要研究对外文化交流这一历史现象，首先必须廓清对外文化交流战略的概念。克劳塞维茨在《战争论》一书中曾经这样写道，"任何理论首先必须澄清杂乱的、可以说是混淆不清的概念和观念。只有对名称和概念有了共同的理解，才可以清楚而顺利地研究问题"。

（一）"文化"与"战略"的概念

对外文化交流是一个历史范畴。在对对外文化交流战略概念进行剖析之前，我们先来探讨一下文化与战略这两个概念。

1."文化"的概念

文化是随着人类社会的产生而产生，并随着人类社会的发展而不断演进、变迁的。关于文化，在中文中最早见之于《易经》："观乎天文，以察时变；

观乎人文,以化成天下。"这里的"人文化成"指的是同天文相对立的人类社会的改造过程,即通过对自然世界的改造,实现人类合目的的目标。按照唐代学者孔颖达的解释,文化主要有两层含义:一是指《诗》《书》《礼》等典籍,二是指礼仪风俗。可见,"人文化成"在当时已含有精神方面的意义。中国西汉时期的刘向在《说苑·指武》一书中第一次使用了"文化"概念:"圣人之治天下,先文德而后武力。凡武之兴,为不服也,文化不改,然后加诛。"显然,这里的文化是同武力相对而言的,其意是指道德教化和对人的一种精神教育。

在古希腊,"文化"(culture)一词源自于拉丁文的"Colere",其本意是指"居住、耕作"或"培育",也就是人类社会的实践活动。在中世纪的欧洲,由于宗教在社会生活中占有绝对的主导地位,因此文化最先被演绎成为一种宗教祭祀活动。而到了欧洲文艺复兴时期,人文主义的先驱们则冲破了长达千年的神教宗教的精神束缚,高扬人的主体性精神,开始将文化与人道理想联系在一起,并剔除文化中的宗教内容,把农业、商业、教育等不同形式的人类活动纳入其中,从而将文化的内容与人类社会的社会改造活动有机联系在一起。文化开始被赋予了人类社会进化的科学含义。

根据英国文化史学者威廉斯的考证,从18世纪末开始,西方语言中的"文化"一词的含义和用法开始发生变化。他指出:"在这个时期以前,文化一词主要指'自然成长的倾向'以及——根据类比——人的培养过程。但是到了19世纪,后面这种文化作为培养某种东西的用法发生了变化,文化本身变成了某种东西。它首先是用来指'心灵的某种状态或习惯',其后又用来指'一个社会整体中知识发展的一般状态'。在后是表示'各种艺术的总体'。最后,到19世纪末,文化开始意指'一种物质上、知识上和精神上的整体生活方式'。"①

尽管现代意义上的"文化"的概念已含有与今天人们所普遍认同的"大文化"的概念相一致的内容,但由于文化随人类社会实践而发展的本性使然,加之人们从不同的视角、立场去认识文化,因此在文化发展、变迁的历程中,对文化的定义可谓是见仁见智,"剪不断,理还乱"。完全可以这样说,无论是在传统语境中还是当代环境下,文化是众多概念中其内涵和外延最具有不确定性的基本概念,"因为它被以若干不同的方式使用着"②。英国文化

---

① 转引自韦森:《文化与制序》,上海人民出版社2003年版,第9页。

② 〔英〕戴维·钱尼:《文化转向——当代文化史概览》,戴从容译,江苏人民出版社2004年版,第92页。

研究的重要奠基人之一的雷蒙·威廉斯曾说过:"英文里有两三个比较复杂的词,文化就是其中的一个。"①美国人类学家克鲁伯和克鲁柯亨在他们1952年合著的《文化:关于概念和定义的检讨》中,通过对文化的概念进行深入而广泛地引证与研究,列举了1871—1951年间理论界关于文化的164种定义,并根据文化的定义,将其分为描述性的、历史性的、行为规范性的、心理性的、结构性的、遗传性的以及不完整性的7组。而俄罗斯学者克尔特曼在对文化定义进行对比研究时发现,对文化的定义已逾400种。

"文化"是一个具有多义性的概念。在对文化概念的理解上,国内外学者对此有不同的理解。

有人从哲学的视角来定义"文化"。德国《大百科辞典》认为,文化是"指人类较大集团典型生活方式的总和,包括对这些生活方式的精神表述,尤其是价值标准"②。中国也有学者认为,文化是"历史地凝结成的稳定的生存方式,其核心是人自觉不自觉地建立起来的人之形象,这就是梁漱明所说的抽象的'人类生活的样法'和胡适所说的'人民生活的样式'。在这种意义上,文化并不简单地是意识观念和思想方法问题,作为人的生存方式,它像血液一样溶进总体性文明的各个层面中自发地左右着人的各种生存活动"③。

文化人类学家泰勒从民族学的角度这样定义文化:"文化,或文明,就其广泛的民族学意义来说,是包括全部的知识、信仰、艺术、道德、法律、习俗以及作为社会成员的人所掌握和接受的任何其他能力和习惯的复合体。"拉兹洛认同这一概念,他认为,文化是人类为了不断满足他们的需要而创造出来的所有社会的和精神的、物质的和技术的价值的精华。"文化是体现出一个社会或一个群体特点的那些精神的、物质的、理智的和感情的特征的完整的复合体。文化不仅包括艺术和文学,而且包括生活方式、基本人权、价值体系、传统信仰等等。"④

美国社会学家保罗·布莱斯蒂德则从社会学的视角定义文化概念:文化是一个具有多种意义的语词,这里用作更为广泛的社会学含义,即是说,用来指作为一个民族社会遗产的手工制品、货物、技术过程、观念、习惯和价

---

① 〔英〕雷蒙·威廉斯:《关键词》,刘建基译,三联书店2005年版,第101页。
② 《文明与文化——国外百科辞书条目选择》,求实出版社1982年版,第95~96页。
③ 衣俊卿:《文化哲学十五讲》,北京大学出版社2004年版,第289页。
④ 〔美〕欧文·拉兹洛:《多种文化的星球——联合国教科文组织国际专家小组报告》,戴侃等译,社会科学文献出版社2001年版,第153页。

值。因此,文化包括一切习得的行为、智能和知识,社会组织和语言,以及经济的、道德的和精神的价值系统。一个特定文化的基本要素是它的法律、经济结构、巫术、宗教、艺术、知识和教育。①

此外,还有学者从更具体的领域来定义文化概念。如支持"人化说"的学者认为文化就是人化,文化就是人生,包括物质的、制度的、思想的全部内容。支持"文艺主体说"的学者认为文化主要是文艺,包括文学、戏剧、舞蹈、美术等。支持"反映精神成果说"的学者认为文化是反映精神成果的总和,包括反映其精神风貌、心理状态、思维方式和价值取向,等等。胡潇在其专著《文化现象学》中认为"文化"的定义一般包括七种方法,它们是: 现象描述性定义、社会反籀性定义、价值认定性定义、结构性定义、行为取义性定义、历史探源性定义、主体立意性定义。②当代学者邹广文认为中外学者对文化的理解,大体上主要有两种:即作为"功能性"的文化和作为"主体性"的文化。③而有的学者则从历史与逻辑统一的角度,把文化划分为"造型文化"、"表现与再现文化"、"行为规范文化"、"探索与传媒文化" 四大类。第一类文化是"造型文化",包括建筑、园林、雕塑等艺术。第二类文化是表现和再现文化,包括舞蹈、音乐、戏剧、诗歌、小说。第三类是"行为规范文化",包括风俗、伦理道德、宗教、政治观和法律制度等。第四类是探索与传媒文化,包括各门具体科学和哲学、各种新闻出版等媒体。④

尽管学术界、理论界由于研究角度和关注问题的重点不同,对"文化"概念的界定不一,但总括各方对"文化"的定义,不外乎广义、狭义两种。

广义的文化, 是指人类社会区别于动物界的特有的生存方式和掌握世界的方式,是人类社会实践活动创造的各种成果的总称,是物质文化和精神文化的统一体。这其中, 以 1871 年英国著名人类学家爱德华·泰勒(Edward Taylor)发表在《原始文化》一书中的定义比较具有典型代表性。泰勒认为:"文化或文明,就其最广泛的民族意义来说,是包含全部的知识、信仰、艺术、道德、法律、风俗以及作为社会成员的人所掌握和接受的任何其他才能和习惯的复合体。"⑤1982 年联合国教科文组织成员国在墨西哥城举行的第二届世

---

① 转引自陆扬:《论文化在马克思哲学中的地位》,《毛泽东邓小平理论研究》2003 年第 4 期。

② 参见胡潇:《文化现象学》,湖南人民出版社 1991 年版,第 87 页。

③ 邹广文:《文化、文化本质与文化变迁》,《中共天津市委党校学报》2004 年第 4 期。

④ 林宗:《文化经济论的时代意义》,《思想战线》2006 年第 1 期。

⑤ 〔英〕爱德华·泰勒:《原始文化》,连树声译,广西师范大学出版社 2005 年版,第 1 页。

界文化大会也从广义的角度把文化定义为"有特色的各种特征的集合物,无论是精神的还是物质的,理念的还是情感的,它们表现一个社会或社会集团。除了艺术和文字,文化还包括生活方式、人权、价值体系、传统和信仰"①。

狭义的文化,是指人类社会物质实践活动所创造的精神财富。也就是说,文化是人类在改变自然,获取生存和发展、享受所必需的物质生活资料的过程中,所获得的精神文化产品。主要包括政治、法律、军事、艺术、技术、科学等,以及在此过程中所形成的理想信仰、伦理道德和风俗习惯等。如格尔茨就明确指出,文化是"从历史上留传下来的存在于符号之中的意义模式,是以符号形式表达的前后相袭的概念系统,借此,人们交流、保存和发展对生活的知识和态度"②。根据这一定义,文化是不同社会人群的共有的意义系统,是人所创造的社会生活方式和社会精神。

马克思唯物主义史观也是从狭义的角度来界定文化概念的。文化同经济、政治、社会一道被看成是构成复杂社会有机体的基本要素之一。马克思恩格斯认为,"观念的东西不外是移入人的头脑并在人的头脑中改造过的物质的东西而已"③。"物质生活的生产方式制约着整个社会生活、政治生活和精神生活的过程。"④而毛泽东更是将文化这个要素表述为"观念形态的文化",并强调"一定的文化是一定社会的政治和经济的反映"⑤。这里所说的文化,即指"精神生产能力和精神产品,包括一切社会意识形式:自然科学、技术科学、社会意识形态。有时又专指教育、科学、文学、艺术、卫生、体育等方面的知识和设施"⑥。

本书中所指称的"文化"是相对于经济、政治和军事而言的狭义的文化定义,主要包括思想、政治、道德、法律、科技、学术、文艺、宗教、教育等精神财富和产品。

2."战略"的概念

战略产生于人类早期的战争实践,因此战略在中外历史上也常常被称作"军事战略"。"战略"一词在英文中为"Strategy",在法文中为"Stratégie",在德

---

① 〔加〕谢弗:《文化引导未来》,许春山、朱邦俊译,社会科学文献出版社2008年版,第3页。
② 〔美〕克利福德·格尔茨:《文化的解释》,韩莉译,译林出版社1999年版,第109页。
③ 《马克思恩格斯选集》(第一卷),人民出版社1995年版,第82页。
④ 同上,第217页。
⑤ 《毛泽东选集》(第二卷),人民出版社1991年版,第663~664页。
⑥ 辞海编辑委员会:《辞海》,上海辞书出版社2000年版,第1731页。

文中为"Strategie"。其语根出于希腊语中"stratos"一词,意为军队。从这个词中衍生出"strategos"(意为将军或领袖)和"strategeia"(意为战役或将道)。公元 579 年,罗马皇帝毛莱斯用拉丁文写了一本名为"stratajicon"的书,此书被认为是西方第一本战略著作。因此,早期的战略直接服务于战争的目的。

有"现代战略研究之父"之称的普鲁士将军克劳塞维茨在他的《战争论》(On War)一书中,就曾将战略定义为:"战略是为了达到战争目的而对战斗的运用。因此,战略必须为整个军事行动规定一个适应战争目的的目标,也就是拟制战争计划;并且必须把达到这一目标的一系列行动同这个目标联系起来,也就是拟制各个战局的方案和部署其中的战斗。"[①]瑞士的 A.H.若米尼也认为:"战略是在地图上进行战争的艺术,是研究整个战争区的艺术。"[②]美国参谋长联席会议批准的军事战略的定义同样也是:"运用一国武装力量,通过使用武力或以武力相威胁,达成国家政策的各项目标的一门艺术和科学。"

在中国,中文里的"战略"一词的字面意思也是"作战的谋略"。它最早出现在西晋历史学家司马彪以"战略"命名的历史著作中,这部书后来散佚了。现今保存最完整的只有明代茅元仪的《廿一史战略考》。除了书名外,战略作为概念使用,最早出现在《宋书》"授以兵经战略"中。清代叶名沣在《桥西杂记·杨忠武公训子语》中说:"公一生战略,具载国史。"其战略所指皆为军事选项。在中国历史上,军事战略理论体系的集大成者,当首推春秋时期孙武的《孙子兵法》。该书系统地阐述了军事战略,指出了战争胜利的根本,即"兵者,国之大事。死生之地,存亡之道,不可不察也"。"上兵伐谋,其次伐兵,其下攻城"。"人皆知我所以胜之形,而莫知吾所以制胜之形。故其战胜不复,而应形于无穷。"

在中国古代,除了使用"兵略"、"谋略"和"方略"等特定的术语表述战略外,常见的还有"韬略"、"方策"和"庙算"等。比如"庙算"一词,在古时就是指朝廷制定的克敌谋略。如《孙子兵法·计篇》就说:"夫未战而庙算胜者,得算多也;未战而庙算不胜者,得算少也。多算胜,少算不胜,而况于无算乎!"打仗要先有谋略,特别是最高谋略,这是孙子的重要军事思想。

---

① 〔德〕克劳塞维茨:《战争论》(第 1 卷),中国人民解放军军事科学院译,商务印书馆 1997 年版,第 175 页。

② 〔瑞士〕A.H.若米尼:《战争艺术概论》,刘聪译,解放军出版社 1986 年版,第 87 页。

尽管中外对"战略"的定义各异、认识不同,但也有其相同之处。即都是指在一定时期,建设和使用以军队为主体的军事力量,筹划和指导战争全局的准备与实施,以达到为一定的阶级、国家、民族和政治集团的利益服务的方略。只是到了近代,特别是二战后,经济、政治及文化领域对一个国家生存、发展的重要性明显上升,"战略"概念才逐渐从单纯军事概念的局限中突破出来,被广泛应用于经济、政治、文化等社会领域。西方有的国家甚至出现了比军事战略更高层次的大战略、国家战略、国防战略及有关的发展战略。英国学者利德尔·哈特首先指出"战略所研究的,不只限于兵力的调动",而"是一种分配和运用军事工具以来达到政治目的的艺术"。①他是第一个直接用军事与政治之间的手段与目的关系来界定战略的人,对西方"战略"概念的发展影响巨大。随后,"战略"概念的外延进一步扩大,出现了各种各样的"战略"概念。美国的魏德迈将军给大"战略"的定义是,"使用一切国家资源,以达到国家政策所界定目标的艺术和科学"②。1972 年,美国参谋长联席会议确定了"国家战略"的定义,将国家战略与军事战略区别开来:"在平时和战时使用军事力量的同时,发展和使用国家的政治、经济和心理力量,以实现国家目标的艺术和科学。"至此,战略概念已由传统的军事领域逐步扩展到非军事领域。

综上,所谓战略是指行为体,特别是国家行为体,根据战略形势和国家利益的需要,为了从根本上解决自己生存与发展中的重大问题,从全局的角度,对未来一定时期内,组织的主要资源和力量的运用所进行的宏观谋划和指导。

(二)"对外文化交流战略"的概念与构成

在对"文化"和"战略"这两个概念进行解析的基础上,我们试对"对外文化交流战略"作如下定义。

"对外文化交流战略"是指一个主权国家根据对国际形势和敌对双方政治、军事、经济、科学技术、地理等诸因素的分析判断,为了在国际文化交往中传播、发展自身的文化软实力而制定的对外文化互动所遵循的原则、目

---

① 〔英〕利德尔·哈特:《战争论》,中国人民解放军军事科学院译,战士出版社 1981 年版,第 438 页。

② 参见钮先钟:《战略研究》,广西师范大学出版社 2003 年版,第 2~22 页。

标、方法和策略。

作为国家实现对外政策目标的手段与过程，对外文化交流战略有若干不可缺少的内容和组成部分。总括起来看主要由以下五个要素构成：

1.战略目的

战略目的是一个主权国家根据战略形势和国家利益的需要，在实施战略行动中所要达到的预期结果。任何一个战略都要反映一个国家或政治集团利益的根本的目标方向，体现它们的路线、方针和政策。同此，具有鲜明的政治目标，是战略的基本要求，也是一个国家战略的灵魂。失去了目的，也就失去了方向，丢失了魂魄。战略目的是国家制定和实施战略的出发点和归宿。

虽然国家的战略目标的最终归宿都是指向国家利益，但是在这一宏大的目标之下，不同性质的国家其战略的目的还是有所不同。就对外文化交流战略而言，任何主权国家的对外文化活动都兼有文化的意识形态和市场商品的属性，因此也决定了对外文化交流战略都包含有获取经济效益和社会效益的双重目的。就前者来说，主要是通过文化产品和服务的输出，更多地占有国外市场份额，即通过获取市场影响力，进而获得商业利益。就后者而言，主要是通过文化交流和传播的内容影响国外受众的心理、思想、情感和行为，这主要是一种社会影响力。也就是说，通过文化交流将本国家的"私有观念"提升和转化为国际社会所广泛接受和认同的"共有观念"，从而引导和规范相关国家确立其国家身份，最终达到在文化观念上影响和控制目标国的目的。但是具体到不同的国家，其具体表现形式又有所不同。对于美国来说，美国的对外文化战略目的，不仅使国外受众相信美国在全球事务中发挥着建设性作用，使国外受众将美国视为应对全球挑战的令人尊敬的伙伴，更重要的是美国通过其领先他人的传播技术和遍及世界各地的文化输出网络，实现美国文化的世界化。与美国不同，中国对外文化交流的根本目的，是有效增进国外普通民众对中国现代化建设所取得成就的了解，减少国外民众因信息不对称而对中国的误读、误解，甚至偏见，增进普通民众对中国的理解，强化普通民众对中国的好感，努力改善中国的国际形象，从而提高中国的国际声誉和声望。正如英格丽·德·胡克(Ingrid d'Hooghe)指出，中国的软实力战略主要服务于四大目标：一是中国希望被看成一个致力于构建和谐社会，并努力为其人民创造光明前景的国家，以此寻求国际社会对其政治制度和政策的理解和认可；二是中国希望被视为一个稳定的、可靠的和负责任的经济合作伙伴,一个正在崛起而没有威胁的经济强国,这是中国的睦邻友好政策、"和谐世界"和"和平崛起"战略的关键所在;三是希望中国被视为一个值得信赖和负责任、能够并愿意为国际和平作出积极贡献的国际社会成员;四是中国希望其作为一个古老而充满活力的文化大国而得到国际社会的承认和尊重。①

2.战略原则

战略原则是按照一定的战略思想和战略理论所确立的指导战略行动的准绳和法则。战略原则主要规定战略作战的基本方式、方法和行动规范。既然战略原则是为了达到一定的战略目的而实施的行动纲领,那么不同的战略目的要求的战略原则必然是不同的。也就是说,有什么样的战略目的就会有什么性质的战略原则。具体到对外文化交流活动中,发展中国家的对外文化交流原则一定有别于发达国家,社会主义国家也必然迥异于资本主义国家。以中美两国为例。中国对外文化交流的目的是在保持本民族文化生存空间的同时,通过不同文化间的交流,互通有无,取长补短,增进不同国家间的了解和友谊。因此,在对外文化活动中,中国奉行"和而不同"的原则:一方面,坚持文化的共生性和共存性,主张不同文化"各美其美,美人之美,美美与共,天下大同"。既反对一方消灭另一方,也反对一方同化另一方。另一方面,坚持"兼容并包","己所不欲,勿施于人"的价值追求,主张对由于文化差异而引起的文化冲突应通过不同文化间的平等对话和沟通来解决,在求同存异中达到"和"的目的。而美国的对外文化战略目的是为了实现美国文化的一统天下,因此美国在对外文化交流过程中,其战略指导原则是"和而同"。美国认为,世界不同文化的存在不仅不利于世界的健康发展,还严重威胁到美国文化乃至国家的安全,所以美国对外大肆推行文化霸权主义,利用自己独特的经济政治优势和无与伦比的传播地位,疯狂蚕食他国的文化,以最终实现世界的"美国化"。

3.战略资源

资源是指行为体用以影响、左右他人行为的资产、资本。要达到一定的战略目的必须具备一定的战略资源。但是战略资源是具体的、历史的,不同的战略目的需要的战略资源也是各异的。对外文化交流的资源主要包括:

---

① Ingrid d'Hooghe.The Limits of China's Soft Power in Europe: Beijing's Public diplomacy Puzzle. The Hague Nether and Institute of International Relations 'Clingendae 1', *Clingendae 1 Diplomacy Papers* No.25, 2010.

一是文化资源。这是文化交流最基础性的资源之一。文化是一个巨大的系统。对于文化可以作多层次的分析。按照文化本身的要素,可分为文化产品、活动方式和文化观念;按照文化本身的层次,可分为显型文化与隐型文化、俗文化和雅文化;按照文化本身的领域,可分为物质文化、制度文化和精神文化;按照文化在社会中的地位和作用,可分为主流文化和非主流文化;按照文化的发展脉络,可分为原始文化、古代文化、近代文化、现代文化以及未来文化等。从文化学的角度看,民族文化的基本构成是:有形文化、行为文化、精神文化、语言文化。有形文化主要是指民族文化中的物质创造部分,如工具和伙食;行为文化是指一个民族共有的习惯性行为、偏好,或风俗、制度;精神文化主要指民族文化中的精神创造部分,包括思想观念、世界观、价值观等;语言文化是以语言为核心的符号系统,其实质是一个民族表达、交流与传递信息和情感的方式和手段。[①]在中国,"中国的古典文明传统和中国现代社会主义传统是中国最基本的软实力资源"[②]。

二是文化媒介和载体。在文化全球化语境中,一国的信息传播要在国际竞争中取得优势,还必须有强大的文化传播媒介和有效的交流通道。这样,使之转化为人们喜闻乐见的文化产品、民俗风情,最大限度地扩大文化精神和文化产品的传播面和覆盖面,提高文化的现实影响力和感染力。媒介作为文化载体的功能和影响越来越突出和明显。在当代,主要有广播、电视等传统媒介和网络等现代传播媒介和文化传播的基础设施条件。

三是人才资源。对外文化交流是一种跨语言、跨国界的文化活动,因此要有效沟通不同文化,就需要大批有扎实的外语语言基本功以及较高的语言实际应用能力并对所学语种国家的语言习惯、文化背景以及历史等进行全面掌握和了解的人才,特别是国际化人才队伍。在文化全球化中,国际化人才队伍是推动对外文化交流的一切力量中最重要的力量。从某种程度上说,人才资源的数量和质量决定了对外文化交流活动的质量和水平。

4.战略能力

战略的能力首先体现在它能够把原本分散的力量整合起来,形成巨大的合力,这种合力可以完成原本分散的力量根本无法完成的任务,为参与战略行动的整个群体取得更大的利益。而这需要相应的能力作保障。如果没有战略能力,即使具备了资源,国家没有实力和能力,或者运用实力和能力不

---

① 张文勋、施惟达:《民族文化学》,中国社会科学出版社1998年版,第9页。

② 甘阳:《关于中国的软实力》,《21世纪经济报道》2005年12月26日。

当,也难以把战略目标转化为现实。对外文化交流的一个重要目的就是谋求文化国际影响力。为此,必须具备如下能力。

一是软实力资源的开发能力。如上所言,文化是对外文化交流的重要资源。一个国家或地区的文化资源是异常复杂的,其中既有适应时代进步促进社会发展的部分,也有脱离时代要求,阻碍社会生产力发展的部分。成为国家文化软实力中的文化资源必须是那些能够促进一个国家或地区的发展的部分,只有这些能够强健自身的文化资源才有可能是影响他国受众的文化资源。因此,文化资源的发掘程度如何,影响着文化资源转化为力量的程度。

二是文化的投射能力。文化的作用在于其扩散性。只有借助必要的投射机制和平台,克服文化异质障碍、地理障碍、媒介障碍等主客观的障碍,软实力建设资源禀赋的潜能才能转化为现实。反之,如果国家的文化资源不能得到有效交流和传播,就不能转化为影响他人的软实力。实践表明,文化的投射能力不仅关系到先进文化传播的广度、深度和效度,而且成为文化软实力建设和竞争的重要方面。

三是体制保障能力。文化软实力既受传播理念、传播技术与传播渠道等因素的影响,也受一个国家体制机制的制约。因此,一个国家只有不断使促进软实力建设的体制更加完善,并建立起对文化软实力的宏观调控机制、自我调节机制、大众对国家文化软实力的参与机制和国内文化生产合理运转的文化体制,才能在促进国家文化软实力发展活力的同时,通过文化传播,潜移默化地塑造他国大众的文化模式及深层的文化心理结构,改变人们的价值认同。

5.战略措施

战略措施是战略决策机构根据本国和世界文化力量的对比,为了一定的文化目标而实行的具有全局意义的切实可行的方法和步骤。战略措施是国家战略的保障。国家要把自己的战略目标变成现实,就要靠有效的战略手段和方法。战略目标和战略措施与方法之间存在着相互依存的关系。手段总是为实现目标而实施的,是在一定的目标驱使下而进行的。因此,方法和措施的正确与否对战略目标的实现至关重要。国家只有决策科学,方法举措得当,才能在战略竞争中立于不败之地。当然,由于形势的多变性影响,战略措施要根据时间的变化和客观环境条件的改变作出相应的调整。对外文化交流由于面对的人群和国度不同,因此方法和措施不能"一刀切",而应因人而异,因国而不同。只有选定一整套可行的战略措施与手段,才能取得事半功倍的文化效果。

二、对外文化交流战略的基本特性

对外文化交流是主权国家实施的一种文化互动。总的说来,战略具有以下五个方面的特征。

(一)系统性

战略是筹划和指导事物发展全局的方略,即根据对国际形势和敌对双方政治、军事、经济、科学技术、地理诸因素的分析判断,科学预测战争的发生与发展,制定战略方针、战略原则和战略计划,筹划战争准备,指导战争实施所遵循的原则和方法。因此,战略的重要表现是:

其一,由战略目标、战略方针、战略原则和战略资源、战略能力以及战略措施构成一个环环相扣的战略目标体系,缺少任何一个方面,战略实施都是不完整、不系统的。

其二,任何战略的实施,绝不是仅凭该领域相关物力、人力的动员和组织就可以完成的,需要相关战略的协调和配合。因此,战略既要调动本领域相关力量,也要其他组织和部门之间的相互配合和相互支持,共同为实现战略目标而奋斗。

其三,战略是对未来一定时期内所进行的宏观谋划。它的最终实施要靠阶段性目标的逐步实施。战略思维的着重点是正负兼顾。既要看到面临的有利条件、拥有的优势和决策带来的效益,又要看到面临的不利条件、劣势和决策带来的负面效益;既要考虑所要做的事情本身,也要考虑所涉及的相关因素。因为事物总是相互联系在一起的,只有多向思维,全方位地思考问题,作到统筹兼顾,才能作出正确的决策。

其四,科学的战略总是对现实利益与长远利益,局部利益与整体利益的综合反映。所以战略设立既要立足当前,又要放眼长远。毛泽东说:"没有这种计算,束缚于眼前的利害,就是失败之道。"①所谓"不谋万世者,不足以谋一时"就是此意。

---

① 《毛泽东选集》(第一卷),人民出版社 1991 年版,第 170 页。

(二)全局性

战略是对事物发展全局的谋划。全局既是战略家考虑问题的出发点和轴心,也是战略的基本要求和特性。可以说,战略就是关于全局的理论,是关于如何认识全局、研究全局、把握全局和处理、驾驭全局的方法论。正如毛泽东所说:"研究带全局性的战争指导规律,这就是战略学的任务。"①所谓全局,就是有一种宏观上的分析和掌握行为的视野和能力。全局的战略谋划是通过对事物发展主要矛盾的分析和把握,根据事物发展的基本规律制定出来的,因此掌握了全局,就有利于战略的实施和目标的达成。所以任何战略都要一切从全局出发,一切以全局为重心,以全局为转移。毛泽东明确指出战略家"必须有照顾全局"的观点,"必须懂得以局部需要服从全局需要这一个道理。如果某项意见在局部的情形看来是可行的,而在全局的情形看来是不可行的,就应以局部服从全局。反之也是一样,在局部的情形看来是不可行的,而在全局的情形看来是可行的,也应以局部服从全局。这就是照顾全局的观点"②。只有着眼于全局,胸怀全局,才不至于"一叶障目,不见泰山"。

不谋全局者,不足以谋一域;战略之要就是照顾全局。但是全局又是一个由各种局部有机联系而构成的整体。毛泽东说:"全局性的东西,不能脱离局部而独立,全局是由它的一切局部构成的。"③全局性目的实现是由局部性和阶段性的目标的实现而最终完成的。局部的利益和要求的实现虽然归根结底有赖于全局的利益和要求的实现。但忽略了局部,便不成其为全局。所以战略要求谋划者高瞻远瞩,能够站在足够的高度鸟瞰全局,同时也要处理好全局中的各种关系,特别是全局与局部的关系,只有既把握事物的全局,又兼顾各方,特别是注意解决好对全局有决定意义的局部问题,才能纲举目张,产生事半功倍的局面。毛泽东说:"指挥全局的人,最要紧的,是把自己的注意力摆在照顾战争的全局上面……如果丢了这个去忙一些次要的问题,那就难免要吃亏了。"④对于对外文化交流战略全局来说,既要正确分析世界文化发展趋势,科学把握世界文化发展格局, 又要正确定位我国的文化实

① 《毛泽东选集》(第一卷),人民出版社1991年版,第175页。
② 《毛泽东选集》(第二卷),人民出版社1991年版,第525页。
③ 《毛泽东选集》(第一卷),人民出版社1991年版,第175页。
④ 同上,第176页。

力,并根据全局要求制定有效的文化交流措施,这样,才能实现提高中国文化软实力的战略目标。

(三)前瞻性

"凡事预则立,不预则废。"战略谋划与战略实施都是为了成就大事,而且,这种谋划与实施都是着眼于未来,所以必须具有很强的预见性。明茨伯格指出,战略是一种有意识的、有预谋的行动,一种处理某种局势的方针。战略是不同行为体基于客观现实情况,依据事物发展的规律而作出的一种谋划,更多地反映了人们对未来行动的主观愿望。战略要实现自己制定的目标,就必须运筹帷幄,只有这样,才能决胜于千里之外。所谓运筹帷幄,就是要在广泛调查研究,全面分析、正确判断形势的基础上,科学预测国际、国内战略环境和敌友关系以及敌对双方战争诸因素可能发展的变化,正确判明未来事物可能爆发的时机、样式、方向、规模、进程和结局。"思人之欲思而未思,言人之欲言而未言"。

预见性是谋划的前提,决策的基础,也是正确制定、调整和实施战略的客观依据。就对外文化交流而言,要成功达到战略目标,主权国家就必须科学判断国际文化发展大势和对象国家对文化交流的立场以及举措。既要考虑自身所要实现的目标和所拥有的实力与资源,也要考虑国际环境的限制和对手的可能选择;既要考虑各种手段的成本,也要考虑各种手段的功效;既要考虑眼前的措施,也要考虑后续手段。显然,国家必须作最坏的打算,同时要争取最好的结果。知己知彼,做到有的放矢。有了科学的预见,才能未雨绸缪、争取主动,防患于未然。

(四)科学性和艺术性

任何战略的实施,既需要战略方法作支撑,也需要一定的技巧和艺术。这是因为,任何战略的制定和实施所面临的对象和情况都不是静止不变的,而是随时变化的。在面临着一些不确定因素时,只有保持战术的灵活性,同时根据客观情况的变化,对战略力量与资源进行巧妙的、科学的安排,适时出击,才能出乎意料,在取得重大胜利的同时,将资源与力量的损失程度降到最小。对一个国家来说,对外文化交流的一个重要战略目标,就是通过不同文化间的交流让他国民众和国际社会认可，追随并分享到该国的文化价值观，进而同化对方，使对方按照本国的目标、意愿、意图或意志采取自己所预期的行动。

而能否达到这一点，一方面取决于文化与文化受众需求的一致性，另一方面则决定于文化交流的方式和技巧。这是因为，任何文化传播活动，消费者有着各自不同的情感归属体验和价值认同。这就要求以影响力为追求目标的文化信息交流传播，一要做到努力适应和把握不同文化背景的受众和市场需求，体现出高度的灵活性和开放性，二要充分考虑到经济全球化语境中的文化输送方法与技巧。文化交流、传播竞争说到底是以受众作为竞争对象的市场博弈行为。只有考虑传播受众自身的文化背景、审美情趣和要求，生产出他们喜闻乐见的内容产品的同时，采取一定的科学有效文化输出方法，才能获得消费者文化心理上的认同，才能减少文化折扣。正如有学者所讲，"只有让不同文化背景下的目标受众超越文化的差异，实现与目标受众的相互沟通和理解，使宣传内容得到目标受众的接受和认可，才能达到宣传目的"①。

（五）间接性和持久性

在当今世界上，一个国家要占据国际战略的"制高点"，无外乎采用两种手段：硬实力和软实力。诚如有的学者所指出的那样，经济军事物质实力具有直接性、见效快、显著性的特点。硬实力一旦使用往往能迅速发挥作用，并一举改变敌我双方形势，使其向有利于自己的方向发展。但硬实力的使用也常常存在着风险高、代价大等高成本支出和回报率低等不足。而且其结果有时也难以为其使用者所预料，甚至适得其反，到头来"偷鸡不成反蚀把米"。尤其是在经济全球化的发展而使利益相关者结成一个利益共同体的今天，动辄挥舞经济制裁大棒却往往不能收到预期的效果，因为制裁者在动用制裁、封锁被制裁国家的同时，也会使其本身蒙受巨大的物质利益损失，从而陷入"损人不利己"的境地。俗话说"杀敌一千，自损八百"即是此意。军事战争亦是如此。"如果夺去他们手中的武器，他们仍会赤手空拳地进行战斗或找到新的武器用来战斗"，"战争的爆发乃是人们头脑中存在的意

---

① 赵志刚：《我国军事对外宣传跨文化传播探析》，《今传媒》2010 年第 10 期。

识作用"。①战争不仅造成巨大的人员伤亡,而且还严重破坏本国乃至世界生产力的发展。正如希腊格言所说:"战争之危害,就在于它制造的坏人比它所消除的坏人更多。"②所以如同经济制裁一样,军事战争也常常是得不偿失,"赔了夫人又折兵"。

不同于硬权力资源的垄断性和排他性,扩散性和共享性是文化软实力资源的基本特性。对外文化交流的效果虽然不像暴力等那样直接、明显,且其达到战略目的的过程也是缓慢的,无形的,但软实力一经成功发生效力和作用,其影响则是深远而长久的。其原因在于,相比人的经济、政治属性,人更具有文化属性。而文化外交是心灵的沟通,情感的交流。它制胜的法宝和武器是对他国公众具有强大感染力和吸引力的文化软实力。通过经济贸易往来、开展文化交流、签订互派人员访问等途径,借助文化外交这一通道和平台,将体现这种吸引力和感召力的文化软实力非强制性地输出,可以引起他国对本国文化的共鸣,使他国在文化软实力的不断渗透、滋润下,自觉不自觉地接受本国的文化思想,最终俘获他国人心,达到"不战而屈人之兵"的战略目的。不仅如此,这种文化软实力作用持续的时间越长,扩散范围越广,对他国和人民的文化实践活动产生的影响就越大。它往往能跨越时代的考验,经受时间的洗礼,而左右人的价值取向和行为选择,进而影响人类历史发展进程。也就是说,文化软实力作用的效应随着人类不同文化交流的增多而呈现出不断递增的趋势。正如有学者所讲,所谓的从历史角度看,消灭一个民族,须首先灭其文化。穷兵黩武不能带来长久的征服,只有通过文化为被征服者"洗脑",才有长久的作用。③政治家的才能在于关注战略的走向,在于审慎制定政策,以利用这种走向或弥补和降低这些走向的负面影响。这些政策涉及军事运输、佯动和战争以外的军事行动,但很少进行武装冲突。正相反,国家通常发动劝说性的外交,而不是使用强制或武力,这是将权力用于处理战略利益成本最低的手段。④

---

① 〔美〕汉斯·摩根索:《国家间政治——为权力与和平而斗争》,杨岐鸣、王燕生等译,商务印书馆 1993 年版,第 505 页。

② 转引自〔德〕康德:《历史理性批判文集》,何兆武译,商务印书馆 1997 年版,第 124 页。

③ 沈本秋:《扩张主义文化与文化扩张》,《湛江师范学院学报》2002 年第 1 期。

④ 周丕启:《国家大战略概念与原则》,《现代国际关系》2003 年第 7 期。

三、对外文化交流的实质与方式

文化是沟通人与人心灵和情感的桥梁，是国与国加深理解和信任的纽带。在各种文化之间碰撞和互动的力度愈益增大的今天，一个主权国家只有自觉地进行对外文化传播，大胆地张扬本民族、本国的文化，才能提高国家的感召力和吸引力，产生"天下之至柔，驰骋天下之至坚"的文化效果。从根本上说，这是由文化的本质属性使然。

（一）对外文化交流的实质

对外文化交流是不同文化背景的行为体借助一定的文化载体和平台，通过文化方法和手段，影响对方价值取向和行为选择的国际性活动。如上所述，从文化交流的目的来看，任何国家的对外文化交流活动都有两个共同的目的，那就是在获取巨大的经济商业利益目的的同时，通过文化影响改变它国的价值取向。这两项不同目的的实现却有一个共同的前提，那就是必须建立在对文化受体及其文化的正确认知、理解的基础上。成功的文化交往不仅能降低他国与本国的交易成本，增加本国的经贸机会，从而推动国家经济的发展，还能通过文化的力量打动他人，乃至使其行为朝着自己期望的方向变化。由此看来，对外文化交流的背后实际是文化价值观的较量和竞争。

文化价值观是人们在社会生活中依据满足自身需要的价值关系所形成的对自身及周围事物的评价。因此，文化价值观的争夺不可避免地带有意识形态争夺的色彩和蕴涵。

首先，文化具有意识形态属性。从狭义上说，文化是生存在一定时空条件下的人对一定社会的政治和经济在观念形态上的反映。而意识形态是"具有符号意义的信仰和观点的表达形式，它以表现、解释和评价现实世界的方法来形成、动员、指导、组织和证明一定行为模式和方式，并否定其他的一些行为模式和方式"①。作为一种精神现象和系统化的理论抽象，文化和意识形

---

① 〔英〕戴维·米勒、韦农·波格丹诺·布来克韦尔：《政治学百科全书》，邓正来等译，中国政法大学出版社 1992 年版，第 345 页。

态都属于建立在现实社会经济基础之上的上层建筑范畴。因而,文化与意识形态之间不可避免地存在着内容本身的重合性和共同性。从此意义上讲,文化的实质其实就是意识形态,意识形态就是文化。当然,文化虽然与意识形态存在着内在的必然联系,但文化不全然是意识形态,不能简单地将二者等同视之,混为一体。二者并不是直接统一的。文化兼具意识形态和非意识形态双重属性。它不仅包括意识形态如政治哲学思想、法律道德、宗教等,还包括教育、科学、文学、艺术、卫生、体育等方面的知识和设施。因此,文化无论就其内涵,还是外延而言,都要大于意识形态。就文化与意识形态的关系而言,尽管意识形态只是文化的一个组成部分和表现形式,其存在和发展必须以文化的存在为前提,但是由于意识形态是文化诸形式和内容的表达指南,所以其本身的发展不仅反映着文化发展的本质要求,而且还规定、左右着文化发展的走向,在文化的发展中发挥精神导向作用。这是因为,在阶级社会里,文化从本质上说,归根结底是个价值观的问题,文化对经济社会发展的作用总是受到意识形态的影响和制约,因此,如同意识形态具有鲜明的文化特性一样,文化也具有强烈的意识形态性。

其次,人具有意识形态属性。任何文化都是以民族文化的形式存在着的。正如本尼迪克特所说:"真正把人们维系在一起的是他们的文化,即他们共同所具有的观念和准则。"①文化是一个民族、国家赖于生存和发展的意义结构。不同文化的成员在其成长的过程中都受到自己文化的深刻影响、熏陶,文化不但是其成员作选择的参照背景和判断依据,而且还决定着他们的价值取向和行为方式。"事实上,内在的文化指令像隐形之手一样,支配着我们的意识甚至全部。说得形象一点的话,我们都受制于文化地图为我们标示的方向,沿着这样的方向,一种无意识给我们以暗示和询唤,并使我们产生生存和行为的依据。"②不同的文化归属意识和意义结构反映着不同价值主体在经济模式、政治体制和文化观念方面的差别与对立。所以阿尔都塞有言:"人本质上是意识形态的动物。"③不同文化主体的交往不仅是不同文化相互激荡、激烈碰撞的过程,也是意识形态碰撞的过程。

最后,国家的意识形态特性。国家由国民构成,是人格化了的人,因此,

---

① 〔美〕露丝·本尼迪克特:《文化模式》,王炜等译,社会科学文献出版社 2009 年版,第 11 页。

② 孟繁华:《众神狂欢:世纪之交的中国文化现象》,今日中国出版社 1997 年版,第 28 页。

③ 陈越:《哲学与政治:阿尔都塞读本》,吉林人民出版社 2003 年版,第 362 页。

国家既是一个政治、经济共同体,同时也是一个意识形态行为体。国家固然需要借助经济、军事等硬权力来维持其统治的长治久安,但除此之外,还必须常常凭借其垄断的政权的力量,利用各种文化传播媒介的主导地位,通过灌输、教化等社会化手段,来影响和左右人民的思想选择和行为取向,以确保整个社会思想高度统一和社会行为的整齐划一。在阶级社会中,由于意识形态总是与特定的阶级或政治利益集团有机地联系在一起,所以意识形态必然反映和服务于一定阶级政治集团的利益和要求。按照马克思主义的政治学理论,在不同阶级对国家政治主导权的激烈争夺和博杀中,占据统治地位的阶级和政党的意识形态通常上升为国家的主流话语,成为国家政治生活中占统治和主导地位的意识形态。马克思就曾说:"统治阶级的思想在每一时代都是占统治地位的思想。这就是说,一个阶级是社会上占统治地位的物质力量,同时也是社会上占统治地位的精神力量……占统治地位的思想不过是占统治地位的物质关系在观念上的表现,不过是以思想的形式表现出来的占统治地位的物质关系。"①因此,意识形态总是特定国家的意识形态;国家通常是负载着一定意识形态的主体。国家和意识形态之间是一种互为倚重、相互借用的关系。意识形态因为国家这一载体的存在而得以不断社会化、大众化,而国家也由于意识形态能够为自己政治统治的正当性进行道德辩护和合法性论证而得以不断巩固和加强。

意识形态对整个社会思想的整合程度是一个社会秩序稳固运行的重要前提。而一个意识形态缺失的国家则必定会导致人心的涣散和思想的涣散,并进而引发整个社会的大分裂、大动荡。诚如马克思曾明确指出的,"如果从观念上来考察,那么一定的意识形式的解体足以使整个时代覆灭"②。意识形态不仅是主权国家合法统治的重要依据,同时也是影响国家关系正常发展的一个重要因素和干预变量。在国际关系中,任何国家的对外战略都是在一定的意识形态指导下并为实现特定的意识形态目标而实施的。国家之间的利益之争,某种程度上就是国家之间的意识形态之争。因为"国家利益显然是一个主观的概念,不同的人对国家利益有不同的界定。——其特性在任何一点上都取决于社会和政府中普遍持有的意识形态和对外政策观点"③。这实际上就

---

① 《马克思恩格斯选集》(第一卷),人民出版社 1995 年版,第 98 页。
② 《马克思恩格斯全集》(第 30 卷),人民出版社 1971 年版,第 539 页。
③ 转引自周余云:《论政党外交》,《世界经济与政治》2001 年第 7 期。

是说,只要主权国家存在,世界上不同的文化价值体系和意识形态的斗争和博弈就将会成为长期的国际政治现象。所以意识形态不仅过去是、现在是,将来仍然是指导国家间关系的一个重要原则和因素。冷战后西方国家所谓的"历史的终结"、"意识形态的终结"是根本不存在的。

文化的意识形态属性。文化主体的意识形态属性和国家浓烈的意识形态特征决定了文化交流也就不可避免地具有鲜明的意识形态属性。换言之,在现实的国际政治中,根本谈不上中立性的对外文化交流。从某种意义上说,对外文化交流过程既是文化主体通过生产和传播承载着政治理念、价值观念、审美情趣、生活方式的话语体系实现对话语客体的控制过程,又是一个意识形态意义和价值再生产、传递、移植和再现的过程。所以对外文化交流战略包含着意识形态的较量。美国外交史专家弗兰克·宁柯维奇就曾直言不讳地指出:"文化外交,从实质上说,是输出思想,是传播和沟通信仰,是文化交换价值观,因而是'思想外交'或'观念外交'。"①

(二)对外文化交流的方式

不同文化间的交流是世界历史发展的重要动力,也是文化全球化的重要标志和体现。文化交流与互动交流的方式多种多样,总的来看,主要有以下四种。

1.线形和非线形形式

线形传播模式。众所周知,传播的过程由传播者、传播内容、传播渠道、受传者和传播效果5个要素和环节组成。线性传播模式在传播学理论上主要被表述为一种直线型、单向型的过程。其中以拉斯韦尔和申农·韦弗模式(见图1-1)为代表。

图1-1 申农·韦弗线性传播模式

---

① Frank A.Ninkovich,*The Diplomacy of Ideas:U.S.Foreign Policy and Cultural Relations*,1938-1950 New York:Cambridge University Press,1981。

在这种模式中,施动者只考虑能给予受动者怎样的影响,而忽略受动者的能动性,缺乏对受动者表达的理解、吸收与反馈机制。也就是说,线性传播形式是基于传播者朝文化受众单向的信息发布,文本所使用的是独白话语。因此,它是一种单向的文化灌输式的交流方式。这种交流方式由于受传者本位意识和主客二分思维的影响,不仅有明显的文化中心主义的嫌疑,而且还难以引起文化受者的文化共鸣,很可能还会引起目标受众的强烈抵抗,带来文化传播者意想不到的负面效果。在当代,线性传播形式主要体现在秉承"文化单向输出"理念的"文化帝国主义"和"文化殖民主义"身上。这些国家依仗独步世界的技术优势,通过其现代化的传播手段,向别的国家或以显形或以隐形的方式推广其价值观、世界观甚至政治制度,以达到控制别国的目的。

非线性传播模式。"非线性"本是数学中的一个概念。在传播学理论中,所谓"非线性"指的则是非顺序地访问信息的方法。与线性模式不同,非线性传播在线性模式的基础上,引入了"反馈"的机制,从而变"单向直线性"为"双向循环性"。非线性传播,从实质上讲,是一种文化主体间性模式。即指不同文化间交互作用之内在过程。文化主体间性模式反对传统的二分思维在看待文化与文化之间的关系时,仅仅把自我当作主体,而把他者当作客体的僵化思维模式,认为世界是各个主体互为条件地共同存在的主体间性的世界。每个自我的存在与发展离不开他者。所有的文化都是平等的,都具有独立的主体性。因此,任何一个有效传播的过程,都是传播者和受众协调互动的主体间性的过程。不同的文化主体只有在相互尊重彼此文化存在的基础上,才能在主动沟通、相互理解中促进文化的共同发展。在当代,非线性传播形式主要体现在强调文化交流的交互性的文化国际主义上。各国不同的文化相互交流、沟通、学习和促进,增进了各国人民彼此的了解、理解,培养了国家间的共识和互信,由此促进了世界的和平与发展。

2. 双边形式和多边形式

所谓双边交流,主要是指两个不同的文化行为体之间一对一的交流关系。交流是不同文化行为体之间的文化互动,因此,双边交流是对外文化交流的最基本形式。在人类社会文明发展的早期,主要是通过双边的形式开展对外文化交流的。双边形式是人类到目前为止,最基本、最传统的一种文化交流形式。

所谓多边形式,一般是指三个以上的国际关系行为体在常设的或特别的全球性或地区性的国际组织、国际会议中的互动。多边外交上升为指导国家对外政策的思想和理论,就是多边主义。多边主义从作用范围上主要划分为全球性多边主义和地区性多边主义。前者主要以联合国等国际性组织为代表,后者主要以地区性的组织如上海合作组织、东盟为典型。地区多边主义是地缘相近的国家为了应对日益严峻的全球化问题,加强彼此之间的经济贸易合作的产物。相比于全球性多边合作,地区性多边合作已发展成为当今国际关系的主旋律。

多边外交是一种与双边外交相互补充的外交战略。对于对外文化交流来说,重视利用和发挥多边外交的渠道资源,拓宽对外文化交流平台,不仅可以减少双边机制可能产生的误解,强化双方相互信任的气氛,而且可以通过文化对话,进一步促成国家间在经济贸易领域以及非传统安全,如打击恐怖主义、跨国犯罪以及环境合作等问题上开展进一步合作,从而从根本上摆脱彼此间的安全困境,为不同国家间最终形成某种相对稳定的制度性安排奠定坚实的文化基础。

3.政府间与非政府间文化交流

当今国际政治体系的行为体主要包括主权国家行为体和非国家行为体。相应地,文化交流形式可分为政府间文化交流与非政府间文化交流。主权国家行为体是指拥有固定的领土和一定数量的居民,并有政府进行管理的最具权威性的政治经济实体。自威斯特伐利亚国际关系体系建立以来,主权国家便一直主导着国际政治的发展。因此,政府间的文化交流一直是不同文化交流的主渠道。国家间从事的文化交流主要有三种形式。

一是对外文化宣传。它是国家以文化为载体,借助现代化传媒或其他宣传手段而实施的对外文化传播行为。在人类历史上很长的一段时期里,曾作为国家对外文化战略的重要组成部分而被许多国家采用。其作用在于,通过文化宣传和信息沟通引导国际舆论,提高国家的声誉和影响力。

二是文化外交。主要是指主权国家为实现一定的经济政治目的而实行的对外文化交流与传播活动。文化外交是由政府组织实施的,因而与一般文化交流不同的是,它具有强烈的政治性目的,即通过文化输出,提高本国的文化软实力,扩大国际影响力。政府首脑、政府文化机构等交流形式都属于文化外交范畴。

三是公共外交。也叫公众外交,"就是面对外国公众,以文化的交往或日常的往来为主要方式,在交往中表达本国文化、国情和政策"①。即是说,"公

---

① 沈国放、赵启正:《赵启正谈跨文化交流》,《世界知识》2008年第4期。

共外交是一种以跨文化交流为特点的信息传播活动。其最根本的目的在于通过外交部门与公众之间互动的加强,来引导公众、争取公众对本国外交政策的理解和支持"①。

四是媒体外交。媒体外交主要是指政府运用新闻、出版、广播、电视、报刊、电影以及新兴的电子网络等媒介,推广其对外政策,提高国家软实力的对外交流活动。它是 20 世纪 90 年代以来,媒体与外交之间互动不断加深的产物。同文化外交和公共外交一样,媒体外交实质上是一种软实力的传播与扩散。媒体外交主要划分为传统媒体外交和新媒体外交。前者主要包括:报纸、书籍、期刊和广告等平面媒体和广播、电影、电视等立体媒介。后者则是主要指网络、推特(Twitter)等虚拟网络媒介。相对于传统媒体而言,新媒体的最大特征就是,它突破了文化信息传播的时空界限,实现了信息生产的个性化和信息表达的互动化,及文化信息交流的即时性。

非政府间主体是指那些超越主权国家和政府之外的、能够单独从事国际事务的政治或经济实体。非政府间文化交流主要包括:

(1)非政府组织。非政府组织的兴起是 20 世纪后期国际政治领域发生的重大社会现象之一。当今世界非政府组织的种类繁杂多样,主要划分为国内非政府组织和国际性非政府组织,后者又可以进一步划分为全球性非政府组织如国际红十字会和地区性组织如绿色和平组织等。近些年来,非政府组织在国际社会各个领域的活动日益频繁,数量大增,影响力也越来越大,已发展成为当今国际社会不容忽视的一股力量。

(2)跨国公司。跨国公司主要是指那些在两个或两个以上国家从事国际性生产和经营活动的大型企业。跨国公司是二战后,尤其是 20 世纪八九十年代以来,伴随着经济全球化发展步伐的突飞猛进而快速崛起的。阿兰·伯努瓦认为:"全球化最明显的特征之一,就是出现了能够以全球规模规划其发展并实施其世界整体策略的工业公司。"②

跨国公司不单是一个经济体,同时还是一个文化体,它不但对所在国的经济政治产生影响,而且还能通过负载着的文化向他国传送东道国的文化价值等理念。如美国的跨国公司和广大广告业的经营者、好莱坞电影放映公司的老板们,就在向世界其他国家销售他们的产品的同时,还在推销着美国

---

① 《外交部将设立公众外交处》,《北京晚报》2004 年 3 月 20 日。

② 王列、杨雪冬编译:《全球化与世界》,中央编译出版社 1998 年版,第 291 页。

的文化理念和政治价值观。

（3）公民。公民面对面的交流在人类文明的早期就一直存在着。但在文化全球化的今天，随着国际关系民主化进程的发展，公民个人参与国际事务的机会和能力大为增多，对世界事务的影响也越来越大。从参与人员上看，参与文化交流的不但有社会精英，还有普通大众；从交流的途径来看，不仅有海外留学、访学、学术交流，而且可以通过国外旅游、参加国际运动会等方式实现文化间的流通。此外，公民个人还可以通过网络发布文化信息、互通文化有无，实现不同文化间的交流。

在全球经济文化一体化的今天，越来越多的非国家行为体、非政府组织和跨国公司参与到国家对外交流的潮流中来，不但在国家间的经济、政治和外交往来中，而且在民间的文化、艺术和体育交流中，随处都可以见到非国家行为体活跃的身影。非政府、非官方的民间力量已发展成为除政府间文化交流之外的日益重要的国际文化传播交流的文化力量。

成功的对外文化交流既需要国家政府间的交流和主流传媒机构，也有赖于民间力量和民营机构的共同参与和配合。它是各种文化力量合力作用的结果。

4.“硬”性强制方式和“软”性和平方式

“硬”性交流方式是指文化交流的一方为实现自己文化交流的战略目的而采取的一种文化强制性交流方式。它主要包括：

（1）战争。战争是人类社会文化交流的最古老、也是最直接有效的一种形式。通过战争，不仅可以控制失败者，占领对方的领土，而且可以通过文化入侵等形式将自己的文化强加于被征服者。在人类文明的早期，英、法等西方殖民者，就是通过战争方式，采用坚船利炮实现文化殖民的。

（2）文化制裁。文化制裁是指文化交流的一方对违背自己的意愿或违背国际多边或双边协定的国家实施的文化干预或封锁。其目的是通过文化强制迫使对方改弦易辙，回到双方正常的文化交往轨道上来。

软性交流方式是指不同文化体在相互交往过程中，以一种柔性的和平交流方式，运用一定的文化技巧实现文化输出的交往方式。在“和平与发展”成为时代主题的背景下，战争方式已被摒弃，和平方式的文化交流成为主要的文化交流方式。“不战而屈人之兵”也成为国家文化战略的首要选择。

和平方式主要有：①文化合作。文化合作主要是指不同文化体之间为促进文化资源整合、优势互补，加快推进彼此间的文化交流发展而采取的战略安排。②文化援助。文化援助主要是指以实现受援国文化发展和保护为主要目的的文化活动。③文化协调。它是指文化交往的双方为减少彼此间的文化摩擦和对立,达到两种文化的有机融合而采取的一种文化沟通活动。④文化渗透。它主要是指文化交流的一方为实现演化对方的战略目的而采取的一种渐进的、隐形的文化传播方式。文化渗透既可以通过图书、报刊、广播、电视和网络等方式实现,也可以借助经济、军事、外交和人员往来等实施。如利用召开研讨会、设立奖学金、吸收海外留学生和人员培训等方式,将本国的文化价值观,潜移默化地转嫁给文化他者。文化渗透已成为当代国际关系中强权政治与霸权主义的主要手法。

需要指出的是, 以上对对外文化交流战略方式的划分是相对的、动态的,而非绝对的、静止的。换言之,不同的文化外交分类彼此常常是交融在一起的。绝对意义上的分类是不存在的。以公共外交为例,公共外交虽然是政府对外文化交流战略的一种重要形式, 但因其参与文化信息交流的主体除包括政府外,还包括社会精英和普通公众,所以从某种意义上说,也是非政府间文化交流的一种表现形式。

四、对外文化交流发展的历史轨迹

作为人类社会的基本实践活动, 对外文化交流是以文化价值关系为媒介的不同主体之间的文明交往过程,因此,对外文化交流是以不同文化的多样性为前提和存在条件的。

(一)世界文化多样性的客观存在

文化,就其根本意义而言,是生活在特定地域的人们在一定的时空范围内改造客观自然世界和人类社会的实践活动的精神产物和结果。时空范围是具体的、历史的。按照马克思主义人类学的理论,空间主要包含着自然空间、社会空间和历史空间三重空间。这三重空间是联系在一起的,构成了人的活动空间的总体。而根据地理空间理论,由于地形地貌、地理位置与社会环境的不同,一定的自然地理生态环境既造就了这一民族特定的思维方式和生产、生活样式,也形成了与这一生活方式相应的心理认知和文化价值取向。正如马克思所指出的:"不同的公社在各自的自然环境中,找到不同的生产资料和生活资料。因此,它们的生产方式、生活方式和产品也就各不相同。"①

　　文化是以不同的民族、国家和地理区域来分布的。正如一个社会人无不属于某一民族、国家一样,任何一种文化也无法脱离某一民族而独立存在。每个民族都有与其历史发展相映衬的自己特有的文化形态和个性。从一定意义上讲,文化就是民族,民族就是它的文化。文化与民族是同一的。正是由于作用与影响人们的历史实践活动和人们现实生活因素的多样性与复杂性,导致了文化存在的差异性和世界文化的多样性。

　　关于文化的多样性,学界的认识有所不同。联合国教科文组织国际专家小组通过的《世界文化发展十年》的研究报告,将当代世界文化划分为八个文化圈:一是欧洲文化圈,二是北美洲文化圈,三是拉丁美洲与加勒比地区文化圈,四是阿拉伯文化圈,五是非洲文化圈,六是俄罗斯和东欧文化圈,七是印度和南亚文化圈,八是中国和东亚文化圈。②

　　美国哈佛大学政治学学者塞缪尔·亨廷顿在1996年出版的《文明的冲突与世界秩序的重建》一书中,对当今世界文化作了这样的划分:一是中华文明,二是日本文明,三是印度文明,四是伊斯兰文明,五是西方文明,六是东正教文明,七是拉丁美洲文明,八是可能存在的非洲文明。③

　　中国季羡林、汤一介、庞卓恒、阎纯德等学者则倾向于将当代世界文化分为四大体系:一是中华文化体系,二是印度文化体系,三是阿拉伯文化体系,四是欧美文化体系。④

　　多样性的文化孕育了民族、国家不同的思维方式、生活方式和价值取向。也就是说,不同的文化,无论是在文化传统和风俗习惯,还是思维方式、信仰理念和道德规范、文化伦理等方面都表现出不同于他者文化的独特、丰富的个性和鲜明的差异性和区别性。我们以东西方文化为例。从生物性特征方面看,西方人和东方人的区别是一目了然的。但这只是表面上的不同,西方人和东方人的差异与不同其实更多地体现在他们心灵深处的文化积淀和社会心理上。瑞典社会学家贡纳尔·摩道尔站在东方与西方比较的高度谈到

---

　　① 《马克思恩格斯全集》(第23卷),人民出版社1972年版,第390页。
　　② 闵家胤:《多种文化的星球——联合国教科文组织国际专家小组的报告》,社会科学文献出版社2001年版,第6页。
　　③ Samuel P.Huntington.The Clash of Civilization? .*Foreign Affairs*,Vo.l 72,No. 3,Summer 1993.
　　④ 汤一介:《"文明的冲突"与"文明的共存"》,《文汇报》2004年12月24日。

了东方人的文化特性:"与西方人相比,亚洲人更注重精神方面,而不在乎物质享受。他们专注于精神生活,不考虑自己,倾向于鄙视财富和物质享受。他们安贫乐道,甚至认为是积极的美德。他们特别尊重学问和苦思冥想的能力。他们的知识力量在于直觉,而不在于推理和精确计算。"①李大钊在《东西文明根本之异点》一文中,对中西文化作了十分系统的比较分析。他把西方文明和东方文明的根本特性概括为"动的文明"和"静的文明",认为东西文化:"一为自然的,一为人为的;一为安息的,一为战争的;一为消极的,一为积极的;一为依赖的,一为独立的;一为苟安的,一为突进的;一为因袭的,一为创造的;一为保守的,一为进步的;一为直觉的,一为理智的;一为空想的,一为体验的;一为艺术的,一为科学的;一为精神的,一为物质的;一为灵的,一为肉的;一为向天的,一为立地的;一为自然支配人间的,一为人间征服自然的。"②

不但属于不同文化圈的文化之间存在很大差异,即使是同属同一文化圈的文化之间,差别也是很明显的。我们以同属中华文化圈的中日两国为例。"日本文化虽然是在中国文化的基础上进化的,但迅速发展了它自身的个性。日本人不像中国人那样抵制外来思想。在日本文化中,既没有古老的传统可以珍视,也没有一批圣贤可以崇拜;只有一位神圣的天皇。日本人的理想是多元的。他们重视家庭和团体,但没有强烈的家族观念。他们强调精神和自尊的价值,但不否定肉体的人和肉体的享乐。他们义和利并重,恩义和人情并重。日本人发展了武士道,其核心是知耻,由此产生出忠诚、重恩义、勇武和坚忍的品德,以及在神明面前保持毫无内疚的光明磊落的心境。武士富有使命感、冒险精神和组织能力。日本文化的典型人格就是武士人格,其理想的精神就是武士道精神。"③而"中国人偏好形象思维,重直观内省,轻实测论证;重内心体验,轻试验论证。而以直线式思维方式见长的西方人注重科学、理性,重视分析、实证"④。

---

① Gunnar Myrdal. *Asian Drama: An Inquiry into the Poverty of Nations*, Vol.1. New York: Pantheon, 1968, p.95.

② 《李大钊文集》(上卷),人民出版社1984年版,第557~558页。

③ 〔美〕欧文·拉兹洛:《多种文化的星球——联合国教科文组织国际专家小组的报告》,社会科学文献出版社2001年版,第145~146页。

④ 孙晓凌、汪北华:《从思维方式看中西文化差异》,《河海大学学报》(哲学社会科学版)2003年第5期。

"夫物之不齐,物之情也。"①文化具有个性化和多样性,这是人类社会的基本特征。正如联合国教科文组织在一份关于论述文化多样性的文件中指出的:"文化穿越时间和空间表现为多样形式。这种多样性体现了构成人类的群体和社会的身份的独特性和多元性。作为交流、变革和创新的源泉,文化多样性对人类之必要犹如生物多样性对自然界一样。在这种意义上,文化多样性是人类的共同遗产,为了现代人和后代的利益应该给予承认和确认。"②

文化多样性是人类文明的重要动力,也是人类文化交流的前提。没有多元性文化的存在,就没有不同文化间的互动与交流。

(二)对外文化交流的历史过程

世界文化的多样性、差异性既形成了多姿多彩、魅力无穷的人类文化景观,同时也为异质文化间的相互交流、取长补短提供了条件。从某种意义上说,一部人类文明的发展史,就是不同民族、不同国家的文化交流史。但是世界上各民族、各国家或地域文化之间广泛而快速的互动不是突然出现的,而是在一定的历史阶段产生并逐渐演进的一种历史进程。

关于这部交流史,多数学者多是从文化全球化的视角来认识的,比如斯塔夫里阿诺斯的《全球通史》(Stavrianos, L. S., A Global History)、斯特恩斯等人编撰的《全球文明史》(Stearns, Peter N. etal.World Civilizations:the Global Experience)、本特利和齐格勒合著的《新全球史》(Bentley, Jerry & Ziegler, Herbert,Traditions & Encounters: A Global Perspective on the Past)等。如英国开放大学政治学与社会学教授戴维·赫尔德等人在《全球大变革——全球化时代的政治、经济与文化》一书中,从全球网络的广度、全球相互联系的强度、全球流动的速度、全球相互联系的影响四种维度,描绘文化全球化的发展过程:在现代早期(约1500—1850年),是文化传播与模仿——通过迁移、战争和贸易形成;在现代(约1850—1945年),是欧洲的全球性帝国跨国的世俗意识形态,如社会主义、国家主义和自由主义;在当代(1945年以后),是大型、公共的和私有的媒体、旅游、交通和通信公司。

---

① 《孟子·滕文公》(上)。

② UNESCO. *Universal Declaration on Cultural Diversity*. Paris, November 2, 2001:2.

中国学者曾端祥以推动全球化的三次工业革命为界,把全球化的进程划分为产生与扩大、形成与对抗和掀起浪潮三个历史时期。他认为从 18 世纪中叶到 19 世纪中叶,是"全球化"产生与扩大的历史时期。从 19 世纪中叶到 20 世纪中叶,是全球化形成和发展时期。从 20 世纪中叶起是全球化的第三个历史时期,这一时期的动力是第三次工业革命—世界范围内的科学技术和产业革命。[①]

参考国内外学界对文化全球化的划分,依据笔者对全球化实质的理解,本书把文化交流的历史进程划分为如下五个发展阶段。

1.人类早期的文化交流阶段(古典时期——地理大发现前)

这一时期,由于受制于生产力发展滞缓和自然地理条件的阻隔,不同文化之间的交流显现出偶然性、少量化的特质。跨文化交流对全球历史所产生的影响总体上说还比较小。

世界文化是多样的。全球文化体系就是由不同行为体的不同文化构成的。在人类古典时期结束时,世界上形成了以儒家文化为中心的东亚文化圈、以印度教为中心的印度文化圈、以伊斯兰教为中心的西亚—北非文化圈和以基督教为中心的欧洲文化圈四个文化圈。由于受当时的技术条件、生产水平和无法逾越的自然地理障碍的制约,所以在近代世界不同文明的相互碰撞与互动发生之前,一方面,不同文化、社会或族群的交流主要是各自在相对闭塞的环境中发展的,即主要是它们之间的"纵向文化交流"。另一方面,各种古代文明都是在各文化圈内部独立地发展和交流的,文化圈之间交流很少,在很大程度上是相互隔绝的。也就是说,文化圈内不同文化间的交流,要远远大于各文化圈之间的相互交流与互动。

尽管如此,世界上,特别是欧亚大陆各民族、各文明间已经存在着明显的跨文化交流现象。正如斯塔夫里阿诺斯所说:"有一块陆地在世界上踞有独一无二、无可争辩的地位,这就是欧亚大陆——它自新石器时代以来,一直是世界历史的真正心脏地区。""在很大程度上,可以说,人类的历史也就是欧亚大陆各文明地区的历史。"[②]从世界文明发展史的角度看,在游牧部族和定居文明相互影响的过程中形成的欧亚大陆也因游牧部族迁徙和侵略而

---

① 曾端祥:《"全球化"发展新态势与中国战略选择》,《江汉大学学报》2001 年第 1 期。
② 〔美〕斯塔夫里阿诺斯:《全球通史:1500 年以前的世界》,吴象婴、梁赤民译,上海社会科学院出版社 1992 年版,第 57 页。

与各民族之间在经济、文化上建立了联系。一条是陆路,即"丝绸之路",另一条是海路。通过这两条途径,来自中国等东方国家的丝绸、漆器、冶铁技术、软玉、麻织品、釉陶及各种饰品,经中亚、西亚运至欧洲,风靡罗马。中亚、西亚的毛织褥、毛皮、马匹、葡萄、安石榴、胡桃、胡瓜等土特产以及各种香料、奇禽怪兽,以及印度的天文学知识、制糖法,拜占廷的医学知识,输入中原。以火药为例,火药传入欧洲"一开始就是城市和以城市为依靠的新兴君主政体反对封建贵族的武器"①。火药的传入与应用,使资本主义战胜了封建主义,机器大工业在欧洲成为主要的生产方式。

总之,在"历史向世界历史转变"的 15 世纪以前,东西方国家间通过陆路和海路,借助通商贸易、互派使者等方式,促进了彼此间的文化交流,但也必须看到,由于地理与人为因素的影响,在这段历史的大部分时间里,世界跨文化交流的规模和范围,还有交流的深度都是受到限制的,呈现出时断时续和发展不平衡的显著特点。

2.近代人类文化交流的形成时期(15、16 世纪——18 世纪)

这一阶段,率先进入工业文明时代的西方社会凭借其在经济、军事和科技方面都大大超越非西方社会的优势,在推进其经济全球化的同时,自觉地通过欧洲商业资本主义,向美洲、亚洲推行资本主义制度、生产方式、价值观念。

如上所说,不同民族之间的交往古已有之,但是人类的文化交往发生"革命"性的变化,却是伴随着 15、16 世纪资本主义文明和社会生产力的产生和发展而开始的。也就是说,资本主义社会生产力的迅速发展是导致发生"交往革命"的最根本的原因。马克思主义创始人认为,人类交往活动之所以发生,人类历史之所以能够转变为世界历史,其真正动因来自于资本无限扩张的世界性需求。资本是天生的自由派和国际主义者,无限制地攫取最大利润是资本的内在本性和天然使命,这就决定了资本家对剩余价值的追求是永无止境的。正像马克思所说:"资产阶级统治和生存的根本条件,是财富在私人手里的积累,是资本的形成和增殖。"②为了追求利润的最大化,"任何界限都表现为必须克服的限制"③,它既要克服"流传下来的、在一定界限内闭

① 《马克思恩格斯选集》(第三卷),人民出版社 1972 年版,第 206~207 页。
② [德]卡尔·马克思:《资本论》(第 1 卷),人民出版社 2004 年版,第 269 页。
③ 《马克思恩格斯全集》(第 23 卷),人民出版社 1972 年版,第 260 页。

关自守地满足于现有需要和重复旧生产方式的状况，又要克服民族界限和民族偏见"①。资本向全球的无限扩张，"从本质上来说，就是推广以资本为基础的生产或与资本相适应的生产方式"②。"不断扩大产品销路的需要，驱使资产阶级奔走于全球各地。它必须到处落户，到处开放，到处建立联系。资产阶级由于开拓了世界市场，使一切国家的生产和消费都成为世界性的了。"为达此目的，"资本一方面要力求摧毁交往即交换的一切地方限制，征服整个地球作为它的市场，另一方面，它又力求用时间去消灭空间，就是说，把商品从一个地方转移到另一个地方所花费的时间缩减到最低限度"③。为实现资本增值，西欧资本主义各国积极向外扩张。15世纪末到17世纪初，哥伦布、詹斯等伟大的航海家、探险家开辟了通往美洲和东印度的新航线。伴随着新航路的开辟，东西方两大文明的隔阂开始被打破，各地之间的文化交流开始加快。一方面，西方国家从美洲、非洲、亚洲引入各种工业发展的原材料，而东方的香料、蔗糖、生丝、瓷器、茶叶也进入了欧洲居民的家庭，成为日常生活的必需品。另一方面，人口的流动、迁移与战争加速了文化的融合。特别是战争作为"一种经常的交往方式"④，在最大化实现资本主义利益的同时，也加速了不同文化之间的冲突与交融。西方殖民者通过传教、开办学校、语言培训等活动，向被殖民地民族、国家渗透他们的文化和价值理念，进行文化殖民。

总之，地理大发现导致新航路的开辟，不仅促进了资本主义生产方式的全球性扩张，同时也使得资本主义的政治、文化、意识形态等向世界各地蔓延。可以说，这一时期是资本主义文化逐步向世界扩展的时期。

3.人类文化交流的发展时期（18世纪工业革命——第二次世界大战结束）

这一时期，由于现代大工业生产方式的全球扩展和传播技术与媒介的发展，先前由经贸和战争而产生的文化交流已基本被传媒所取代。各种文化交流的速度、规模都在增加，与其早期形态相比，文化全球化发生了质的和量的巨大变化。

19世纪中叶，世界第二次科技革命发生。肇始于英国的工业革命使世界

① 《马克思恩格斯全集》（第23卷），人民出版社1972年版，第290页。
② 《马克思恩格斯全集》（第46卷上），人民出版社1979年版，第391页。
③ 《马克思恩格斯全集》（第46卷下），人民出版社1979年版，第33页。
④ 《马克思恩格斯全集》（第3卷），人民出版社1960年版，第26页。

各国的经济联系日益密切,人们之间的全球性交往日益频繁,世界历史发展的进程逐渐加快。"各个相互影响的活动范围在这个发展进程中越是扩大,各民族的原始封闭状态由于日益完善的生产方式、交往以及因交往而自然形成的不同民族之间的分工消灭得越是彻底,历史也就越是成为世界历史。"①正是近代资本主义的大工业和世界市场日益把世界连成一个整体,从而"首次开创了世界历史","因为它使每个文明国家以及这些国家中的每一个人的需要的满足都依赖于整个世界"。②于是,历史开始由孤立的、民族的、狭隘地方性的历史转变为世界性历史。

另一方面,第二次科技革命带来的交通和通信技术的大发展进一步缩小了人类相互联系的时空距离。正如马克思主义创始人所说:"电报已经把整个欧洲变成了一个证券交易所;铁路和轮船已经把交往手段和交换的可能性扩大了一百倍。"③"由于交往手段的惊人发展——远洋轮船、铁路、电报、苏伊士运河——第一次真正地形成了世界市场。"④

这一时期,英国、法国以及后来崛起的德国和美国等资本主义国家为获取工业发展所需的原材料和产品销售市场,在坚船利炮的庇护下,凭借武力手段,采用血与火的暴力方式,在广大的亚、非、拉等国家和地区进行大规模的殖民主义扩张,把世界大部分地区强行纳入他们的殖民统治中,造成后者对前者的直接依附。不但如此,这些西方资本主义现代化的先行国家,还在被殖民国家和地区从事文化殖民与扩张。除了以传教士、驻外使旅、商人及留学生、各种报刊书籍以及新式教育等为媒介将西方国家的地理学、天文学、数学、物理学、生物学、医学、语言学、建筑学等知识传往非西方国家外,还通过在被殖民地区开办各类学校和设立文化机构等方式传播和渗透资本主义文化,推行殖民主义的奴化教育。这在使西方资本主义文化在殖民地、半殖民地国家大行其道的同时,也给这些国家和的文化带来很大的冲击和影响,有些文化因之而湮灭、消失。

因此,在这个以殖民主义扩张为基本特征的时期,对外文化交流主要表现为"西学东渐"的特性。资本主义文化是以一种不平等、违背对方意愿的单

---

① 《马克思恩格斯选集》(第一卷),人民出版社 1995 年版,第 88 页。
② 同上,第 114 页。
③ 《马克思恩格斯全集》(第 10 卷),人民出版社 1962 年版,第 653 页。
④ 《马克思恩格斯全集》(第 25 卷),人民出版社 1975 年版,第 554 页。

向交流方式进入他国的。以中外文化交流为例,诚如马骏骐教授所说:"一部近代中外文化交流史,从某种意义上而言,实则为本土文化与西方异质文化势长的消长史。"①

4.人类文化交流的拓展时期(二战结束——冷战结束)

这一时期,虽然不同文化间的交流在速度、广度、规模等方面获得了长足的发展,但由于受美苏两大阵营意识形态对抗的影响和干扰,不同阵营在文化交流的各个领域和层面的拓展是极为有限的。

20世纪五六十年代开始,世界开始进入以高科技发展为主导的后工业革命时期。一方面,二战以来,特别是七八十年代以来,在资本流动、跨国经营和新科技革命的共同推动下,全球化的进程明显加快,国际分工由垂直型向水平式方向发展,各国对世界经济的依赖性和彼此间的依赖程度大大加强,以市场运行机制为基础,并辅之以国家调节的世界经济体系正在初步形成。另一方面,在资本的全球运作推动下,国际贸易出现了飞速增长,其速度和规模远远超过19世纪工业革命以后的贸易增长。

经济全球化的发展虽然为不同文化的交流提供了载体和基础,但是由于美苏冷战格局的爆发和形成,致使国际关系中文化的交流和交往是不充分的、不完全的。出于政治制度和意识形态的不同,一批战后产生的国家选择了非市场经济的社会主义发展道路,世界由此分裂为以美国为首的资本主义阵营和苏联为首领的社会主义阵营。为了使其意识形态和价值观念成为世界文明发展的主流,两大阵营的国家在"要么东风压倒西风,要么西风压倒东风","不是你死就是我活"的二元对立的斗争哲学思维的支配下,展开了全面的文化对抗,美苏两国之间不仅依靠自己的媒介彼此间进行意识形态的互相攻击、批判,视对方为洪水猛兽,进行着你死我活的斗争,而且还以集团作战的方式对对方进行文化攻击。因此,这一时期,文化间的交流实际上仅限于美苏各自控制的两大阵营的内部,处于泾渭分明的两大阵营的国家之间几乎很少有文化上的往来。这种状况一直持续到1989年柏林墙的坍塌、1991年苏联的瓦解才宣告结束。

5.文化交流的全面深入时期(冷战结束至今)

这一时期,在经济全球化的驱动下,文化全球化不仅在速度、广度、规模等方面获得了质的发展,而且全球不同文化体之间的影响也更加深入和重

---

① 马骏骐:《碰撞、交融:中外文化交流的轨迹和特点》,贵州人民出版社2006年版,第57页。

大,文化实现了全球范围内的交流与融合。

20世纪90年代,国际关系发生了不同以往的重大变化。一是苏联解体、东欧剧变,标志着冷战的结束。许多原来以马克思主义意识形态为指导的社会主义国家,在放弃原来的计划经济的同时,纷纷改走市场经济发展之路。世界统一市场经济的发展,打破了两大阵营的自给自足的闭守状态和互不往来的隔绝情形,使先前相互孤立的各个国家、各个民族成为相互往来和相互依赖的整体,世界逐步发展成为联系密切、休戚与共的"地球村",人们的全球观念、全球意识在日益增强的同时,不同国家的文化也通过经济全球化的发展而实现了全球的互动与交流。

二是科技革命的新发展。继蒸汽技术革命和电力技术革命之后,人类社会又发生了以原子能、电子计算机和空间技术的广泛应用为主要标志的第三次技术革命。这次科技革命不仅极大地推动了人类社会经济、政治、文化领域的变革,影响了人类生活方式和思维方式,而且也弱化了民族文化的地域性界限和特征,加剧了民族传统文化和外来文化之间的冲突、对抗和融合。特别是进入20世纪90年代以来,卫星电视和计算机网络媒介的发展,更是从根本上变革了通信工具和交流手段,更新了人类交往的社会方式,从而开辟了人类文化传播与文化交流的新时代。一方面,为文化全球化创造了有利的物质基础和技术手段,实现了人类社会的超时空交往;另一方面,开辟了超越现实物理社会的另一疆域,创造了人类社会交往的新空间——虚拟网络社会。与其他的传播手段相比,网络可以在极短的时间内以飞快的速度把某个地区、某个国家的文化信息传递到世界的任何一个角落,使世界各国共享异域或他国的文化和知识。

三是文化软实力的地位和作用在国际关系中的地位空前提高。冷战结束以来,时代发生了重大变化,"和平与发展"成为时代的主题。在此背景下,传统的那种赤裸裸的依靠经济、军事等"硬实力"来获取国家利益的行为日益遭到人们的唾弃,"软实力"的地位和作用空前提高。争夺文化软实力战略高地,成为冷战后国际社会一道亮丽的风景线。

总之,随着冷战后美苏两大政治集团长期对峙的结束,二元对立的冷战思维也已成"明日黄花"。伴随着两种制度、两种文化体系对抗的弱化的是,不同文化间的交往在国际关系中的地位大大提高。不同文化上的交流与沟通已成为世界各国参与国际竞争、提高国家文化软实力的一个重要手段和武器。

（三）对外文化交流的主要特点

文化交流是推动人类社会文明进程的重要力量。它伴随着经济全球化的深入发展而冲破以往的自然和人为的各种藩篱向纵深迈进，进而成为世界交往的一部分内容。在人类进入文化全球化之后，不同文化之间的交流主要呈现出如下特点。

1.文化交流的范围逐步扩大

从人类文明发展史的角度看，不同文化间的交流经历了一个由周边到地区再至全球化的历史嬗变过程。它既是一个由彼此孤立到相互联系，由各自封闭到彼此交往，由分散到整体的逐步发展过程，也是一个各民族、各地区交往不断增多，联系日益紧密的横向发展过程。

在以农业生产为主的传统社会中，各村落之间是相对独立的单元，在相当长的时间内处于彼此隔离、自我封闭状态。人们不仅过着"日出而作，日落而息"的平常生活，还生活在"鸡犬之声相闻，老死不相往来"的孤立隔绝状态中。如果说，有文化交流的话，也只是限于同一民族不同人群之间的"纵向传播"中。多元文化之间的横向交流很难实现。这一方面是由于受到交往工具和地理条件的限制，另一方面是因为社会的总体生产力水平不高，人们尚需为摆脱生活贫穷而奋斗。因而无暇去从事文化的创作，更谈不上进行文化交流活动了。进入近代之前，虽然人类不同文明之间的交往有所发展，但这种交流也仅限于相邻的民族、隔绝和地域中，靠面对面的直接交谈来实现的，不仅地域集中，交往的次数少，且影响力也非常有限。

地理大发现虽然完全沟通了欧、亚、非、美四大洲，推动了民族历史向世界历史的转变，从而使世界范围内的经济和文化交流成为现实。不同文化之间的交流与融合开始向更深和更广拓展，文化交往的范围大大扩展，文化交流的范围逐步由地区走向全球，但这种文化交往也主要发生于洲际性的宗主国与殖民地之间。

到了 20 世纪，随着物质生产力的发展和市场经济向全世界的不断扩张，文化交流工具也得到快速发展，轮船、火车、汽车、飞机相继问世。它所带来的最大变化是打破了传统社会文化传播的血缘和地域限制，使人们的视觉和听觉延伸到了不同地域的文化圈之中，在实现了不同民族文化发展的共时性的同时，进一步推动了主体之间交往方式的进步。使得世界不同文化交流在广度和深度上得到了巨大发展，人类文明交往由此逐步由地缘性的区域交往发展为全球化的现代交往。正如赫尔德所言："在当代新的电信技术尤其是国际传媒公司的出现已经使全球文化交流得以产生，这时的文化交流在范围、强度和多样性以及传播速度等方面都超过了更早时期。"①

2.从自发逐步走向文化自觉

在人类文化交流的早期，虽然经济全球化把不同国家、不同地域的人们紧密联系在一起，但是这时的人类文化交流是自发的，偶然的。进入近代以来，人类不同文化之间的交流由于西方殖民主义的扩张而逐渐变得增多起来，但这种文化交流更多地是在西方列强的"坚船利炮"的逼使下而被迫作出的回应。按照马克思主义创始人的观点，英国在印度的殖民统治实行的柴明达尔制度和莱特瓦尔制度"都包含着极大的内在矛盾"，"都不是为了耕种土地的人民群众的利益"。"除破坏以外恐怕就没有别的什么内容了"；"难道资产阶级做过更多的事情吗？难道它不使个人和整个民族遭受流血和淫秽、穷困与屈辱就达到过什么进步吗？"②马克思还说："不列颠人在印度的全部统治是肮脏的。"但是"不管是干出了多大的罪行，它在造成这个革命的时候毕竟是充当了历史的不自觉的工具"③，推动了西方国家和非西方不同民族、不同国家间的文化交流，在丰富和推动不同民族文化的内容的同时，播下了新的文明的种子，但总的说来，非西方民族、国家在东西文化交流中是被动的，是对列强枪炮撞击机械回应的结果。

随着近现代以来世界体系的形成，一些民族、国家的开明人士开始"睁眼看世界"，以开放的心态面对外来文化。文化交流从自发逐步走向自觉。

一是不同文化间的交流为每一个民族的自我把握提供了一个必要的外在参照系。世界各国认识到，不同国家的文化尽管有他国所难以比拟的独特魅力和智慧，但其自身文化也有其缺陷和"短板"。正所谓尺有所短，寸有所长一样。只有参与交往的民族把相互之间的活动、活动成果以及其创造的生存发展条件纳入自己的对象世界，把与其他民族及其创造成果的关系转化为自己的成果，从而把其他民族及其创造"变为自己的主体活动的条件"，以"摆脱种种民族局限和地域局限而同整个世界的生产(也同精神的生产)发生

---

① 〔英〕戴维·赫尔德等：《全球大变革：全球化时代的政治、经济与文化》，杨雪冬等译，社会科学文献出版社 2001 年版，第 458 页。

② 《马克思恩格斯全集》(第 9 卷)，人民出版社 1961 年版，第 247~250 页。

③ 《马克思恩格斯选集》(第一卷)，人民出版社 1995 年版，第 766 页。

实际联系",从而"获得利用全球的这种全面的生产(人们的创造)能力,"才能实现西方文明向人类社会昭示的未来前景,完成自身文化由传统到现代的转换。正如马克思所说的,"一切落后的民族——如果不想灭亡的话——都必须参与到世界性的相互交往中来。因此,落后的民族要获得先进的生产力就必须加强与资本主义的交往",因为"工业较发达的国家向工业较不发达的国家所显示的,只是后者未来的景象"。①

面对着西方国家先进的文化,包括中国在内的世界各国不得不调整自己的经济、政治和文化策略,以西方文化为参照标准改造自己的文化传统。比如,与我们一水之隔的邻邦日本,虽然在近代同样遭受西方列强的入侵,但由于他们能积极主动地向西方学习,大大早于中国摆脱了帝国主义的奴役,并迅速崛起,先于中国跨入现代文化的行列,跻身于世界强国之林。

二是交往是保持文化存在的条件。文化是每一民族、每一国家客观物质实践活动的精神产物。文化要在人类实践的活动构成中持续发展,一是要继承创新,二是要主动地进行文化交流。正如马克思所指出的,一个民族的发展不仅取决于自己的生产,还取决于外部交往的发展程度。交往是保持文化存在的条件。如果没有文化交往,任何特殊性文化都不可能成为世界文明发展进程中的亮点,而只能具有地方性和局部的意义,有些甚至被遗忘,因此一切发明创造都必须在不同的地方从头开始,这无疑将大大延缓人类文明发展的进程。美国历史学家斯塔夫里阿诺斯曾说:"如果其他地理因素相同,那么人类取得进步的关键就在于各民族之间的可接近性。最有机会与其他民族相互影响的那些民族,最有可能得到突飞猛进地发展。"②

总之,经济全球化以来,各个国家深深体会到,只有以一种健康、理性的心态来认识不同文化,以宽广的胸怀和创新的精神融入世界文化潮流,才能在不同文化的相互激荡中促进本国家文化的发展。

3.文化交流的不平衡性逐步凸显

文化的交流与交往是多向度的,不同的文化只有在彼此尊重、互相平等的基础上,才能促进彼此文化的发展。应该说,按照有些学者的论述,在18世纪中叶以前,世界不同文化之间的交流,无论"西学东渐"或"东学西送",

① 《马克思恩格斯选集》(第一卷),人民出版社1995年版,第100页。
② 〔美〕斯塔夫里阿诺斯:《全球通史——1500年以前的世界》,吴象婴、梁赤民译,上海社会科学出版社1999年版,第57页。

大体都是本着平等友好的态度来积极开展的。东方人从西方那里学习到了大量的天文、历法、地理等自然科学方面的知识,西方人也从东方那里发现了一个新的精神和物质的世界。

持续到近代之后,伴随着资本主义的空前发展,这种不同文化间的平等交流局面便被打破。世界历史发展到资本主义阶段后,生产力发展水平达到空前的高度,"资产阶级在它不到一百年的阶级统治中所创造的生产力,比过去一切世代创造的全部生产力还要多,还要大"[1]。但是国内市场的出路是有限的,因此为获取生产力发展所需要的资本和原料供应、廉价的劳动力,西方国家凭借强大的武力,采用疯狂的暴力手段,鲸吞海外殖民地。在这一过程中,虽然人类封闭自守的历史因西方国家的殖民活动而结束,各民族政治、经济、文化的联系空前加强,从而使世界范围内的经济和文化交流成为现实。但最为重要的是资本主义在不断的对外扩张中,不断利用其在世界历史进程中形成的世界性竞争优势,通过建立有利于自己经济发展的国际劳动分工和扩张体制,把落后的民族和国家强行纳入世界资本主义体系,使之沦为殖民统治的对象,从而建立了一个以资本主义为中心,以附属国和殖民地为外围的不平等的从属关系。这就是,未开化和半开化的国家从属于文明的国家,农民的民族从属于资产阶级的民族,东方从属于西方宗主国与附属国构成的资本主义世界体系。

"机器产品的便宜和交通运输业的变革是夺取国外市场的武器……大工业国工人的不断过剩,大大促进了国外移民和把外国变成殖民地,变成宗主国的原料产地,例如澳大利亚就变成了羊毛产地。一种和机器生产中心相适应的新的国际分工产生了,它使地球的一部分成为主要从事农业的生产地区,以服务于另一部分主要从事工业的生产地区。"[2]沃勒斯坦也认为,世界资本主义体系是一个不断趋于扩大的世界体系。它由多个处在世界"中心—边缘"结构中的中心国构成,而其他国家则处在世界"中心—边缘"结构中的边缘位置,构成了众多分散的边缘国。还存在一些介于二者之间的半边缘区国家。一般说来,中心国主导了世界政治、经济秩序,通过设计精妙的体制,中心国让每一个边缘国都处在对中心国的依附状态中,同时,又使边缘国之间处在分散的甚至对立的状态之中。中心区、半边缘区和边缘区构成了一个等级性的资本主义结构体系。

---

①② 《马克思恩格斯选集》(第一卷),人民出版社1995年版,第277页。

经济发展的不平衡必然导致文化发展的不平衡,因为人的思想、观念、意识的生产是直接与他的物质活动、物质交往、现实生活的语言交织在一起的。也就是说,我们的想象、思维、精神交往是我们物质行动的直接产物。"人们是自己观念思想的生产者,但这里所说的人是现实的、从事活动的人,他们受自己生产力和与之相适应的交往的一定发展所制约。意识形态在任何时候都只能是被意识到了的存在,而人们的存在就是他们的现实生活过程。"①在国际文化交流中,处于主动或优势地位的比较发达的西方资本主义国家利用各种途径向不够发达的非西方国家和地区输送产品和传播文化,在全球范围内体现出广泛而深刻的影响。而文化上处于依附地位的国家不但其国家形象处于被西方"他者"叙事的处境,而且其发展方向和进程也常常受到西方强势文化的左右和控制。不平等的"二元化"的世界文化格局构成了人类文明发展进程的主要特征。正如亨廷顿所认为的那样:"在所有的文明之中,唯独西方文明对其他文明产生过重大的有时是压倒一切的影响。因此,西方的力量和文化与所有其他文明的力量和文化之间的关系成为文明世界最为普遍的特征。"②尽管此言有些夸张,但也一定程度上反映了近代人类文明发展的历史进程。

4.文化帝国主义抬头

帝国主义形成于 19 世纪末,是垄断资本主义发展的结果。按照 1917 年列宁在其论著《帝国主义是资本主义的最高阶段》中的定义,帝国主义就是资本主义的垄断阶段。侵略、扩张、压迫、霸权、掠夺是帝国主义的基本特征。帝国主义的目的就在于建立一个由"极少数先进国对世界绝大多数居民实行殖民压迫和金融扼杀的世界体系"。

1969 年,美国学者席勒在《大众传播与美利坚帝国》一书中则把文化帝国主义界定为"一个综合的过程,通过这个过程,把一个社会带入现代世界体系。这个过程具有一种社会机制,即通过吸引、压迫、强制,有时是贿赂手段使该社会主导的社会阶层形成符合现有世界体系统治中心的价值观,增强现有世界体系统治的结构"③。

文化帝国主义是经济全球化发展不平衡的必然逻辑。资本的不断增殖

---

① 《马克思恩格斯选集》(第一卷),人民出版社 1995 年版,第 142 页。

② 〔美〕亨廷顿:《文明的冲突与世界秩序的重建》,周琪等译,新华出版社 2002 年版,第 199 页。

③ 关世杰:《国际传播学》,北京大学出版社 2004 年版,第 100 页。

的需要驱使西方资本主义国家奔走于世界，为自己的投机资本寻找一个有利可图的安全处所，从而推动资本主义生产方式由一国到多国甚至全球发展。经济殖民必然导致文化殖民。在经济全球化发展的进程中，西方资本主义不仅凭借强大的物质力量打开了受助于地域保护的他民族、他国家的疆界，为资本主义的经济扩张扫除了空间壁垒，同时也为资本主义的文化扩张创造了条件。在文化扩张的构成中，资本主义日渐催生出对自身文化的盲目优越感。黑格尔在其《历史哲学》中写道，历史"有一个决定的'东方'，就是亚细亚。那个外界的物质的太阳便在这里升起，而在西方沉没那个自觉的太阳也是在这里升起，散播着一种更为高贵的光明"①。他把世界各民族分为"历史民族"和"无历史民族"两大部分，认为世界历史是以自由为特性的"世界精神"发展和实现的过程；唯有日耳曼民族才具有能力作世界"精神高等原则的负荷者"，②日耳曼精神就是"新世界的精神"。

现代物质文明的巨大成功使西方人陶醉于他们所创造的"文明"体制中，认定自己作为"上帝的选民"有责任把自己的价值观念、生活方式、政治制度传输给其他国家。因此，为达到"使未开化和半开化的国家从属于文明的国家，使农民的民族从属于资产阶级的民族，使东方从属于西方"③，"按照自己的面貌为自己创造出一个世界"④，以西方文化、价值尺度为唯一圭臬，并规范世界各异质文化。

西方国家在文化中心主义的优越性的支配下，为了使经济政治上依附自己的弱小国家文化上也归附自己，凭借自己强大的经济、政治、军事优势，还以"救世主"精神和"传教士"心态，采用软硬兼施、文武并用的手段对非西方国家进行疯狂的文化殖民。"当我们把目光从资产阶级文明的故乡转向殖民地的时候，资产阶级文明的极端伪善和它的野蛮本性就赤裸裸地显现在我们面前，它在故乡还装出一副体面的样子，而在殖民地它就丝毫不加掩饰了。"⑤一方面，使用武力对被征服者进行残酷的武力镇压，实施疯狂的肉体消灭，试图借助暴力强制手段将本国的文化价值观灌输给殖民地人民；另一方面，通过宗教信仰、语言文化、价值观念等的对外传播、交流，解构他国的

---

① 〔德〕黑格尔：《历史哲学》，王造时译，上海书店 1956 年版，第 148~149 页。

② 同上，第 397 页。

③ 马克思、恩格斯：《共产党宣言》，人民出版社 1995 年版，第 32 页。

④ 《马克思恩格斯选集》（第一卷），人民出版社 1995 年版，第 276 页。

⑤ 同上，第 772 页。

历史记忆和文化身份,把"西方文化"变成世界各民族、各国家的"公有财产",以最终实现文化上的殖民和文化霸权。所以"在今天的世界里,可以把这些事实与帝国主义及其历史和形式联系起来看。当代亚非拉国家虽然政治上已经独立,但在许多方面仍然受人主宰,没有主权,跟欧洲帝国直接统治的时代没有两样"①。

① 〔美〕爱德华·W.赛义德:《赛义德自选集》,谢少波、韩刚等译,中国社会科学出版社1999年版,第204页。

第二章
风起云涌的世界文化交流浪潮

冷战以后，世界形势发生了重大的、深刻的变化。随着军事实力的地位和作用的相对下降，文化与经济社会发展的关系越来越引起国际社会的广泛关注，特别是进入 21 世纪以来，以"第二种形式的权力"出现的所谓"软实力"的地位和作用逐渐上升。在当今世界，流传着这样一句名言，19 世纪靠军事改变世界，20 世纪靠经济改变世界，21 世纪则要靠文化改变世界。文化软实力已经成为综合国力的重要内容和决定一个主权国家兴衰成败的重要因素和变量。利用文化软实力提高本国的国际地位和世界影响力已成为世界各大国共同的战略选择。

对外文化交流是国家文化软实力建设的重要组成部分，因此，在近二十年来的国际政治舞台上，掀起了一股前所未有的文化交流浪潮。

一、国际政治竞争的文化转向

随着和平与发展时代的到来，国家间的权力竞争逐渐由传统意义上的硬实力转向软实力。软实力正变得比以往更为突出。正如约瑟夫·奈所指出的：在这样一个时代，虽然军力仍然是最终的权力形式，但对于现代大国而言，诉诸武力比以前几个世纪的代价要高得多。如果一个国家可以使其权力被其他国家视为合法，它将在追求自己的目标时受到更少的抵制。如果其文化和意识形态具有吸引力，则其他国家将更愿意追随其后。……它就无须以高昂的代价实施强制性权力或硬权力。①

---

① Joseph S. Nye, Jr..The American National Interest and Global Public Goods. *International Affairs* Vol. 78, No. 2, 2002.

（一）软实力

软实力概念是由美国学者约瑟夫·奈在其 1990 年出版的《注定领导》一书中首次提出的。2002 年，他又在其发表的《美国霸权的困惑》一书中进一步集中探讨了"软实力"的问题。

根据约瑟夫·奈的分析，国家的行为权力划分为"硬实力"(hard power)和"软实力"(soft power)两种不同类型。按照奈的界定，硬实力是指通过军事、经济等看得见的方式使他国屈从自己的能力。主要包括基本资源(如土地面积、人口、自然资源)、军事力量、经济力量和科技力量等；而软实力是一种柔性力量，这种力量主要依赖自觉或不自觉的社会各领域的制度、理念和进程的吸引力，[①]"软实力的获取和运用都有赖于承载这种'吸引力'的信息在国与国之间的传输，也就是包含软实力的信息的跨境流动，所以内化于国际体系的权力格局中的软实力结构更接近于一种信息结构，它来自于各个国际行为主体的目标、行为准则、理念等为体系格局所接受的程度，当某个国家的软实力上升成为国际体系主导的信息结构，该国就拥有了对国际政治体系的控制或影响能力"[②]。

在约瑟夫·奈看来，硬实力和软实力都是一种使他国改变政策和服从自己的能力，其根本不同点在于，前者注重"强制"和"威胁"，以迫使别国做什么或者不做什么；后意注重"吸引"和"引诱"，使别国自愿地而非强制地追随自己。即是说，软实力是一个与硬实力相对的概念。与硬实力通过威胁或者奖励手段，让别人做他们不想做的事情之能力不同，软实力则是通过吸引而非强迫或收买的手段以达己所愿的能力，"强调与人们合作而不是强迫人们服从你的意志"[③]。它源于一个国家的文化、政治观念和政策的吸引力。约瑟夫·奈说："这种左右他人的意愿的努力和文化、意识形态以及社会制度等无形力量资源关系紧密。这一方面可以认为是软力量，它与军事和经济实力这类有形力量资源相关的硬性命令式力量形成对照。"[④]换言之，软实力依靠的

① Joseph Nye."Power and Interdependence in the Information Age", *Foreign Affairs*, Fall, 1998, p. 86.

② Joseph Nye. "The Challenge of SOR Power", *Time Magazine*, Feb. 22, 1999.

③ 〔美〕约瑟夫·奈：《美国霸权的困惑——为什么美国不能独断专行》，郑志国等译，世界知识出版社 2002 年版，第 9 页。

④ 〔美〕约瑟夫·奈：《美国定能领导世界吗？》，何小东、盖玉云译，军事译文出版社 1992 年版，第 25 页。

是某种思想、文化的吸引力和根据特定的价值标准和政治制度设置别人议程的能力,是说服别人相信和同意某些行为准则、价值观念和政治制度,以促使他们产生预期的行为。他说:"衍生软力量的资源很大程度上产自一个组织与国家的文化所表达的价值观、其国内惯例及政策所树立的榜样,及其处理与别国关系的方式。"① "软实力很多产生于我们的价值观,这些价值观通过我们的文化、我们在国内所实行的政策以及我们处理国际问题的方式表现出来。"②在《美国霸权的困惑——为什么美国不能独断专行》中约瑟夫·奈进一步指出,软实力取决于拥有制定能影响其他人优先选择的政治纲领的能力。软实力不仅仅是影响,也不仅仅是说服,"它是引诱和吸引的能力"。

对于软实力构成的要素,约瑟夫·奈认为,主要"来源于文化和意识形态方面的吸引力,以及国际机构准则和制度"③。2004年,他在其著作《软力量:世界政坛成功之道》中又强调指出,国家的软力量主要来自三种资源:"文化(能对他国产生吸引力的地方起作用)、政治价值观(当它在海内外都能实践这些价值时)及外交政策(当政策被视为具有合法性及道德威信时)。"④

关于文化。约瑟夫·奈认为,文化是"软实力"的首要资源。他指出,一种文化如果能吸引人心,人们对它有好感、有兴趣,主动地甚至心甘情愿地接受它乃至崇拜它、宣传它,其中并无任何受"强制或威胁"的被迫成份,那么它就具有强大的"文化软实力"。

关于政治价值观。约瑟夫·奈指出,一个国家的政治价值观要得到他国的认可,其行为方式和所倡导的价值观必须一致。一个国家只有拥有足以影响世界的思想体系,才能增强一个国家政策的合法性。他说:"当一个国家的文化涵括普世价值观,其政策亦推行他国认同的价值观和利益,那么由于建立了吸引力和责任感相联的关系,该国如愿以偿的可能性就得以增强。狭隘的价值观和民族文化就没那么容易产生软力量。"⑤

关于外交政策(当政策被视为具有合法性及道德威信时),主要是指塑

---

① 〔美〕约瑟夫·奈:《软力量——世界政坛成功之道》,吴晓辉等译,东方出版社2005年版,第7~8页。

② 〔美〕约瑟夫·奈:《美国霸权的困惑——为什么美国不能独断专行?》,郑志国等译,世界知识出版社2002年版,第9~10页。

③ 〔美〕约瑟夫·奈:《美国定能领导世界吗》,何小东、盖玉云译,军事译文出版社1992年版,第25页。

④⑤ 〔美〕约瑟夫·奈:《软力量——世界政坛成功之道》,吴晓辉、钱程译,东方出版社2005年版,第11页。

造国际规则和决定政治议题的能力。奈在其2004年出版的著作《软实力》中写道:"如果一个国家可以塑造国际规则,使之与自己的利益和价值观念相吻合,其行为就更可能在他人看来具有合法性。如果它可以使用和遵循那些能够引导和限制他国自愿行为的制度和规则的话,那么它就没有必要使用代价高昂的胡萝卜与大棒。"①

总之,约瑟夫·奈认为,一个国家的综合国力,既包括由经济、科技、军事实力等表现出来的"硬实力",也包括以文化、意识形态吸引力体现出来的"软实力"。软实力作为一种无形的力量,虽然不像硬实力那样具有明显和直接的力量,但却有更加持久的渗透力。软实力同硬实力一样,都是一种极其重要的、不可忽视的力量。一个国家要真正成为一个大国,不仅要有以经济为主要内容的硬实力,还要有以文化为主要内容的软实力。没有软实力,就只是一个物质外壳,没有内涵,没有支撑。②

(二)软实力凸显的动因

在当今经济全球化的背景下,软实力,尤其是文化软实力,之所以被人们关注、谈论,并被世界的政治家们所热衷追求,主要与下列因素紧密相关:

1.战争空间的空前压缩

综观人类文明发展史,从国家的产生发展到现时代,国家利益一直在国际政治舞台上扮演着重要角色。在当代,"国家利益优先、至上"仍然是世界流行的原则。汉斯·摩根索(Hans Morgenthau)在《国家间政治——寻求权力与和平的斗争》一书中直言不讳地说:"利益确为政治之精髓,且不受时间和空间的影响。"③马克思也明确指出:"凡是有某种利益关系存在的地方,这种关系都是为我而存在的。"④

国家利益的至上性决定了最大限度地争取自身在国际舞台上的国家利益,并为国内社会经济发展创造良好的外部条件,必然成为所有国家对外政

① Joseph S. Nye Jr. Soft Power: The Means to Success in World Politics.New York: Public Affairs, 2004.pp. 10–11.

② 中国现代国际关系研究院"软实力课题组":《软实力国际借鉴》,《瞭望》2007年第11期。

③ Hans Morgenthau.Politics Among Nations:The Struggle for Power and Peace,纽约:阿尔福雷德诺夫出版社,1985,10。

④ 《马克思恩格斯选集》(第一卷),人民出版社1976年版,第35页。

策的"重中之重"。但实现这一任务的国家力量却随时代的发展而变化。

国家力量主要包括硬实力和软实力。在传统的国际关系中，由于实力常被视同为物质性实力，所以，在国际斗争舞台上，国家自助行为常用的是"硬实力"，即一定国家和社会的军事力量、自然资源和其他有形的物质力量。具体来说，一个国家在国际关系中的地位和作用主要取决于以下因素的综合能力："人口的多少和领土的大小，资源的储量，经济力量，政治的稳定性和能力。"①可以说，在传统的国际政治中，一个国家拥有的"硬实力"的多少、强弱，决定了该国在国际社会中的地位和作用，决定了该国国家利益的实现程度。现实主义政治学家米尔斯海默就把国家实力归结为两种：潜在权力和军事权力。他直言不讳地指出："权力对比很大程度上等同于军事实力对比，军事力量是国际政治的最终手段。"②所以自威斯特伐利亚国际关系体系建立以来，军事力量一直被国家视为在国际无政府社会中安身立命之本，一直被视为国际政治中最重要的权力来源，几近成为权力的代名词。军事力量权力化的倾向使得"国际政治权力＝国力＝军事力量"的公式长期以来一直占据着主导地位。③世界各国或为了扩张国家利益，或为了确保国家安全，无不强调对权力的追逐。"政治家和民众最终谋求的可能是自由、安全、繁荣或权力本身……但只要他们力求通过国际政治手段来实现其目标，就总是要争取和扩大权力。"④追求"硬实力"构成了各国在国际舞台上活动的最重要内容。之所以这样，按照现实主义理论，是因为国际社会处在无政府状态下，缺乏一个超越主权国家之上的"世界政府"，加之国家是自私理性的行为体，且国家间的互信不足，因此面对着残酷的"弱肉强食"的无休止的国际政治权力斗争生态环境，深受"霍布斯丛林逻辑"文化观念影响的政治国家必然会采用一种"自助"（Self-help）行为，通过不断增强国家权力来进行自我保护。"在无政府状态中，不存在自发的和谐一致……因为每个国家都是它自身利益的最终评判者，任何一个国家可能在任何一个时间使用武力去推行它自己的政策。由于任何国家可以在任何一个时间使用武力，所有国家都必须始终准备着或者用武力反击武力，或者付出软弱所造成的代价。"⑤

---

① 〔美〕肯尼思·沃尔兹：《现实主义思想与新现实主义理论》，袁明主编：《跨世纪的挑战——中国国际关系学科的发展》，重庆出版社 1992 年版，第 216 页。

② John J. Mearsheimer, *The Tragedy of Great Power Politics*.p.82.

③ 〔日〕星野昭吉：《变动中的世界政治》，刘小林等译，新华出版社 1999 年版，第 294 页。

④ 〔美〕汉斯·摩根索：《国家间政治》，杨岐鸣等译，商务印书馆 1993 年版，第 45 页。

⑤ 熊介：《无政府状态与世界秩序》，浙江人民出版社 2001 年版，第 215 页。

　　在权力政治的逻辑支配下,物质主义虽然通过采用硬实力控制、奴役、掠夺等手段征服了他国人民,为自己国家赢得了应有的国家利益和国际地位,但这种为了国家自身利益不顾他国感受而不断疯狂追求硬实力增长的举措,也为国家安全带来了不可预料的严重后果。这就是,国家间相互硬实力的政治博弈和搏杀不仅没有实现增进自身国家安全的战略目的,相反,换来的却是以彼此间国家军备竞赛的螺旋式上升和双方安全交互递减为显著特征的"安全两难"境地和局面。而且这种穷兵黩武,依靠暴力,凭借军事战争手段得来的常常只是一种肉体征服,而不是"身服而心也服",所以一旦时机成熟,被征服国家的人民动员、凝聚起强大的民族力量,奋起武力反抗,其所花费的代价是平常人所难以想象的,其后果也是难以预计的。

　　也就是说,传统的权力手段(更确切地说是硬实力)已不足以完全解决国际政治中的两难困境。特别是随着全球化的发展,国家间在经济上的相互依赖的不断加强,"一荣俱荣,一损俱损"的国际利益关系格局使得经济威胁、军事讹诈等强制性行为的代价变得十分昂贵,军事力量难以转化为国际政治中的现实实力。因此,寻求新的权力分配方式,以应对传统国际政治中的"双败"结局已势所必然。迈克·本森(Mark Beeson)和亚历克斯·贝拉米(Alex J.Bellamy)指出:"在全球化时代,安全的供给需要一种超越传统黩武主义(militarism)和新现实主义零和博弈的方式。当最强大的武器装配不能使自己的国民免受攻击的时候,就不得不追问支撑其理论基础传统战略学说的有效性和恰当性。"[1]也就是说,一个国家乃至世界要从"霍布斯文化"的"两难境地"的轮回中解脱出来,仅仅依靠硬实力,片面地靠武力征服、压制是不行的,还必须占领文化和道义的战略高地。

　　鉴于在国际政治方面以军事手段解决争端的方式越来越不得人心和武力的使用代价更大、成本更昂贵的现实情况,世界越来越多的国家开始纷纷把文化"软实力"这一新的权力源泉纳入到国家政治发展的战略轨道中,并将其作为实现国家对内对外目标的重要内容和手段。正如美国外交史学家弗兰克·宁克维奇在其《文化外交》一书中所指出的:"在大国间军事作用有限条件下,特别是在现代核战争无法严密保护本国不受报复的情况下,文化手段尤其成为美国穿越障碍的一种更加重要的渗透工具。"[2]于是,相对于传

---

① Mark Beeson, Alex J.Bellamy. Globalisation, Security and International Order After 11 September. *Australian Journal of Politics & History*, Sep2003, Vol. 49 Issue 3.

② Frank Ninkovich. *The Diplomancy of Ideas: Foreign Policy and Cultural Relation*. New York, 1981.

统的主导国际权力结构的硬实力地位相对下降而言,软实力,尤其是其中的文化吸引力、意识形态影响力等无形的力量的地位相对上升,并日渐成为当今国际社会权力角逐的焦点。

2.全球公共问题的凸显

人类社会自进入现代文明以来, 现代化浪潮便以不可阻挡之势席卷全球,工业化的长足发展、知识的爆炸增长、科技理性的发达、信息时代和全球化时代的到来,使人类的主体性得到前所未有的张扬;同时,也为人类社会带来了物质上的空前繁荣。但是随着以工具理性为核心的西方现代文化的滥觞,人与自然、人与社会、人文精神与工具理性、精神自足与物质欲求之间的矛盾与对立也在不断激化,人类文明陷入无尽的现代困境。人与自然的关系方面,对自然的日益增大的干预能力,使人类在改造自然、征服自然的同时,对自然的盲目掠夺性开发和非理性干涉导致大量严重的生态问题和环境问题发生。在人与人的关系方面,人们之间的社会关系存在着极不和谐的紧张状况。人类第一次面临全球性的危机和挑战:现代化是一个创造与毁灭并举的过程,它以试图解放人类的美好愿望开始,却以对人类造成毁灭性威胁而证明它的存在。在 21 世纪的第一个十年中,它更以一种破坏性的方式达到了现代想象 (modern imagination) 的极限。现代性中存在着一种进步的危机 (crisis of progress),[1]而"世界性"风险和危险不仅远离个人的能力,而且也远离更大的团体甚至国家的控制, 对千百万人乃至整个人类都可能是严重的威胁。[2]全球性风险使得当今社会成为"世界风险社会"。这就是:随着冷战的结束和全球化的兴起, 非传统安全问题已经成为当今世界继传统安全之后的另一突出问题。所谓"非传统安全"(Nontraditional Security)问题是相对传统安全问题而言的,指的是除军事、政治和外交冲突以外的其他对主权国家及人类整体生存与发展构成威胁的因素,主要包括:恐怖主义、金融危机、环境污染、跨国犯罪、传染病、突发事件、信息网络安全等问题。

非传统安全问题和传统安全问题相互交织使得一个国家面临的挑战更加严峻,维护国家安全的任务更加艰巨。如果说传统安全带来的威胁主要关系到民族、国家与政权的生死存亡的话,那么非传统安全问题带来的威胁则主要关系到人类的生存、社会的发展和环境的保护。由于非传统安全问题大

---

① 格里芬:《后现代精神》,王成兵译,中央编译出版社 2005 年版,第 61 页。

② 〔英〕安东尼·吉登斯:《现代性的后果》,田禾译,译林出版社 2000 年版,第 115 页。

大超越了以往国家安全的边界,成为全人类共同的安全威胁。因此,如果不加以治理的话,在风险流动过程中还可能转化为新的风险,而风险的意外后果或副作用往往呈现出全球性"蝴蝶效应"。所谓"蝴蝶效应"(Butterfly Effect),是1960年美国气象学家爱德华·罗文兹(Edward Lovenz)发现的。他指出,在一个混沌一体的气象世界里,当各种客观条件具备时,一只小小的蝴蝶在最佳时间和最佳地点煽动一下翅膀,就有可能掀起世界另一端的台风或者龙卷风。①"蝴蝶效应"的国际政治含义是,在一个相互联系、高度依存的世界里,任何国家之间都是息息相关的。在全球化的国际体系中,世界上任何地方的任何事变都有可能对其他国家的安全和利益造成重大损害。

易言之,在非传统安全问题日益凸显的全球化时代,每个单个国家的安全都依赖于其他国家和整个国际社会的安全。新的国际关系已发展成为一个网络,将所有的国家囊括其中,任何一个国家都不可能游离于这个安全网络而独善其身。在当今世界,"不管哪个国家、哪个民族,都不能摆脱全球问题的影响和制约,任何国家和民族若无视全球问题中所内含的人类共同利益的存在,不仅会损害自身,而且要殃及整个人类"②。人类只有一个地球,只顾及个体、团体、国家的利益而罔顾地球共同利益的做法是人类长远利益的最大安全威胁。很难设想,一个经济全球化时代,生活在这个星球上的人却只是各行其是,自扫门前雪。

要有效治理风险,增强人类生存的共同安全,必须改变传统的安全观和实现方式。除了各个国家肩负起自己应该承担的世界责任外,各个国家和地区还应当从维护人类共同利益的原则出发,共同承担起风险治理和保障世界公共安全的责任和义务。只有寻求多元化合作治理,建立起复合治理结构,才能达到各治理主体之间的合作互补,发挥公共治理和安全民主的威力,谋求风险治理的最大成效。而这除了需要世界各国加强经济、政治方面的安全合作之外,还需要不同国家在文化方面集思广益,凝聚共识,为解决全球性问题贡献全新的思想和观念。对此,"9·11"事件发生后,约瑟夫·奈就指出,在全球化不断发展的今天,单靠超级大国掌握的硬实力并不能解决所面临的全部挑战。在应对国际金融危机、毒品走私、传染病、环境保护和国际

① 洪朝辉:《中美"乒乓外交"过程中的"蝴蝶效应"》,《中国社会科学季刊》(香港),1999年夏季号,香港社会科学出版社出版,第155页。

② 蔡拓:《全球化与政治的转型》,北京大学出版社2007年版,第136页。

恐怖主义等全球性问题时,离不开多边合作和非国家行为体的软实力。面对非传统安全威胁,世界各国应摒弃分歧,增强合作意识,同心协力应对新的挑战和威胁。联合国教科文组织、世界文化与发展委员会所撰写的《文化多样性与人类全面发展》报告则呼吁"建立一套新的全球伦理"。报告认为,全球伦理的第一个来源就是"人类寻求安全、减轻痛苦的本能"。报告指出:"自从人类脱离茹毛饮血的时代,不同人类群体之间从未停止过发明、创新、制度经验和知识的交流。正是通过不同文化之间的交流与合作,人类社会才得以不断发展前进。因此,通过在一套全球伦理的框架下进行对话,达成一系列新的社会政治共识,促进文化繁荣,对于人类社会的未来发展极为重要。"也就是说,单纯通过增强硬实力的方式去寻求非传统安全问题的全球解决是不行的。行之有效的政治合作和文化交流,不仅能够增强国家之间的合作,把跨国交往引上正常的轨道,而且能够为解决人类社会发展遇到的困惑提供启迪。"不同的文化类型应当超越各自传统和生活形式的基本价值的局限,作为平等的对话伙伴相互尊重……以便共同探讨与人类和世界的未来有关的重大问题,寻找解决问题的途径"①。这样,才能在世界范围内形成应对风险的公共秩序。

3.文化全球化的降临

当今世界,人类处在一个全球化的时代,全球化是我们这个时代最显著的特征。全球化首先表现为经济全球化。它以资本为主体,以社会生产力的巨大增长和高度发展为前提,以跨国公司为载体,以电子计算机等高新科学技术的发展为技术保障,凭借发达的信息手段和运输工具,促使生产要素在全球范围内自由流动和优化配置。从经济运动的角度看,生产活动国际化、商品市场一体化、资本流动扩大化和经济信息化已然成为当代经济全球化的主要标志。经济交往势必带动文化交往,因此全球化决不仅仅只是一种单纯的经济现象。它广泛地渗透于政治、经济、文化、意识形态等各个领域。经济全球化不仅打破了地域性、民族性的界限,把全人类带入一个相互联系、共同发展的新平台,使各国经济依存度逐步加深,同时全球化把世界和历史浓缩成一个新的内在相关的文化场景,不断改变和创造着人类生活的新维度。

在经济全球化和文化全球化的双重推动下,各个民族、国家的文化相互影响、相互渗透,形成了"你中有我,我中有你"的多元文化格局:一方面,文

---

① 〔德〕尤尔根·哈贝马斯:《作为未来的过去》,章国锋译,浙江人民出版社 2001 年版,第 215 页。

化几乎无孔不入,越来越深入到人类社会生活的各个层面。这种建立在文化交流之上的沟通和交流,相应地会增进各个不同文化之间的理解与宽容,不同国家的人民相互学习、相互借鉴。另一方面,文化的竞争成为国际竞争的主要形式和内容,而文化竞争很可能促成优势文化的扩大,致使劣势文化受到冲击乃至被吞并,这样不可避免地会带来不同程度、不同层次和不同规模的文化冲突。如果不能加以积极引导,就会导致文化的危机,对文化的发展构成威胁。

总之,在文化全球化的时代背景下,传统视域下的经济社会交往日益变成文化交往。一个国家要对世界产生影响,不仅要靠政治、经济和军事力量,而且要靠文化力量。正如在商品交换中,人们必须依靠自己商品的成本优势与质量优势去赢得竞争胜利一样,在跨文化的交往与交流中,人们也必须以自己优秀的文化去赢得其他文化的尊重与认可。

因此,文化全球化的降临,唤起了人们的文化意识,文化问题变得比以往更加突出,成为备受关注的焦点。世界各国普遍认识到,要在相互作用、相互影响、相互交流的文化竞争中突围而出,就必须深入挖掘自己文化中的优秀成果,不断提升本国文化的层次和质量,加强文化的建设,在对内提高文化的凝聚力、号召力的同时,对外提高文化的亲和力、吸引力,以自己文化中的优秀成果去影响其他文化,形成更加广泛的价值认同,从而改变人们的精神面貌,使文化更加充满生机和活力。发挥、提升、增强民族文化的国际影响力是文化全球化背景下民族文化面临的一个新的重大问题。

二、文化软实力的地位与作用

文化软实力是软实力的核心因素。"'文化软实力'是指软实力的构成要素,它是相对区别制度、意识形态、政治价值观、外交政策等因素而存在的软实力形态:在'软实力'要素构成中,'文化软实力'是其基石,它构成'软实力'的深层魅力。"①在当代,文化软实力既是推动一个国家经济政治发展,增强国家综合国力的重要力量,也是提升国家话语权,影响世界关系秩序走向的重要因素。

---

① 唐晋主编:《论剑:崛起进程中的中国式软实力》(壹),人民日报出版社 2008 年版,第63~64 页。

（一）文化软实力是国际话语权的重要来源

话语（discourse）是指在某种特定语境中所使用的语言。①法国后现代主义思想大师福柯把话语界定为一种"事件"，认为"话语意味着一个社会团体依据某些成规将其意义传播于社会之中，以此确立其社会地位，并为其他团体所认识的过程"。②他指出，话语是由特定的言说主体在特定的环境中针对特定的目的，以特定的形式或手段表征出来的言语。话语一旦形成，就会以特定的概念、范围和规则建构自己的场域，规定着话语主体的言说内容和言说方式，并表现出对其他话语的某种排斥性。

所以说，话语与权力密不可分，真正的权力是通过"话语"来实现的。"话语是一种权力关系，它意味着哪些主体有发言权，哪些主体无发言权。一些群体或个体得保持沉默，或者他们的话语被认为不值得关注，言语系统在情感和思想层面上产生压制；尽管它是一种隐蔽的、表面上无行为人的控制系统，然而它是社会中的一种真实的权力。"③"国家的发展必然与话语方式的形成相融合，话语方式建构性地塑造了国家权力"④。显然，有话语，就必然有权力。作为一种支配性、控制性力量，权力蕴含在一切话语之中，话语的背后隐藏着权力的身形。

从国际层面看，国际话语权通常"主要表现在有国际意义上的公共空间或非公开场合自由传播或表达与国家利益及其所承担的国际义务相关的立场和主张，其反映对国际事务、国际事件的定义权、对各种国际标准和游戏规则的制订权以及对是非曲直的评议权、裁判权"，体现了一国在国际社会中的知情、表达和参与的权利运用。⑤可见，话语权是一种控制舆论的影响力。掌握了国际话语权，就能凭借自己的技术优势，通过话语传播影响世界舆论，塑造良好的国家形象和主导国际事务。所以 21 世纪世界"话语权"的战略竞争已构成影响国家实力和国际竞争的重要变量，并逐步发展成为国

---

① 《朗文当代高级英语词典》，外语教学与研究出版社 2004 年版，第 532 页。

② 王志珂：《福柯》，湖南教育出版社 1999 年版，第 195 页。

③ 郑乐平：《超越现代主义和后现代主义——论新的社会理论空间之建构》，上海教育出版社 2003 年版，第 65 页。

④ 〔英〕安东尼·吉登斯：《民族、国家与暴力》，胡宗泽、赵力涛译，三联书店 1998 年版，第 254 页。

⑤ 梁凯音：《对中美关系中的中国国际话语权问题的研究》，《东岳论丛》2010 年第 7 期。

际战略竞争中一个新的制高点。

话语权的获得与一个国家的软、硬实力紧密相关。尽管国家博弈从根本上来说主要是基于硬实力的较量,但能否争取国际舆论的支持,对于国家在战略博弈中施展权力和外交具有重要的影响作用。如果说,在经济军事主导国际政治发展的年代,硬实力可以使一个国家掌握话语权,"强权即话语",没有硬实力就没有国际话语权,那么在文化全球化的今天,则是软实力特别是文化软实力是一个国家获得话语权的重要来源,"软实力即真理",掌握了文化软实力,就拥有了强大的国际话语权。

在当代,国际话语权来源于一个国家的文化软实力。国际话语权是国家文化软实力的反映和集中体现。从根本意义上讲,一个国家是否拥有国际话语权,取决于这个国家的文化软实力。

第一,话语的本质是文化。人类的存在基础是社会实践。一个民族、国家在长期的社会生产中不仅创造了反映客观物质世界的文化结晶,也创造出了进行文化交流的语言。对此,马克思曾说"语言也和意识一样,只是由于需要,由于和他人交往的迫切需要才产生的"①。因而话语必然要反映该民族国家的文化成果。文化不仅指导着社会成员对社会实践问题的主要思维活动和表达方式,还规定着话语表达的价值取向和意义。作为不同民族、国家几千年文化积淀的外化形式,话语是该国文化成就的重要指标。文化是话语或语言的重要资源和宝库,语言则折射着、反映着文化,是思维和思想文化的直接呈现。正如有学者所说:"语言的特征是由思想与语音的结合方式决定的。在这个意义上说,语言的特征与精神相仿:精神在语言中生下了根,并把生命赋予语言……语言的特征是民族特性对语言不断施予影响的自然结果。"②

第二,文化影响甚至决定着话语主体的背景和素养。话语是通过话语主体来表达的。文化虽然是"人化"的产物,但同时"人化"了的文化也在不断地模刻着人。约翰·P.洛弗尔指出:"人是在文化氛围中长大的,受到其中的基本价值观、风俗习惯和信仰的熏陶。那些在每个社会中握有政治权力的人易受社会文化的影响,他们的行为与态度将有许多文化根源。"③文化一旦形

---

① 《马克思恩格斯选集》(第一卷),人民出版社1995年版,第98页。

② 中国大百科全书编辑委员会:《中国大百科全书》(语言文字卷),中国大百科全书出版社1988年版,第199~200页。

③ 王晓德:《美国文化与外交》,世界知识出版社2000年版,第3页。

成,便作为一种独立存在的客观力量影响着人的思维方式和价值观念,制约着人的言行举止。不同的文化背景不但塑造了截然不同的话语主体,也形成了各不相同的思维方式。另一方面,文化素养决定着话语主体的语言驾驭能力。一个拥有广博文化水平的人,能够将文化的意蕴以优美的语言加以表达,而且还能根据他人的文化接受心理和特定精神需求,以幽默、风趣的表达方式,用他人耳熟能详的语言,在将自己语言蕴涵的意义清楚、完整地传达于文化受者的过程中,能够为其提供无限的文化想象空间,使其不经意间受到感染。反之,不仅起不到良好的文化反馈,甚至还会激起他者的不满与愤怒。显然,话语应用能力与话语传播主体的文化素养和受教育程度密不可分。

第三,话语权的权威性决定于文化软实力。话语权是在不同文化主体的较量中产生的。话语权最重要的目的是在不同文化的自由选择中通过舆论的力量改变他人的"价值偏好"。当今世界是一个多样性文化并存的世界,也是多种话语相互较量的过程。不同的文化主体在话语博弈中之所以产生不同的权力,很大程度上是因为它所包含的价值观和意识形态的吸引力、感染力是不同的,因而被认同的程度也是不同的。由于文化受众是在文化传媒构建起来的环境中认识世界事务的,因而其在何种程度上能改变自身对事物认识态度的倾向性,主要取决于话语的权威性和合理性,而话语权的说服力、渗透力和吸引力主要来自于文化的软实力。在国际交往中,话语权以文化软实力的形式成为一种赢得人心和人脑的力量。即使是"话语霸权的确立,也不能靠外在的强制力量来实现,只能在接受者同意或服从的基础上达到控制和影响对方的目的"[①]。正像奈所说:"软实力的获得靠的是一个国家思想的吸引力或者是确立某种程度上能体现别国意愿的政治导向的能力。"[②]文化软实力决定着一个国家国际话语权的大小。一个国家的文化软实力越强大,意味着它的国际话语权越强,对国际体系的影响力就越大。反之,一个没有足够的文化软实力资源作支撑的国家在当今国际舞台上是很难有国际话语权和世界影响力的。正如好的思想是一部文学作品的"灵魂"一样,话语权在当代也必须以文化软实力为依托。话语权是文化软实力的重要指标和力量展现。"如果我们认识到国家的权力不仅来自武力的使用(如

---

①　马丽蓉:《西方霸权语境中的阿拉伯—伊斯兰问题研究》,时事出版社 2007 年版,第 376 页。

②　〔美〕约瑟夫·奈:《美国定能领导世界吗？》,何小东等译,军事译文出版社 1992 年版,第 25 页。

警察),也来自它对思想的控制,文化的作用就显而易见了。"①

(二)文化软实力是影响国际秩序的重要变量

国际秩序指的是国际社会中主要角色围绕某种目标和依据一定规则相互作用形成的运行机制,它表现国家在国际社会中的位置和顺序,具有相对稳定性。②

国际秩序规定、影响着世界权力、资源的配置和各国的利益分配,事关世界各国的发展和繁荣,因此自 1648 年标志主权国家诞生的威斯特伐利亚体系建立以来,对国际秩序主导权的争夺成为国际关系格局变迁、演进中的一种常态现象。

在传统的国际政治语境中, 经济军事等硬实力扮演着主要角色和发挥着主导性作用。因此,国际秩序是国家特别是世界大国武力博弈的结果。当前,国际形势发生了深刻的变化,和平与发展成为时代主旋律,军事手段和战争的作用和范围受到了较多的限制,特别是在经济全球化、一体化不断推进的过程中,世界各国利益彼此交融,使得通过和平方式建构国际秩序逐渐为国际社会所认同、采纳。

换言之,随着国际关系的制度化程度越来越高,通过建构国际规范、国际机制来建构国际新秩序, 成为当代世界各国尤其是大国必不可少的战略选择。"国际制度力量的崛起以及国际关系的制度化发展是 20 世纪国际关系发展的最重要成果之一。"③

所谓国际机制 (international regimes) ,是指"在某一特定问题领域里组织和协调国际关系的原则、准则、规则和决策程序"④。作为国际关系中不可或缺的公共物品(public goods),国际机制一旦建立,就成为相对独立的变量,影响着参与国际关系活动的所有国家。"国际规则、共同的信仰、话语、文化和其他社会结构可以对不同的行为体提出相同的行为要求, 它们可以塑造和限制行为体的偏好方式。""规范的语境 (context) 影响决策者和大众的行为。"国际机制对国际行为体的身份和利益具有建构作用。在当代国际社会,

---

① 〔英〕菲利普·史密斯:《文化理论:导论》,张鲲译,商务印书馆 2008 年版,第 40 页。

② 梁守德、洪银娴:《国际政治学概论》,北京大学出版社 2000 年版,第 238 页。

③ 杨洁勉等:《国际合作反恐: 超越地缘政治的思考》,时事出版社 2003 年版,第 116 页。

④ Stephen Krasner (ed.). *International Regimes*. Cornell University Press,1983,p. 1.

国际规范不但能够"因果性"地规定国际关系行为体的外在行为,而且更重要的是能够"构成性"地影响国际行为体的内在认同和价值取向。即是说,国际规范通过"社会化"的过程,不仅可以修正主权国家旧的认同,重构新的认同,影响、左右国家的战略决策和行为,而且还驱使其自我约束,以国际社会公认的方式行事。显然,哪个国家主导了国际规范和机制,也就占据了国际秩序"制高点"。

由于国际制度、国际机制的变迁决定着国际秩序演变的发展方向,在当今权力争斗的国际政治舞台上,国际社会已经由传统意义上的以意识形态和社会制度为重点的竞争转向以国际机制和规范为重点的政治博弈。而谁将从中最终脱颖而出,占得先机,从而赢得战略主动,将日趋取决于博弈各方之间的力量对比,特别是国家文化软实力的力量对比。这是因为,文化是制度之母,制度是文化的载体和体现。一定的制度总是反映和体现着一定的政治理念和文化价值。因而,国际制度就是文化理念在国际政治中的制度化的结果和再现。从这个意义上说,以国际制度、国际机制为基础建构起来的国际秩序其实就是一种国际文化秩序。"国际制度的基本文化内涵,决定了国际制度乃至国际秩序的核心内容。"①换言之,文化软实力同经济、军事硬实力一样同样可以改变不同国家彼此之间的力量对比关系。

约瑟夫·奈指出:"软实力是一个国家文化的普世性及其建立有利的规则和制度、控制国际行为领域的能力。"②一个国家的文化和价值体系只要有吸引力、亲和力和感召力,别国就会自动向它靠拢;一个国家的价值观支配了国际关系秩序,它就必然会在国际社会中占据领导地位,并凭借对国际规范和机制的掌控,实现自身利益的最大化。正如美国学者史蒂文·克拉斯纳所认为的:"在一个国际体制中,一个成员国如果能够把它的文化基本价值,发展成一套体制内的游戏规则,自然有助于提升其在体制中的权力地位。"③

冷战后,面对着作为资源和权利配置的一种重要方式的国际制度、国际规范这样一种社会博弈规则,世界所有国家,不论是发达国家抑或是发展中国家,无论是资本主义国家还是社会主义国家,都更加关注价值观和文化等

---

① 陈东晓:《试论国际制度的本质特征及其与美国霸权的互动关系》,《国际政治研究》2004年第3期。

② [美]约瑟夫·奈:《软力量——世界政坛成功之道》,吴晓辉、钱程译,东方出版社2006年版,第37页。

③ Steven D.Krasner.*International Regimes*. N.Y.Cornell Cornnel University Press.1983.

软实力的输出,纷纷借助文化交流平台,将文化价值、意识形态和政治文化观念等参与到对整个世界秩序的塑造过程中。妄图通过对国际机制和规范制定话语权的掌控,将自己的文化价值理念转化为国际社会必须共同遵守的规则和制度,以此提高谋求国家自身利益的政治合法性,赢得相对他国的权力优势。因为国际机制是国际政治力量对比关系的集中反映,因而国际机制在本质上决定于国际政治力量的对比关系。

在国际文化交往实践中,一个国家只有通过文化软实力的输出,才能成功地将自有观念(或自有知识)发展为世界共有观念(或社会共有知识),才能将一套自己国家的价值内核嵌入到国际机制和规范中,并受到世界民众接受和认可的国际规范,主体才能确定彼此之间的关系并采取相应的行为方式。在当代国际政治生活中,文化软实力日益成为世界各国通过国际秩序谋求建立有利于自己国家利益的工具和武器,及影响国际关系秩序的重要因素和变量。

(三)文化软实力是综合国力的重要内容

当今世界,综合国力的强弱关系到国家在国际上的地位和作用,对参与国际竞争及国家间的交往等都有着重大的影响。综合国力是一个主权国家生存与发展所拥有的全部实力(物质力和精神力)与国际影响力的合力,包括政治力、经济力、科技力、国防力、文教力、外交力、资源力七大要素。①综合国力是构成一个国家生存和发展系统的各个要素"合力"的结果。从构成的要素上看,综合国力主要由政治力、经济力、科技力、文化力、国防力、资源力等要素要件构成。从形态上看,既存在有形的物质要素,也存在无形的精神要素。前者主要包括自然资源、经济实力、科学技术、军事实力等,后者主要包括政治制度、民族传统、民族精神、社会文化、意识形态等。

由此可见,文化软实力是构成综合国力的重要组成部分。文化软实力不仅对提升经济发展质量的作用日益突出,同时也是推进政治建设、发挥政治制度优势的重要手段和力量。完全可以说,文化软实力在现代综合国力竞争中具有举足轻重的地位和作用。

---

① 黄硕风:《综合国力新论:兼论新中国综合国力》,中国社会科学出版社1999年版,第5页。

1.文化是推动国家经济发展的重要杠杆

毫无疑问，一个国家的发展和安全首先取决于经济的发展。没有经济实力的发展和繁荣，就不可能为国家综合国力的增强奠定坚实的物质基础，就不能为文化价值观的建设和对外交往提供重要的物质条件。但是经济实力的发展也离不开文化软实力的建设。软实力的建设不但能为经济实力的发展提供有较高的科学文化素养的人才支持，还能为其发展提供强大的精神动力，"强大的精神力量不仅可以促进物质技术力量的发展，而且可以使一定的物质技术力量发挥出更好更大的作用"①。这是因为任何国家的经济社会发展都是在一定的精神文化的指导下进行的，都蕴涵着精神文化的无尽力量。

（1）文化是经济发展的精神动力和智力支持。人类自进入文明社会以来，先后经历了两次基本的经济发展模式：一是依托于劳动密集型的经济发展模式，二是依托于资本密集型的经济发展模式。但是自从 20 世纪 90 年代中期以来，随着知识经济的崛起，人类社会的经济发展模式已发展到一个崭新的历史阶段——以高科技为先导的文化密集型经济发展模式。"文化产品已经以信息、通信方式、品牌产品、金融服务、媒体产品、交通、休闲服务等形式遍布各处。文化产品不再是稀有物，而是横行天下。"②调整经济结构、转变发展方式是中国新时期经济建设面临的重大战略任务。中共十七大报告不仅提出了"促进国民经济又好又快发展"的目标要求，而且明确指出了实现这一目标要求的方法："关键要在加快转变经济发展方式、完善社会主义市场经济体制方面取得重大进展。"报告进一步指出："加快转变经济发展方式，推动产业结构优化升级。"十八大报告则进一步提出了："要适应国内外经济形势新变化，加快形成新的经济发展方式"的战略要求。为此，要在加快经济建设的同时，还必须要有文化软实力建设的紧密配合。文化软实力建设，特别是文化产业的发展，对转变经济发展方式起着举足轻重的作用。

文化产业依托现代高科技，具有科技含量高、污染低、发展快、效益好等特点，既有助于经济效益的提高、资源消耗的降低，也有利于经济结构的优化、消费需求的刺激和生态环境的改善。在世界经济发展模式已经发生根本转变的态势下，作为新兴产业和未来的支柱性产业，文化产业正日益凸显对

---

① 《江泽民论有中国特色社会主义》(专题摘编)，中央文献出版社 2002 年版，第 395 页。

② 〔英〕斯科特·拉什、西莉亚·卢瑞：《全球文化工业：物的媒介化》，要新乐译，社会科学文献出版社 2010 年版，第 6 页。

国民经济的拉动作用。而"一个国家文化产业的发展水平是该国主流意识形态吸引力和凝聚力的最直观表现"①。"文化产业发达的国家,其文化软实力的扩张和渗透力都较强;文化产业发展得较为成熟的国家,其文化软实力都有着较大的优势"②。因此,建设文化软实力,大力发展文化产业已经成为中国加快转变经济发展方式,推动产业结构优化升级的必然选择。

(2)文化越来越成为经济活动成功的必要条件。一定的文化是对一定历史条件下经济、政治的反映,又反过来给经济、政治以能动的影响。文化软实力的大小、强弱,直接关系到一个国家经济社会发展的程度,关系到一个国家经济发展的快慢和综合国力的高低。如果把经济军事硬实力当作常数,那么文化软实力就是变数或乘数,它倍增或递减着国家的综合国力。可以说,文化是推动一个国家经济社会发展的强大杠杆。"一部人类社会发展史,是人类生命繁衍、财富创造的物质文明发展史,更是人类文化积累、文明传承的精神文明发展史。人类社会每一次跃进,人类文明每一次升华,无不镌刻着文化进步的烙印。"③日本的"文化时代经济研究小组"在其撰写的报告中提出了两个基本思想:"管理经济和从事经济活动的是人,经济活动的机制在于各种文化之中"。可见,作为软实力的文化信念、价值观念对于任何一个社会、任何一个国家或地区来说,都是不可或缺的,是未来社会向前发展、进步的精神支柱。

2.文化是影响政治文明进步的重要力量

文化与政治密切相关,"文化与政治之间的关系不仅是一种必不可少的实用性的关系,而且也是一种更为广泛的、更加细密的关系,因为政治作为改造现实社会及结构的一种手段,由于其自身构成的特殊性,它要求必须对文化的相互关系有一种极其强烈的意识"④。

一是文化是维护社会稳定的"黏合剂"。任何国家要维持正常的发展,不仅要靠军队、法院等国家暴力机器,同时还要依赖文化特别是意识形态的教

① 卢新德:《文化软实力建设与维护我国意识形态安全》,《山东大学学报》(哲学社会科学版)2010年第3期。

② 刘轶:《政治意图、文化软实力与文化产业》,《江淮论坛》2009年第5期。

③ 胡锦涛:《在中国文联第八次全国代表大会、中国作协第七次全国代表大会上的讲话》,《人民日报》2006年11月10日。

④ 〔意〕保罗·巴尼奥利:《一个未完成的政治思索:葛兰西的〈狱中札记〉,社会科学文献出版社2000年版,第76页。

化。列宁指出："所有一切压迫阶级，为了维持自己的统治，都需要两种社会职能：一种是刽子手的职能，另一种是牧师的职能。刽子手的任务是镇压被压迫者的反抗和暴乱。牧师的使命是安慰被压迫者，给他们描绘一幅在保存阶级统治的条件下减少苦难和牺牲的前景，从而使他们顺从这种统治，使他们放弃革命行动，打消他们的革命热情，破坏他们的革命决心。"①法国学者阿尔都塞曾在《意识形态和意识形态国家机器(研究笔记) 》一文中指出："任何一个阶级如果不能同时既对国家的意识形态机器行使霸权，又在国家的意识形态机器之内行使霸权的话，它的统治就不会持久。"②因此，一个国家要实现社会治理的长期化、永久化，就必须掌握文化的领导权。这是因为，文化具有社会凝聚功能、思想整合的功能。通过文化对于社会的政治思想观念的教化，才能改变人的思维方式、行为习惯、价值观念和审美趣味，并使之向有利于经济社会发展的方向转变，才能在统一文化、制度的规约下，减少社会不确定性因素的发生，不断增加社会的互动和共识，进而通过集体的文化共识，实现使社会有序发展目标的最终实现。反之，没有民众支持的政治体系必然失去其赖以存在的理由，"没有共同的价值，权力竞争就可能很激烈，大量的社会紧张状态就会存在"③。

二是文化软实力能够为政党合法执政提供道德辩护。任何政党要使政治统治永久化，必须最大程度地获取民众的支持和认可。马克斯·韦伯说："一切经验表明，没有任何一种统治自愿地满足于仅仅以物质的动机或者仅仅以情绪的动机，或者仅仅以价值合乎理性的动机，作为其继续存在的机会。毋宁说，任何统治都企图唤起并维持对它的'合法性'的信仰。"④换言之，任何统治集团的权力离不开文化力的支撑。统治阶级只有将自己的文化，特别是意识形态转化为社会成员的自觉认同与支持，才能获得合法的执政地位。"意识形态赋予政府、公司或大学等机构合法的地位。意识形态的改变——通常这很困难——是为了适应或调整周围'现实世界'的变化。"⑤因此，"一个政党要争取意识形态的领导权而成为一个'历史集团'，从而使社

①　《列宁选集》(第一卷)，人民出版社1995年版，第478页。

②　陈越编：《哲学与政治：阿尔都塞读本》，吉林人民出版社2003年版，第338页。

③　〔美〕乔纳森·H特纳：《社会学理论的结构》，吴曲辉等译，浙江人民出版社1987年版，第324页。

④　〔德〕马克斯·韦伯：《经济与社会》(上)，林荣远译，华夏出版社1997年版，第239页。

⑤　〔美〕乔治·洛奇：《全球化的管理——相互依存时代的全球化趋势》，胡延泓译，上海译文出版社1998年版，第137页。

会成为一个统一体,所以'在保持整个社会集团的意识形态上的统一中,意识形态起了团结统一的水泥作用'"①。在政治社会化过程中,文化对一个统治阶级的政治"合法性"直接发挥着诠释与辩护的功能。一个国家的统治者只有将自己的文化理念和政治主张通过自己所掌握的舆论宣传工具在具体的经济体制、政治体制中张扬或倡导,从而对人们的思维、行为方式产生普遍的影响,形成社会生活中占主导地位的文化观念,才能唤起社会对该文化支撑的政权"合法性"和正当性的敬仰。"合法性作为对政治利益的一种表达","是对统治权利的承认。从这个角度来说,它试图解决一个基本的政治问题,而解决的办法即在于同时证明政治权力与服从性"②。反之,如果一个政党不能有效掌握"文化"领导权,不能将多元化的社会意识形态统一在统治阶级的主流意识形态框架之下,就不能长期地掌握政权,维护自己政治统治的稳定性。

文化代表着一个国家和民族的文明程度和发展水平,既是综合国力的重要组成部分,也是综合国力的体现。历史经验表明,一个国家若只是经济强国、军事强国而非文化强国,还算不上是一个真正的强国。离开了文化的支撑,即使有繁荣的经济,强国地位也难以确立。

(四)文化软实力是国家文化安全的重要保障

诺伯特·阿特认为:"(国家)安全是国家保卫本国不受攻击、侵略、征服和毁灭的能力。"③布朗指出:"国家安全是这样的一种能力(力量):保持国家的统一和领土完整,基于合理的条件维持它与世界其余部分的经济联系,防止外来力量打断它的特质、制度和统治,并且控制它的边界。"④全球化时代的文化安全"主要指人们认为自己所属'国家—民族'的'基本价值'和'文化特性'不会在全球化大势下逐渐消失或退化的'安全感'"⑤。

---

① 〔意〕葛兰西:《狱中札记》,葆煦译,人民出版社1983年版,第25页.

② 参见〔法〕让·马克·夸克:《合法性与政治》,佟心平,王远非译,中央编译出版社2002年版,第12~36页。

③ Robert J.Art.A Defensible Defense: America's Grand Strategy After the Cold War". *International Security*, Vol.15, No.4(Spring 1995), p.7.

④ 转引自王普丰:《高技术战争》,国防大学出版社1993年版,第28页。

⑤ 潘一禾:《文化安全》,浙江大学出版社2007年版,第28页。

文化安全是主权国家安全的重要内容，也是国家安全的基本表征和条件之一。所谓国家文化主权，就是国家对公共文化事业进行政治安排的权力，其具体表现是，一个主权国家能够根据自己的需要独立自主地对国家领土范围内包括国家自身的文化按照自己的意愿(而不受他国的干涉)进行改革和建设，从而不断地增进国家的文化利益。国家文化主权是国家主权的内容和重要保证。如果一个国家丧失了文化主权，那就谈不上什么国家文化安全；反过来，如果一个国家的文化安全受到威胁，从根本上说，就意味着这个国家的文化主权受到了威胁或削弱。这是因为，主权是权力的认同，而这种认同更多地表现为文化上的认同。"民族国家形成过程，是文化整合共建群体文化意识和参照系统的过程，是国内人们对共同体形成文化认同的过程。"①作为国家安全的组成部分，国家文化安全是一种深层次的安全，一个国家的文化是否处在安全状态，要看这个国家是否拥有充分独立自主的文化主权——这是国家文化安全最核心的内容，要看这个国家的人们是否拥有高度的民族文化认同，这个国家在其主权范围内及在国际上是否拥有合法性。②

1.文化认同是国家文化安全的重要条件

国家在维护文化安全过程中始终要维护身份的自治权。哈贝马斯 (Jürgen Habermas) 指出，合法性国家应具备两方面的特征：其一，在政治经济系统之外，社会文化生活获得健全的发展，从而在社会文化领域确立了一整套普遍有效的行为方式和价值规范，这些行为规范能够促进个体的自由发展和群体认同的形成；其二，国家认同得到广泛的认可与支持，从而有力地推动社会的一体化。③易言之，国家文化安全来自于对本国文化身份的认知和坚守。而文化身份在很大程度上是由文化确立的。文化确立了国家的身份，身份在文化中得到了彰显。因此，强化一个国家的文化身份，就必须加强国民对本国文化的认同。因为文化认同关系到每一个文化群体的自我理解、自我定位和自我主张的问题。国家身份稳定性的维护既是努力延续其价值体系与社会制度的过程，又是对它们不断加以修正与完善，使其更为合理的过程。因此维护国家文化安全、确立文化身份与文化认同直接相关。

---

① 杨阳：《浅析文化在国际关系中的作用》，《现代国际关系》2002 年第 4 期。

② 于炳贵、郝良华：《全球化进程中的国家文化安全问题》，《哲学研究》2002 年第 7 期。

③ 转引自孙晶：《文化霸权理论研究》，社会科学文献出版社 2004 年版，第 168 页。

所谓文化认同,是指对一个群体或文化身份的认同感,或者是个体受其所属的群体或文化影响而对该群体或文化的认可或赞同。它反映和折射的是群体、民族的文化归属意识和价值取向。只有本民族、本国家的人民对本民族有高度的文化认同,它的身份便能稳固地确立,才能在国内面临社会分化的危况时,面临多元文化主义的挑战时,超越不同族群或利益集团的社会认同,产生强大的亲和力与感召力。如果没有共同的文化,没有共同的信仰或历史经验,单纯依赖政治意识形态把来自不同文化与族群的人们聚合在一起,国家必然会有不同程度的危机。①19世纪意大利文化批评家桑克蒂斯曾经说过:"缺乏力量,因为缺乏信仰。缺乏信仰,因为缺乏文化。"②文化认同及其安全是国家认同的基础,是国家根基得以维系和生命继续前行的前提。从一定意义上讲,文化的命运就是一个民族、国家的命运。如果说一种文化如果丧失了个性就等于丧失了生命力,那么一个国家如果丧失了对本民族、本国家的文化认同,也就意味着在国际社会中丧失了自我身份,从而沦落成为肆意被他国控制和驱使的文化附庸。所以列宁指出:"对社会主义思想体系的任何轻视和脱离,都意味着资产阶级思想体系的加强。"③

2.文化认同是抗击外来文化侵蚀的强大武器

在当今世界,任何国家要生存、发展都离不开与他国的联系,因而一个主权国家的国内文化认同面临着外来文化的威胁问题。能否在同外来文化的争夺中获得绝大多数人的文化认同,事关一个主权国家的安危。李大钊曾言:"文化之盛衰,民族之兴亡系之。"④从某种意义上讲,文化认同构成了国家文化安全的全部内容和意义。文化的力量只能通过文化的力量去解决。面对着外来文化特别是文化霸权主义对本国文化影响范围的挤压,国家必须大力弘扬民族精神,因为一个社会、一个民族和一个国家只有靠民族精神的支撑和牵引,才能真正凝聚起来、组织动员起来、团结起来,捍卫本民族、本国家的文化独立性和自主性。"一个民族、一个国家,如果没有自己的精神支柱,就等于没有灵魂,就会失去凝聚力和生命力。有没有高昂的民族精神,是

---

① 吕芳、殷存毅:《认同政治与国家的衰落——兼评亨廷顿的新作〈我们是谁?〉》,《世界经济与政治》2005年第5期。

② 〔意〕安东尼奥·葛兰西:《论文学》,葆煦译,人民文学出版社1983年版,第2页。

③ 《列宁选集》(第1卷),人民出版社1995年版,第326~327页。

④ 《李大钊全集》(第1卷),人民出版社2006年版,第255页。

衡量一个国家综合国力强弱的一个重要尺度。"①

　　而民族精神的培育弘扬离不开国家文化软实力的建设。众所周知,人的社会行为都是在文化环境中生成、发生的。本尼迪克特曾说:"每一个人,从他诞生的那刻起,他所面临的那些风俗便塑造了他的经验和行为。到了孩子能说话的时候,他已成了他所从属的那种文化的小小造物了。待等孩子长大成人,能参与各种活动时,该社会的习惯就成了他的习惯,该社会的信仰就成了他的信仰,该社会的禁忌就成了他的禁忌。"②文化是一个民族的灵魂,是一个民族国家的集体记忆和精神家园。文化通过为社会成员提供共同的理想信仰体系和价值观念而将具有共同地域、共同经济生活、共同心理素质和共同语言的人群紧紧联结在一起,使本民族、本国家的每个成员对自己民族、自己国家的前途和命运有深刻的认识和崇高的责任感,从而在这个人类交往范围日益扩大而地球日益"缩小"的时代,牢固地树立国家文化安全意识,共同迎接异族文化和世界文明的挑战,为捍卫自己的文化和生活世界的独特性而斗争。一个国家的人民如果丧失了对民族文化的认同,就如同水上浮萍,失去了根而成为无家可归的流浪者。

　　因此文化的命运在某种程度上同民族、国家的命运息息相关。一个迷失了自身历史和文化身份、传统的国家,注定无法塑造一种向心的精神力量,用来动员和组织自己的人民,形成同心同德、团结一致的局面,因而也就难以真正谈得上国家的安全。所以荷兰哲学家冯·皮尔森在其《文化战略》中指出,文化战略就是人类的生存战略。③如同军事安全必须有强大的军事武器作后盾一样,国家文化安全也必须要有强大的文化武器在手中,这样,才能筑牢国家文化安全的屏障,提高国家的整体安全度,并由此赢得良好的国际安全环境。

三、文化交流的世界表现

　　21世纪是世界文化软实力竞争的世纪。在这个凸显文化价值和魅力的时代,谁占据了文化发展的制高点,谁拥有了强大的文化软实力,谁就能够

---

　　① 《江泽民文选》(第三卷),人民出版社2006年版,第230~231页。

　　② 〔美〕鲁丝·本尼迪克特:《文化模式》,张燕、傅铿译,浙江人民出版社1987年版,第2页。

　　③ 〔荷〕C.A.冯·皮尔森:《文化战略》,刘利圭、蒋国田、李维善译,中国社会科学出版社1992年版,第15页。

在激烈的国际竞争中赢得主动、占得先机。①

基于对文化软实力推动国际政治发展的重要功能的认识,冷战后越来越多的国家开始重视文化软实力的巨大作用,千方百计地壮大本国文化的整体实力和国际竞争力。许多国家,特别是世界主要大国,都把发展对外文化交流、提高本国文化软实力作为增强国家核心竞争力的重要战略。

(一)美国的对外文化交流

独霸世界,使世界"美国化"是美国自立国以来的永恒战略。如果说,冷战期间美国的国家使命就是怎样赢得与苏联为首的社会主义阵营展开的冷战,以成为世界唯一霸权国家的话,那么冷战后,美国国家战略的唯一目标就是如何保持美国的世界霸主地位不被他国所取代。为此,美国在提出"胡萝卜加大棒"政策,采用硬实力迫使他国就范的同时,还高度重视国际文化领域的软实力建设。美国有目的、有计划地将提升文化软实力作为实现其国家利益的工具,通过制定和实施系统的文化战略来实现其对外政策的目标。

美国的文化输出充当了推行全球化的开路先锋和麻醉工具。1993 年,克林顿政府把在全球范围内推广西方民主思想作为其外交政策的"三大支柱"之一,积极推行"文化软实力"战略。为了确立美国作为"世界文明灯塔"的地位,使美国成为令全世界敬仰的国家,2003 年 1 月,布什总统又在白宫设立了"全球交流办公室"(Office of Global Communications),其主要任务是制定多个政府多种公共外交活动的战略指导方针和相互协调。2006 年 9 月美国又推出了后冷战时期最全面、最宏大的对外文化交流战略——"全球文化计划",意在全力推动对海内外的美国青年和成年人施以外国文化和艺术的教育,分享美国在艺术管理和表演方面的专门知识。

美国利用其在文化上的超强垄断地位,在全球大肆推销新自由主义,贩卖其文化理念和生活方式,妄图占领对方国民的心灵,以此影响和改变人们对一个国家的认同,达到同化他国的目的。一是通过媒介传播输出美国的文化。"一般来说,媒介就是一种能使传播活动得以发生的中介性的公共机构。具体说,媒介就是拓展传播渠道、扩大传播范围或提高传播速度的

---

① 沈壮海主编:《软文化 真实力》,人民出版社 2008 年版,第 8 页。

一项科技发展"①。媒介,特别是新媒体,不仅具有传输速度快、时效性强的优势,而且还能以灵活多样的形式即刻将本国的文化传送到对象国家。所以美国非常重视媒介外交的战略价值,不但利用先进的数字技术手段和数字传播方式,大张旗鼓地输出美国的政治价值和文化理念,而且还非常注意发展与垄断传媒的关系,巧妙地利用他们隐形地传播美国的思想文化。对于美国政府与美国媒体的这种关系,美国学者席勒就曾直言不讳地指出:"美国联邦政府不仅密切地卷入文化侵略的过程,而且还委令国防部(不是美国新闻署)直接间接控制之。所谓直接,国防部(五角大楼)统筹拟定全国广播政策,决定频率频道的分配;所谓间接,各大广播关系企业(如美国无线电公司属下的国家 广播公司 RCA-NBC)皆承接了大批的国防军事合同。美国的传播势力所以能够所向无敌,完全是直接拜赐于政府既定的军事外交政策。反之,传播则成为军事与外交的利器与急先锋,相辅相成,互为结果。"②

二是利用经贸途径输出美国文化。在美国看来,大力发展国际经济贸易,除了获取价值不菲的经济利益外,还能通过发展对外经贸关系输送美国的"自由、民主、人权"等核心价值观。美国前总统克林顿就曾说过,经济贸易是美国"能够在全世界推广美国的核心价值观的工具"。所以美国不断通过与世界各国在经济贸易领域的交往机会,借助市场的力量完成自己的超越国界的文化传播,影响他国的公众,促进他国进一步融入国际社会,向美国所希望的方向演进。就中美关系而言,经贸是美国与中国交往的最主要的领域,自然也是传播美国文化价值观的重要手段。

三是美国积极实施大规模的对外教育文化交流活动。让外国人来帮助美国推销美国的价值观,这在美国统治者看来是一个非常划算的、一本万利的"买卖"。这样做,不仅能够培养忠实于美国的未来领导人,而且还能够通过他们将美国的价值推广到他们的国家。而这其中,对外教育文化交流无疑是实现这一目的的最佳选择。所以美国着手实施了大量的包括富布赖特项目、洛克菲勒基金会、福特基金会、国际访问者项目在内的教育和文化计划,并将教育与文化交流作为美国"对外政策的第四维"。譬如,富布赖特项目是

---

① 〔美〕约翰·费斯克:《关键概念:传播与文化研究辞典》,许静译,新华出版社 2004 年版,第161 页。

② 关世杰:《国际传播学》,北京大学出版社 2004 年版,第 227 页。

由美国政府直接出资管理的一个庞大的对外教育文化交流项目，专门"资助美国和其他国家的学生和专家学者等出国或赴美学习、访问和从事研究。其目的在于在吸引和扩大其他国家对美国文化价值观的直接关注的同时，让他们身临其境地感受美国。迄今为止，参加者已超过 27.5 万人，有 140 多个国家和地区与美国进行该项目的合作"，美国政府认为"造就了一批致力于加强国家间互相了解的领导人和舆论创造者"。①

另外，美国还通过把本国教师、传教士、医生派遣到海外从事志愿者工作；向海外赠送图书、杂志、画册、录像带或幻灯片，资助学者互访，捐助讲座教授位置等各具特色的方式推广美国的民主、自由价值观念。西方学者所著的《一个经济杀手的自白》《文化冷战与中央情报局》等书，揭露了"美国情报局在 1996 年后加紧了对第三世界学术界的渗透，出巨款让一些人宣传推进全盘美国化，打压第三世界那些保护和振兴本民族文化的人"，并披露"为了渗透美国的霸权思想，中央情报局在文化领域展开了长达半个多世纪的文化输出活动，举办讲座和研讨会，创办学术刊物，开设图书馆"②。文化软实力战略的实施，使美国不仅成为当今世界的经济、军事超级大国，而且成为文化上最强势的国家。

（二）英、法的对外文化交流

英国作为传统意义上的大国，其硬实力已经今非昔比。二战结束后，为了借对外文化交流提升软实力，以恢复大英帝国在二战中被削弱的国际地位和世界影响力，英国政府在通过英国文化协会输出英语图书来增进海外对英国的了解的同时，又于 1945 年在原外交部英国文化委员会事务科的基础上设立了负责文化外交的官方机构——英国对外文化关系司。目前，对外文化关系司的职责主要有三项：一是负责对外文化政策的制定、对外文化协议的签订和对外文化交流项目的拨款；二是"协调外交部与英国文化委员会的关系"；三是直接领导驻外使领馆文化教育处的工作，并"协调英国与联合国教科文组织的关系"。

但是英国的"文化外交并不满足于语言、对象和机构设置上的比较优

---

①　《软实力国际借鉴》，《瞭望新闻周刊》2007 年第 11 期。

②　王岳川：《中国软实力与文化安全》，《光明日报》2010 年 7 月 29 日。

势,而是适时将外交动因从文化帝国主义调整为文化国际主义,不断扩展文化的内涵,并在重视精英路线的基础上努力开拓大众路线"。冷战结束后,针对英国海外国家形象与自我认知存在的巨大落差,英国加快了对外文化交流发展步伐。为配合工党打造"新英国",重塑英国形象的战略,布莱尔政府于 1997 年推出了"酷不列颠"的系列文化活动,2002 年又成立了"公共外交战略委员会",2003—2005 年又策划、组织了多次海外公共外交活动。此外,为配合英国反恐行动,英国于 2008 年建立了面向中东受众的 BBC 阿拉伯语电视新闻频道。

不仅如此,英国还积极借英联邦之力扩大英国文化对世界的影响力和吸引力。英联邦遍及世界五大洲,共有 53 个国家。其成员不仅包括马拉维、加纳、印度等发展中国家,也包括新加坡、澳大利亚、加拿大等世界发达国家。英国通过积极开展对外文化交流,不仅将其语言文化价值观渗透到英联邦文化共同体内,而且以英联邦为跳板还成功地将英国的文化价值观和形象"输出"到了英联邦文化共同体外的世界各地。

英国力求通过主题鲜明、形式多样的对外文化交流活动,"将其文化、政治价值观和外交政策三种资源有效地转化为软实力",从而使得英国的"帝国余晖"仍然深刻地影响着世界。①

法国是一个享誉世界的文化大国,拥有丰厚的文化底蕴。它不但是启蒙思想和人权宣言的故乡,同时也是多种思想和思潮的发源地。在整个 20 世纪的哲学、思想的发展过程中,法国文化一直处在世界的中心地位,不但形成了法国宪政文化的鲜明特色,而且对西方近现代的历史产生了深刻的影响,对人类文明作出了重要贡献。

二战以后,法国的政治、经济和军事地位开始走向衰败,从一流强国沦落为二流强国。所以为弥补硬实力比较优势不足,法国希望借助文化软实力优势来维持大国地位及在世界范围内的影响。正如法国人自己所说:"由于缺乏强大的军事、经济支撑和启蒙运动的光芒,要维护法国的'世界地位',只能通过向国外大量宣传和输出法国文化来实现。"②

为此,法国在外交部首先内设了一个专门的对外文化交流机构——文化关系总司。后几经改革,把由其他部门负责的"技术"和"科学"合作整合了

① 胡文涛、招春袖:《英国文化外交:提升国家软实力的成功之路》,《太平洋学报》2010 年第 9 期。
② 彭姝祎:《法国对外文化活动及其启示》,《对外传播》2010 年第 8 期。

进来,将文化关系总司升级为文化和科技关系总司,后又将合作部的发展司合并进来,成立了国际合作和发展总司,全面负责对外文化、教育及科技交流、翻译出版资助。另外,为复兴法国语言文化,进而振兴法国,找回法国往昔的荣光,法国还大力推广法语和法国文化。1883 年,法语联盟创建于巴黎。此后, 经过多方不懈的努力, 建立了遍及世界的强大的语言文化网络。至2007 年,该组织的 1100 多个分支机构分布于 130 多个国家和地区,学员多达 4 万余名。而在中国,1886 年法语联盟即在广州、北京、天津和上海建立了免费学校。目前已在中国 11 个主要城市(含香港和澳门各 1 所)建立了法语联盟机构,这个规模仍在继续扩大。

当然,法语联盟"不仅教授语言,更重要的是营造法国文化氛围,让学生能切身感受法国的历史、艺术及人文科学的魅力。法语联盟不仅仅是一所语言学校,而是更多地服务于法国与其他国家在文化、艺术等领域的交流与合作"①。分布于世界各地的法语联盟培训中心每年都会邀请一些法国艺术家及艺术团体演出,并在当地举办各种法国摄影展、音乐会、美食节、读书沙龙等,以吸引对法国文化感兴趣的各界人士。法语联盟不仅仅是法语教学的中心,同时作为法国语言和文化的"传播机",为展示法国形象、宣扬法兰西民族理念、加强法国在世界的影响力起到了不可忽视的作用。

此外,法国政府大力推动在国外举办"法国文化年"、"欧洲文化之都"活动和"欧盟媒体计划"等等。所有这些做法都为法国更好地构建本国的文化影响力,并不断增强国家的软实力奠定了良好的基础。

(三)日、韩的对外文化交流

作为后起之秀的韩国和日本深感自己硬实力和软实力的失衡, 因此在成功实现经济起飞之后,都十分重视发展和提升自己的文化软实力。

早在 1991 年,日本就制定了针对美、中、加、英、德、法等国的文化外交战略,积极开展对外文化交流。1995 年,日本出台了《新文化立国:关于振兴文化的几个重要策略》,提出 21 世纪的文化立国战略。其宗旨是通过强化和灵活运用在经济和安全保障两方面都具有好处的文化,努力将日本动漫、影

---

① 转引自法国驻中国大使馆网站, http:PPwww. ambafrance−cn.orgPspip. php article3930&var-recherche=%E6%B3%95%E8%AF%AD&lang=zh。

视、电子游戏和美食等现代日本文化转化为海外的政治资本,并通过动漫文化产业的发展输出日本的国家价值观并实现其文化战略。日本的文化立国大略有三个方面的内容:①提出重新评价和确立日本文化的口号,鼓吹日本文化优越,以激发日本的民族主义情绪,为其"政治大国"的目的服务。②声称日本要以文化吸收国转为文化传播国。通过宣传日本文化的独特性和它的典范意义来提高日本文化的国际地位,以提高日本在国际政治舞台上的身价。③宣扬东洋文明,建立以日本文化为正统的东洋文化圈。试图确立日本文化在亚太地区的主导地位,使亚洲国家在接受日本援助的同时也接受日本文化。①2003 年 3 月,日本文化厅发表国际文化交流恳谈会的报告书《今后的国际文化交流》;4 月,国际交流基金会发表国际交流研究会的报告书《新时代的外交及国际交流基金的新角色》,均把国际文化交流作为新世纪日本外交的一种重要手段。2004 年 12 月,小泉纯一郎设立了首相个人咨询机构"推进文化外交恳谈会",旨在通过文化领域的国际合作,培育国际上的亲日感情。2005 年 7 月,恳谈会提交了《创造文化交流的和平国家日本》报告书,指出日本文化外交应当遵循的三个理念:一是以普及日语、流行文化和现代艺术等"信息发布源"为开端,在世界上积极培养"爱好日本动漫的一代",使他们自觉形成对精深广博的日本文化的兴趣;二是积极接纳承担跨文化交流的人才,通过"创造性地吸收",使日本成为充满活力的"文化创造的据点";三是向世界传达日本"尊重和平和共生的精神"这一普遍的价值观,努力成为"架构多元文化和多元价值观之间的桥梁"。②2005 年,日本又发表了《推进日本品牌战略》的研究报告,呼吁国民通过塑造具有影响力的日本品牌,向世界展示日本"魅力"。

日本为提高其在国际政治舞台上的身价,1972 年就成立了隶属外务省管辖的国际交流基金,致力于对外文化交流。该部门是由原来的对外宣传和文化交流两个部门合并而成。2012 年,外务省再次改组机构,合并了新闻部门和宣传文化交流部,设立宣传文化外交战略课,统筹新闻、内外宣传和文化交流,其目的是从战略的高度推进日本的对外文化交流。此外,日本政府还计划在海外增设"日语学习中心"。把推广日语看作是向世界传播日本文

① 李彦辉:《日本从"经济大国"到"政治大国"的图谋》,《高等函授学报》(哲学社会科学版)1996 年第 3 期。

② 吴咏梅:《浅谈日本的文化外交》,《日本学刊》2008 年第 5 期。

化扩大日本文化影响力的一个重要手段。为此，政府出资大力向海外推进日语教育，海外学习日语的人数突飞猛进。据统计，1990 年海外的日语学习人数为 98 万人，1998 年猛增到 209 万人。①学习日语人数的扩大促进了日本文化在世界范围内的传播，增强了文化的影响力和感召力，提升了日本文化软实力的发展。

韩国是新兴的文化产业大国，它在 1998 年遭遇亚洲金融风暴之后提出了"文化立国"的方针，将文化产业作为 21 世纪发展国家经济的战略性支柱产业，积极进行培育，力争五年之内把韩国在世界文化产业市场上的占有率从 1%提高到 5%，力争五年内能培养出 10000 个内容创作者，其中 10%有外销的能力。为实施这一战略，韩国先后颁布了"国民政府新文化政策"、"文化产业发展五年计划"、"文化产业推进计划"、"文化产业振兴基本法"等十几部法律法规，又于 2001 年成立了"韩国文化产业振兴院"和"文化产业振兴局"来落实各项政策措施。

为向世界推广韩国文化，政府还设立了多种文化产业投资组合，建立了多层次资金扶持体系，对文化产品的输出提供大力支持，尤其是重点发展在世界市场中具备成功可能性和衍生附加值的电影、电视剧和动画。此外，韩国政府还特别成立影音分轨公司，对韩文翻译为外语和制作的费用几乎给予全额补助。不仅如此，韩国还设立出口奖励制度、构建海外营销网。在政府的支持下，韩国的影视、音乐、游戏软件等文化产业迅速兴起，其产品从周边迅速走向世界，造就了风行东亚的韩国文化奇迹。以韩剧为例，之所以在全球刮起了一股股"韩流"，其原因在于韩剧不仅对各种文化兼收并蓄，而且还通过对现实生活的关注，将富有浓厚的时代气息和民族特色的文化融入其中，这就使得韩国的文化产品为世界所接受，扮演文化输出者的新角色。到 2004 年底，韩国文化产品已占世界市场份额的 3.5%，成为世界第五大文化产业强国和文化输出大国。另外，韩国还宣布将在全球 100 个地区开办"世宗学院"。

（四）新兴市场国家的对外文化交流

俄罗斯、印度、中国、巴西等国被世人称为新兴市场国家（也称"金砖国

---

① 包霞琴、藏志军:《变革中的日本政治与外交》,时事出版社 2004 年版,第 87 页。

家")这些世界大国为实现其文化大国之梦,在不断扩大军事经济实力的同时,也顺应世界文化发展的潮流,制定了相应的文化发展战略,试图通过扩大文化交流力度,加快本国文化的国际化,进而提高国际声誉。

俄罗斯拥有潜力巨大的软实力资源,但未能很好地挖掘。进入21世纪后,俄罗斯开始把软实力建设上升到国家战略的高度,给予了高度的重视和有力的推进。早在普京第一次登上总统宝座后,就尝试打造"软实力"。普京曾经说过:"俄罗斯在海外的形象不由自己确定,因此经常被歪曲,既没有反映俄国内真实情况,也没有反映俄对世界文明、科学、文化的贡献,俄罗斯在国际事务中的立场也经常被片面报道"。"我们的外交界在传统的、习惯性的国际事务工作方面已经做得很好,但在运用新方式方法时,比如'软实力'方面还有不足。'软实力'政策是通过说服和引发对本国好感的方式,来推动自身利益和观点,依靠的不仅是物质成果,还有精神、文化和知识领域的成果。"因此,"增强俄罗斯的软实力有助于维护国家安全和国家利益,提高对外政策的有效性。"为此,俄罗斯采取了以下措施。

第一,建立专门的文化外交机构,大力开展文化外交。2008年俄罗斯在外交部设立了独联体、侨胞事务与国际人文合作联邦署(简称"俄罗斯合作署"),主要负责管理俄罗斯与海外的文化交流活动及国外的俄罗斯科学文化中心建设。为进一步因应国家软实力建设的需要,俄罗斯近年来在总统办公厅内又增设了一个新机构——对外地区及文化合作局。其主要目的是依托俄罗斯在独联体地区的语言载体、文化优势和人文影响,加强俄罗斯的文化传播,扩大同独联体国家的文化交流。

第二,俄每年都举办丰富多彩的文化年、音乐节、戏剧节、博物馆日。如组织俄58所大学在独联体与其他国家进行巡回展,在法国巴黎举办俄法人文大学校长与系主任论坛,在意大利举办俄意大学校长论坛以及有关文化与艺术的国际研讨会,设立"普希金"日。同时,俄罗斯还与包括中国在内的一系列国家相互举办国家年和语言年,试图通过举办各种形式的俄罗斯文化年和其他各种形式的文化、文艺演出等活动宣传和推广俄罗斯的文化和文学艺术。

第三,积极实施"俄语"国际化战略。俄语是全球第四大通用语言,全世界共有1.7亿人将俄语作为母语,3.5亿人通晓俄文。为在发展俄语的同时进一步推动俄罗斯的国家利益,2002年,俄成立了名为"俄罗斯世界"的基金会,以支持境外,尤其是原苏联国家的俄语学习和研究。俄罗斯外交部目前正在制定《俄罗斯联邦输出教育服务构想》，并同俄罗斯教育与科学部以《2011—2015 年的联邦俄语规划纲要》为基础，共同制定《俄罗斯联邦支持推广俄语的国家构想》，为推广世界各地的俄语教学，输出俄罗斯的教育服务。此外，俄政府还将推广俄语的影响面拓展到互联网，并建立了俄英双语网站。

随着政治、经济、文化的快速发展，国力的日益强盛，印度已经发展成为南亚次大陆正在崛起的大国。印度在谋求成为世界多极化中重要一极的同时，也在全力提升自己的软实力。为了在当今这个相互依存的世界发挥自己独特的软实力，以保持有利的外部环境，印度开始不遗余力地采取多种措施来提升本国软实力在世界的影响力。

第一，着力打造具有民族特色的文化产品。印度的通俗文化独具特色。享誉世界的宝莱坞生产的电影、舞蹈、音乐和印度时尚设计师的作品等衍生品，不但很好地诠释了印度文化中的包容、和解、宽容的精神，还给世人展现了一个富有生机和活力的新形象，在为世界文化发展作出贡献的同时，也为提升印度的软实力增色不少。

第二，学习中国经验，在海外建立甘地学院。目前，印度在全球有 20 个文化中心和 2 个次中心，并在国外知名大学设有 24 个从事印度研究的客座教授席位。印度政府还计划将其在海外的文化中心数目扩展到 30 个，重点是要在华盛顿、巴黎、喀布尔、加德满都、北京、东京以及海湾地区尽快设立文化中心。除此之外，印度还将佛教作为推广文化软实力的重要手段。源于印度的佛教影响了全世界近 3 亿的佛教徒，其势力范围涵盖了东亚诸国和地区。所以在一些国家，特别是在亚洲国家资助佛教团体，扶持佛教，这样既有利于利用佛教加强同东亚和东南亚国家的经贸联系，也有助于培育印度在这些地区的"软实力"。

巴西拥有一国崛起所必备的雄厚的物质资源基础和巨大的经济增长潜力，以及强烈的大国意识和大国抱负。巴西政府认为，要发挥巴西作为一个地区大国的政治作用和影响力，在未来的世界新格局中占据主动，必须加强与世界各国的文化交流与合作。在巴西政府看来，加强与其他国家进行科技交流与合作，特别是高新技术领域的合作，是提高本国科技水平最省时和最省力的途径，因此，在对外文化交流中，巴西首先将科技合作作为对外文化交流的优先领域。

另一方面，在坚持"引进来"的同时，巴西政府为发展对外文化交流，还多措并举：

一是采取赞助措施，支持文化产业的发展。1991 年，巴西政府颁布《赞助法》，推出了国家支持文化发展的计划，明确了文化产业在国民经济和社会生活中的发展目标，动员全社会支持和促进巴西文化产业的发展。

二是采取税收优惠措施，鼓励对文化产业的投资。为鼓励私人和企业投资文化产业，巴西政府颁布了《视听法》(又叫《音像法》)，通过对电影、录像和音乐创作投资给予税收优惠，鼓励各种文艺创作等方式输出巴西文化。

三是加强对民俗文化的引导和扶持。巴西政府通过制定文化发展专项计划来推动各地文化活动的开展。20 世纪 90 年代以来，在政府的鼓励和支持下，以电视、电影、音乐和民俗为主的巴西文化产业发展很快，在国际上产生了一定的影响力，取得了明显的经济和社会效益。

四、世界文化交流的新发展

文化软实力是一个国家的文化诉求，是国家或地区通过相互间联系、合作和吸引而非强制的方法使对方自愿产生认同的一种特殊影响力。随着现代社会的发展，文化与经济、政治交织在一起，对经济政治的影响更加深刻，对人类社会发展的作用日益重要。软实力不仅是综合国力的重要组成部分，而且是主导国家兴衰存亡的关键因素，所以"文化成了一种舞台，上面有多种多样的政治和意识形态势力彼此交锋。文化决非什么心平气和、彬彬有礼、息事宁人的所在；毋宁把文化看作战场，里面有多种力量崭露头角、针锋相对"①。"我们正在进入一个文化比任何时候更重要的时期。"②

与之相应，世界各国文化交流的速度、规模都在空前增长，与其早期形态相比，文化全球化时代的文化交流发生了质和量的巨大变化。

（一）文化的独立性空前显现

在国际关系的早期，物质暴力充斥着国际关系，支配着国家命运的兴衰沉浮。在一定程度上甚至可以说，战争是大国解决国际体系结构与权力再分

① 〔美〕爱德华·萨义德：《文化与帝国主义》，《马克思主义与现实》1999 年第 4 期。
② 司马云杰：《文化社会学》，山东人民出版社 1987 年版，第 163 页。

配、利益再分配和观念再分配之间不平衡状况的根本手段。由此,以军事实力为核心的硬实力一直是国际政治斗争的主旋律。在世界历史上的大部分时期,决定对立双方战争成败的基本因素是:军事力量+军事战略+国民意志。"过去,对一个大国的考验是其在战争中的实力。"①在这一漫长的世界历史进程中,大国的政治家们很少注意文化力量的国际竞争作用。即使文化偶也被运用于国际政治斗争中,国家争斗的"硝烟"中也弥漫着文化的较量,但正如汉斯·摩根索所言:"文化帝国主义在现代所起的典型作用,是辅助其他方法。它软化敌人,为军事征服或经济渗透做准备。"②文化常常是隐身于政治、军事力量的背后的,为国家"硬实力"起着呐喊助威的作用。作为殖民主义的一种辅助手段,文化方面的侵略和扩张主要是服务和依附于国家现实的经济、政治等方面的现实利益而得不到应有的重视。易言之,相对于军事、经济的地位,文化软实力的作用并不突出。

　　冷战后,世界大国地位的获得不仅取决于该国所拥有的强大政治、经济和军事能力,也取决于该国拥有的强大文化软实力。后者不仅是国家综合国力的一个重要组成部分,而且也是国家政治、经济和军事战略资源能够得到充分组织和动员并发挥最佳效能的不可或缺的重要保障。"文化力量为国家的政治、经济、军事力量增添分量"③。文化作为一种软实力、一种精神的力量,直接关系着一国的国际影响力、国际竞争力。特别是随着世界范围的文化交融、交锋的日益广泛,国际文化竞争不仅浮出水面,由"隐"变"显",由幕后走向前台,而且逐渐被推到国际政治舞台的中心。文化领域越来越成为政治斗争和意识形态较量的主阵地。

　　如果说早期资本主义向世界扩张的过程是以经济全球化为龙头、文化全球化为依附的话,那么当代资本主义的全球扩张则是经济全球化与文化全球化并重甚至是两者交织发展的。文化开始从过去政治的婢女地位中解放出来。文化的地位空前提高,其独立性并充分彰显出来。诚如汉斯摩根索所指出的:"文化帝国主义的东西,是最巧妙,并且如果它能单独取得成功,也是最成功的帝国主义政策。它的目的,不是征服国土,也不是控制经济生

————————

　　①　Joseph Nye. Soft Power. *Foreign Policy*, 1990(Fall).

　　②　〔美〕汉斯·摩根索:《国际纵横策论》,卢明华等译,上海译文出版社1995年版,第90页。

　　③　〔美〕傅立民:《论实力——治国方略与外交艺术》,刘晓红译,清华大学出版社2004年版,第13页。

活,而是征服和控制人心,以此为手段而改变两国的力量对比。"①

(二)文化外交成为文化交流的主要形式

文化交流形式多种多样。国内有学者从文化人类学的角度把它分为种族之间的交流、民族之间的交流和国际交流三种形式。②种族之间和民族之间的交流常常是指发生在一国之内跨种族和跨民族的文化交流,而国际间的交流则常常是指主权国家政府之间的交流,包括外交和宣传领域,以及经贸、文化科技等的交流,它也是跨种族、跨民族的交流。无论是何种形式的跨文化交流,都可以归纳为三个不同的交流层次:跨文化人际交流、跨文化组织交流和跨国家的文化交流。跨文化人际交流主要指不同文化背景的个人之间的交流,相互交往的人可以是不同种族、不同民族、不同国家的人;跨文化组织交流是指不同文化背景的两个组织之间的交流;国家之间的跨文化交流主要是指不同国家之间利用各种大众传媒进行的信息传播和交流活动。

二战以前相当长的一段期间里,文化作为一种满足人的精神需求的娱乐活动,通常游离于经济之外,更多的是文化人从事创造性、个体性的活动,人们从事文化交流或是出于对文化的好奇,或是为了加深彼此之间的了解。过去的文化交流多为种族之间的交流、民族之间的交流,即多为民间行为、自主行为,文化交流的目的单纯,带有很强的非政治性。

冷战结束后,形势发生了重大变化。文化"软实力"能够在一定程度上增强"硬实力"的合法性、感召力和影响力。从某种程度上讲,"软实力"比"硬实力"更有优势,因为"软实力"总是容易让人内心折服。"国际文化交流中的竞争,关乎意识形态主动权的得失,如果我们不能形成自己的文化优势,就无法在激烈的国际竞争中高扬社会主义文化理想,维护国家文化安全,捍卫国家文化主权。"③文化作为与政治主权和经济主权相对应的权利,日益成为国家间主权斗争的重要砝码。哪个国家的文化成为国际社会的主流文化,哪个

---

① 〔美〕汉斯·摩根索:《国际纵横策论》,卢明华等译,上海译文出版社1995年版,第90页。

② 关世杰:《跨文化交流学——提高涉外交流能力的学问》,北京大学出版社1995年版,第49~52页。

③ 任仲平:《文化强国的"中国道路"——论推动社会主义文化大发展大繁荣》,《人民日报》2011年10月15日。

国家就有可能成为国际权力斗争的赢家,就将有可能掌握未来的世界。越来越多的国家已认识到,文化交流不仅是建立起国际信赖与认同,塑造一国和平、负责的国际形象的有力工具,还是传播一国政治理念,扩大国家影响力的重要载体和执行对外政策的重要方式。于是,文化交流开始受到国家和政府的强力推动。跨文化交流不再是单纯地为了"交流而交流","文化交流逐渐采取了新的形式:对思想和文学、艺术、科学作品进行交流,在这方面,公共权力打算至少像对产品和商品的贸易那样行使控制权"[1]。许多国家意识到运用文化战略去配合实现国家利益的重要性和有效性,开始把文化"软实力"这一新的权力源泉纳入到国家政治发展的战略轨道中来,并将其作为实现国家对内、对外目标的重要内容和手段。文化与政治的联系空前加强。

正如美国社会学家罗兰·罗伯森指出,一切国际政治都是文化性的,我们正处在全球范围的文化政治时期。在传播全球化时代的今天,文化对国际政治的重要作用越来越大。政治与文化的结合与联姻,不仅成就了国家政权存在的合法性依据,奠定了国家权力统治的道义基础,同时也使文化交流从一般的交往行为上升到国家政治行为的战略层面上来,从而促成了所谓的"文化外交"。随着文化在国际交往中的地位迅速提升,文化外交正在成为各国总体外交的重要内容。利用文化提高本国国际地位和影响力已成为世界各国,尤其是西方大国的一项战略选择。文化外交也由此成为世界文化交流的一项最主要形式。

在美国,文化外交是被当作美国外交的"第四维度"来看待的。如美国负责教育和文化事务的国务卿首席助理菲利普·赫库姆克斯指出,"除了政治、经济、军事问题之外,教育和文化事务是现代国家外交政策的第四,也是最人道的部分"[2]。在德国,文化外交被视为外交的"第三支柱"。 1966年,时任德国外交部部长的威廉·勃兰特首次明确指出,文化关系是除政治和贸易之外国际关系的"第三个层面",文化应与政治和贸易一起并列为对外政策的"三大支柱"。而在法国,文化外交与政治和经济外交地位则被同等对待。法国前总统希拉克曾说:"文化是与经济、环境和社会并列的可持续发展的第

---

① 〔法〕路易斯·多洛:《国际文化关系》,孙恒译,上海人民出版社1987年版,第4页。
② 同上,第7页。

四大支柱。"①就中国来说,"对外文化工作作为我国总体外交的重要组成部分,成为我国对外关系中继政治、经济之后的第三个支柱"②。

(三)文化交流范围的全球化

文化的传播离不开传播工具,传播工具的每一次改进都促进着文化传播的广度和深度。在工业社会以前,人们的生产方式受地域的制约,交通和通讯也不发达,由此造成了各地域之间的交往范围十分有限。

18 世纪末期以来,商品的大量输出、世界市场的大力开拓和交通与通信技术的不断革新,使得人类交往和信息传递的时间大大缩短,不同文化体之间的联系日益广泛,有些甚至遍及全球。特别是进入 20 世纪 90 年代以来,西方纷纷建立了信息高速公路,信息时代、知识经济时代向人们显示出无穷的诱惑力。信息革命在文化全球化中的作用更为直接、显著,它不仅从根本上变革了通信工具和交流手段,在更大范围、更多领域,以更快捷的方式实现了不同文化的交流,开辟了文化传播与文化交流的新时代,同时还为文化交流在当代的进一步发展创造了有利的物质条件,是当代跨文化交流的"催化剂"。

一是以数字技术革命为代表的科技革命推进了文化互动的发展步伐。过去人们之间的信息传递主要靠的是信件,一封信到达目的地少则几天,多则数天。但通过数次科技革命,人类发明了电报、电话、电影、电视等通信手段,这使得信息的传递只需要几小时、几分钟。尤其是卫星传播和远程电话、光纤技术以及全球互联网的发展,更使文化生产和传播的形式跨越了民族文化和民族国家的界限,几乎实现了"零距离"的即时传输。如果说,19 世纪殖民时代西方发达国家向落后国家输送文化信息尚需借助于枪炮的威力和传教士才得以实现的话,那么今天足不出户,在小小的键盘上"弹指一挥间"即可实现文化信息超时空的瞬间传递。

二是文化交流的空间被大为压缩。空间是人类生存的坐标,也是文化建构的坐标。如在上一章中所说,由于受自然地理环境的影响和空间距离的制约,不同文化背景下的交流仅限于周边区域内。电子传播技术的发展,使当

---

① 谢安良:《宁波打造文化强市系列解读之一:向文化强市进军》[EB/OL].中国宁波网,2011 年12 月30 日。

② 孙家正:《提高推动中华文化走向世界的能力》,《求是》2005 年第 24 期。

今世界进入了以数字化、网络化为核心的信息革命时代。借助互联网、信息高速公路、计算机等文化交融的新平台,人类得以冲破文化交往的时空约束和壁垒,超越民族国家的疆界,在全球范围内全方位、立体化地进行自己的文化选择、文化传播与交流。也就是说,日益发展的信息技术革命使人类信息传播的全球化由梦想变成现实,它使信息发布和信息接收实现了双向意义上的全球化覆盖。不同的文化体之间的联系变得更为频繁、广泛和直接,不再是过去那种偶然的、少数人参与的行为。

三是人类文化交流进入新媒体时代。加拿大学者马歇尔·麦克卢汉曾以传播工具的改进为标志把人类划分为口头传播时代、文字传播时代、电子传播时代三个不同的时期。与口头传播时代和文字传播时代不同的是,以互联网为标志的电子传播时代,文化交流的时空距离被极大地压缩了,世界连成了一体,人们通过网络实现了信息的交流与共享。在这个无国界、跨种族的空间里,借助于计算机网络媒介等强有力的技术平台,人们就可以和陌生人实现文化信息的无间断交流与传递。而这在以往,国际间的文化互动主要是通过面对面的直接交流来完成的。对于这一文化景观,蒂姆·奥沙利文(Tim.Sullivan)是这样评价的:"这一进程的核心在于传播技术和媒介网络的出现,它们使世界范围的交易、旅行与互动变得更快、更密集、更相互依赖。"[1]

总之,信息和通信技术的发展对文化的最重大的影响就是,它不仅压缩了文化交流的时空距离,还改变了文化交流和传播的方式,使不同地域的人们在精神生活和文化生活方面实现了前所未有的全球互联与沟通,文化交流与传播得以在更大范围、更多领域、以更快捷的方式得以实现。相应地,文化也从过往那种浅表层面的交往逐渐深入发展延伸到深层面的交往。戴维·赫尔德指出:"20世纪晚期文化互动和文化交流在地理规模、直接性和速度等方面已经经历了一系列决定性的转变——不仅出现了具有历史独特性的技术,而且形成了不同形式的文化生产和互动的制度化。"[2]

---

[1] 〔美〕约翰·菲斯克等:《关键概念:传播与文化研究辞典》,李彬译,新华出版社2004年版,第102页。

[2] 〔英〕戴维·赫尔德:《全球大变革——全球化时代的政治、经济与文化》,杨雪冬等译,社会科学文献出版社2001年版,第507页。

（四）美国文化霸权主义"异军突起"

所谓霸权，按照《现代汉语词典》的解释，是指国际关系上以实力操纵或控制别国的行为。文化霸权指的是国家借助历史、政治和经济力量，加强并运用文化力量来制约和影响世界事务和其他国家内部事务的发展过程。其实质是巧妙地在文化掩盖下争夺世界政治、经济主导权。[①]文化霸权主义是世界经济政治发展不平衡的必然结果。在近现代的人类文明发展史上，由于欧洲资本主义最早开创了人类文明史的发展进程，因此欧洲国家凭借坚船利炮，不仅建立了以宗教为轴心的经济政治秩序，而且还依仗强大的武力，建立了以自己为中心的国际文化秩序。占据世界文化舞台中心地位和主导地位的欧洲发达国家，对"异己"的非欧洲文化强力推行文化入侵和征服，妄图削弱东方国家的本土文化认同，重塑其人民的价值观和行为。如果说在二战前世界的文化帝国主义推行者主要是西欧国家特别是英国的话，那么二战后尤其是冷战后，美国则取代了英国的殖民宗主国地位而成为文化霸权主义的主要代表。美国文化霸权主义，用英国学者汤林森的话说，就是指世界各地古老的、传统的和本土的文化被来自美国铺天盖地的商业文化冲击得支离破碎和不复存在的过程。[②]二战结束后，欧洲发达国家因惨遭战争蹂躏而成了战败国，从此一蹶不振。美国则借此良机一跃而成为世界强国。而苏联在冷战中的败北，则促成了美国世界独一无二的"龙头老大"地位。经济军事硬实力的发展，在为美国争取到无限荣光的同时，也日趋激发出美国称霸世界的文化欲望和野心。冷战的胜利使美国人认识到"赢得冷战胜利，不是因为军事强大或因为外交官的技艺高超，而是凭借美国制度赖以为基础的民主思想的力量"，因此在当今国际政治斗争的舞台上，美国要继续保持世界的霸权，仅靠经济军事等"硬实力"是不行的，还需要强有力的文化软实力的支持。布热津斯基在其《大失控》一书中就曾赤裸裸地说："削弱民族国家的主权，增强美国的文化作为世界各国'榜样'的文化和意识形态力量，是美国维持其霸权地位所必然实施的战略。"[③]"软实力"的提出者约瑟夫·奈也

---

①　张骥等：《文化与当代国际政治》，人民出版社 2003 年版，第 305 页。

②　John Tomlinson. Cultural Imperialism. 1991.

③　赵鲁杰，何仁学：《美国全球霸权与中国命运》，北京出版社 1999 年版，第 94 页。

特别指出,美国的全球影响不能仅仅依靠经济实力、军事力量和威慑能力,美国的领导地位必须要依靠软实力来维护,也就是说,要靠美国的生活方式、文化、娱乐方式、规范和价值观对全球的吸引力来维护。简言之,美国的领导地位只有建立在道德的基础上,才是更坚稳的。①"过去,像法兰西这样的帝国依靠农业和人口的优势维护自己的统治;后来,不列颠利用较大的工业优势和航海实力变成全球性的帝国。将来,美国的权威不能建立在军事力量或经济统治上,美国还必须依靠榜样的力量来实施领导。而且如果这样做的话,美国的价值观、生活方式和文化就是最有说服力的武器。换句话说,最有说服力的武器是美国的软实力。"②

为推行文化霸权主义,实现世界的"美国化",在"文化外交是美国军械库中最有威力的一件武器"思想的指导下,美国在不断动用其"硬实力"对不愿臣服于其统治的国家进行武力打击的同时,还调动其能动用的一切文化力量和资源,通过各种文化手段和管道,为美国文化行销到世界上任何角落"保驾护航"。"一是在理论层次上推行以西方中心主义为基础的人文、哲学、社会科学理论,宣扬西方社会制度和价值观。二是在大众文化层次上通过各种文化媒体传播它们的文化,例如通过电视、国际互联网络、书籍、刊物、广告使广大民众耳闻目睹。三是在文化性的物质产品以及人们的衣食住行等日用品方面大做文章,使人们的环境和生活方式西方化。"③此外,美国还利用在国际组织中的主导地位和一些国家加入世界贸易组织谈判的时机,试图采用迂回、间接的方式把自己的文化价值嵌入国际性机构、国际制度中,达到影响世界的文化发展走向的目的。美国文化霸权主义的推行使得美国文化及文化产品如滚雪球般地涌向世界其他国家,在获取巨大经济利益和商业利润的同时,也为美国带来了前所未有的文化影响力。在当今世界,不但发展中国家的文化身受美国文化侵蚀之苦,就连欧洲发达国家如法国也不堪美国文化侵害之祸。其中,"一些国家,再也不能讲述自己的故事了,他们的市场九成被并不反映他们生活的美国形象所占领"④。在文化全球化到来的今天,

---

① 转引自〔加〕马修·弗雷泽:《软实力——美国电影、流行乐、电视和快餐的全球统治》,刘满贵等译,新华出版社 2006 年版,第 5~6 页。

② 〔加〕马修·弗雷泽:《软实力——美国电影、流行乐、电视与快餐的全球统治》,刘满贵等译,新华出版社 2006 年版。第 9 页。

③ 杨金海:《文化帝国主义与军事帝国主义》,《马克思主义与现实》1999 年第 4 期。

④ 转引自郑园园:《2001,法国电影丰收年》,2001 年 1 月 18 日。

美国已完全取代欧洲国家成为文化霸权主义的唯一推行者。

美国文化霸权主义是 19 世纪西方殖民主义在当今时代的延伸。文化霸权主义的实质是在经济全球化高涨的情况下帝国主义采取的新式殖民主义。"在今天的世界里,可以把这些事实与帝国主义及其历史和形式联系起来看。当代亚非拉国家虽然政治上已经独立,但在许多方面仍然受人主宰,没有主权,跟欧洲帝国直接统治的时代没有两样"①。虽然西方资本主义的文化殖民本质没有改变,但其文化殖民的内容、形式、手段则发生了显著变化。如果说,早期的旧式的文化殖民主义是通过赤裸裸的、野蛮的武力征服实现对他者文化与意识形态上控制的话,那么美国的文化霸权主义则是采取了一种更隐蔽、更灵活、更巧妙的方式,披着合法的道德外衣,通过文化渗透、消费方式的推广以及把西方社会美好图景的放大等软性手段实现的。它对人们的影响是全方位、多层次的,同时也是最为深远的。在当代,美国"全球资本主义在文化上的流动超过(而且必须超过)欧洲中心主义的资本主义"②。美国文化霸权主义是文化殖民主义在新的历史条件下的继承和发展。正像有学者所说:"文化帝国主义作为一股强大的潜流顽固地盘踞在文化全球化之内,并且在文化全球化的外壳下以新的文化殖民形式继续发展下去。"③

(五)文化的融合与冲突日趋增强

"文化是对话,是交流思想和经验,是对其他价值观念和传统的鉴赏。"④文化交往的全球化,打开了文化主体的视界,使文化主体能够打破狭隘的民族性或地域性的视阈,用一种全球的眼光来环顾世界与审视自己的文化,在多元文化交往中坚持、保护前人的文化成就的同时,以开放的文化心胸吸纳、消化来自不同国家的文化元素,并能够将异质文化的有益营养进行良好的再加工,转换为具有自身文化特色的文化养分和新的文化特色。不同文化的成员在取长补短的互动中不仅丰富了自己文化的内涵,还在文化的不断

---

① 〔美〕爱德华·赛义德:《赛义德自选》,谢少波、韩刚等译,中国社会科学出版社 1999 年版,第 204 页。

② 〔美〕阿里夫·德里克:《后革命氛围》,王宁等译,中国社会科学出版社 1999 年版,第 142 页。

③ 赵俊:《文化全球化分析——国际关系视角下的文化全球化》,《社会科学》2003 年第 3 期。

④ 〔美〕欧文·拉兹洛:《多种文化的星球》,社会科学文献出版社 2001 年版,第 205 页。

交融中形成一些基本的世界共识。

　　人类文化的不断丰富与发展是通过文化的交往实现的，而交往的过程必然伴随着文化的冲突与融合。文化的冲突与融合是一对矛盾，它们的关系是辩证统一的，从文化发展的规律来看，正是它们之间的对立与统一推动了人类文明的进步。

　　关于文化冲突，塞缪尔·亨廷顿在《文明的冲突？》一文中说："新世界冲突的主要根源不再来自意识形态或经济因素。人类的最大分歧及冲突的主要根源将来自不同文明的差异。未来的世界格局在很大程度上将取决于以下七八种文明的相互作用：西方文明、儒家文明、日本文明、伊斯兰文明、印度文明、斯拉夫东正教文明、拉丁美洲文明，可能还有非洲文明。""西方国家的普世主义日益把它引向同其他文明的冲突，最严重的是同伊斯兰和中国的冲突。"①

　　美国学者赛义德也指出，西方资本主义文化霸权对第三世界国家文化的控制，激起了非西方国家捍卫自己文化主权的力量，因此抗拒西方文化霸权将是后殖民时代国家政治冲突的长期内容。②文化冲突是在文化交往全球化背景下多元文化交流、互动的逻辑演进的必然现象。当今世界的文化矛盾与冲突是全球性的。从时间维度上看，主要表现为传统文化与现代文化的张力，如工业文明与农业文明，封建文化与资本主义文化的冲突；从空间维度上讲，主要表现为不同民族、不同国家间在文化上因其各自处在不同的发展阶段，而存在着的文化冲突。这其中以下列三种矛盾为最：

　　第一，全球文化与本土文化之间的矛盾。世界的普遍交往把每一个民族都融入世界历史的进程中，"每一民族同其他民族的变革都有依存关系"③。文化全球化的发展为各民族、各国家文化的传播、交流提供了空前的机遇，同时也造成了对本土文化的严重冲击。一方面是全球文化价值的日益趋同。文化全球化以统一的市场化消灭民族的差异性，它打破了民族文化相对静止和孤立的封闭状态，并激发出本土文化新的活力，从而使文化的趋同性不断增强。另一方面则是日益增强的民族文化认同。文化认同是国家认同的基础。"文化之所以成为当今世界'一个至关重要的大事'，是因为文化已经直

　　①　〔美〕塞缪尔·亨廷顿：《文明的冲突与世界秩序的重建》，新华出版社1999年版，第5页。

　　②　徐贲：《走向后现代和后殖民》，中国社会科学出版社1996年版，第89页。

　　③　《马克思恩格斯选集》（第一卷），人民出版社1995年版，第86页。

接关系到,或者说已经成为一个民族国家生存发展的根本利益之所在。"①因此,面对全球化对本土化的冲击,本土文化为维护自己的生存不断抗衡全球化的文化侵袭。全球化与本土化的矛盾已经成为一个世纪性的而且不得不加以解决的重要课题。

第二,发达国家和发展中国家的文化矛盾。在资本逻辑和文化单线进化论逻辑的双重作用下,西方发达资本主义强势文化不仅凭借强大的经济、军事等硬实力和文化传媒优势,垄断了大部分的世界文化市场,造成了全球范围内对强势文化产品的"单向依赖",而且还通过强势文化形式的"文化输出"战略,使得弱势文化在强大的文化市场中丧失了对传统价值观的偏好和坚守,从而引发弱势的发展中国家为维护本国文化特性和世界文化多样性而掀起的文化抵抗运动。多数发展中国家都"把对本民族国家的文化认同作为维护自己民族存在的武器,对外来文化采取排斥的态度,而对自己的文化加以保护,视之为自己生存的象征"②。

第三,资本主义与社会主义的矛盾。资本主义与社会主义两种制度如同水火,是根本对立的。进入 21 世纪以来,为实现"历史的终结",西方国家加大了对社会主义国家的"西化"、"分化"的步伐。早在 1989 年,时任美国前总统的布什就曾在西方七国首脑会议上呼吁:西方各国要打好一场没有硝烟的"新的世界大战",可能要用二三十年时间,届时将有可能融化掉社会主义,从而建立起一个以西方文明为指导的新世界。③为此,以美国为首的西方国家利用经济全球化的大趋势及其在全球化中的主导作用,通过经济贸易、文化交流等活动,利用信息技术和国际互联网络等,多方式、多手段地加大西方文化的输出力度,极力向他国,尤其是向社会主义国家输出其生活方式、价值观念、政治体制,传播其意识形态,试图实现西方文化的全球化。

不同文化之间的矛盾与冲突,既以隐性的方式存在,也以显性的方式存在;既以对抗的方式存在,也以非对抗的方式存在。总之,文化的碰撞与共存是世界文化发展过程中互为条件的两个方面,构成了文化全球化进程中的两道主要风景线。

---

① 张杰:《文化自觉、文化战争、文化立国———世界"现代性"进程中的文化三部曲》,《南京社会科学》2008 年第 2 期。

② 郑小云:《文化认同与文化变迁》,中国社会科学出版社 1995 年版,第 161 页。

③ 转引自郑杭生:《美国民主价值观的虚伪性》,《人民日报》1999 年 6 月 1 日。

　　总而言之,世界正在进入文化软实力竞争的时代。作为正在融入世界体系的社会主义发展中大国，中国更应重视利用对外文化交流来建设国家的文化软实力。这就要求中国一方面要在战略上形成共识,另一方面又要在战术上形成共为。只有这样，才能在文化日趋开放的经济全球化时代,切实提高国家的文化软实力，增强中国社会主义先进文化在国际文化交流中的竞争力。

第三章
文化全球化语境中的中国对外文化交流

对外文化交流是当代中国社会主义文化建设的重要内容。改革开放以来,面对蓬勃发展的世界文化交流浪潮,中国政府在清醒的文化自我反思、经验总结的基础上,本着求同存异、和而不同的原则,采用走出去与引进来相结合的方式,以高度的文化自觉和文化自信推动中华文化走向世界,提高中国文化在国际文化版图中的竞争力、吸引力和影响力。经过30多年的努力,中国不但形成了多层次、宽领域、全方位的文化交流开放格局,而且对外文化交流的规模和影响空前扩大,内容和形式日益丰富,极大地提升了中国的文化软实力。

中国的国际文化交流尽管极大地增强了中国文化的世界竞争力,但我们还需要清醒地认识到,由于中国文化软实力的建设还处在起步阶段,所以当代中国文化在走出去的过程中还面临着一系列亟待解决的国际与国内问题的严峻挑战和考验。中国的对外文化交流依然任重而道远。

一、中国共产党的文化自觉

文化是一个国家和民族的生存之基和力量之源。在文化软实力作用越发凸显的今天,没有文化作强大支撑的国家是很难立足于世界文明之林的。因此,搞好社会主义文化建设,走向世界文化强国,要有高度的文化自觉意识。所谓文化自觉"主要指一个民族、一个政党在文化上的觉悟和觉醒,包括对文化在历史进步中地位作用的深刻认识,对文化发展规律的正确把握,对发展文化历史责任的主动担当"[1]。从一定意义上讲,是否具有高度的文化自

---

① 云杉:《文化自觉 文化自信 文化自强——对繁荣发展中国特色社会主义文化的思考》(上),《红旗文稿》2010年第15期。

觉，不仅关系到文化自身能否振兴和繁荣，而且决定着一个民族、国家的未来。新中国成立后，特别是改革开放以来，针对文化在综合国力竞争中的地位和作用更加凸显的现实，中国共产党和政府在领导中国人民建设中国特色社会主义现代化的过程中，不仅科学认识和把握文化的地位和作用，而且还紧紧围绕不断提升中国文化软实力这一战略目标，积极建设社会主义文化强国和推动中华文化走向世界，从而为增强国家文化软实力，推动社会主义文化大发展大繁荣作出了全新的贡献。

（一）不断升华文化软实力的地位和作用

马克思主义唯物辩证法认为，人类文明社会的发展是由相互交织、相互影响、互为条件的经济、政治和文化合力作用的结果。虽然"物质生活的生产方式制约着整个社会生活、政治生活和精神生活的过程"[①]，"政治、法、哲学、宗教、文学、艺术等等的发展是以经济发展为基础的。但是，它们又都互相作用并对经济基础发生作用"[②]。

文化是推动人类社会发展进步的重要力量和杠杆。"文化上的每一个进步，都是迈向自由的一步。"[③]列宁也指出："要使整个苏维埃获得成功，就必须使文化和技术教育进一步上升到更高的阶段。"[④]中国共产党是以马克思主义作为指导思想的具有高度文化自觉意识的无产阶级革命政党，"历来高度重视运用文化引领前进方向，凝聚奋斗力量，团结带领全国各族人民不断以思想文化的新觉醒，理论创造的新成果，文化建设的新成就推动党和人民事业向前发展"[⑤]。

早在新民主主义革命时期，毛泽东就明确指出，文化与政治、经济相互作用，有机统一，不可分割。所以多年以来，中国共产党人不但为中国的政治革命和经济革命而奋斗，而且为中国的文化革命而奋斗。这样做的目的在于建设一个中华民族的新社会和新国家，在这个新社会和新国家中，不但有新

---

① 《马克思恩格斯选集》（第二卷），人民出版社1995年版，第32页。

② 《马克思恩格斯选集》（第四卷），人民出版社1995年版，第732页。

③ 《马克思恩格斯选集》（第三卷），人民出版社1972年版，第154页。

④ 《列宁全集》（第38卷），人民出版社1987年版，第126页。

⑤ 本书编写组：《中国共产党第十七届中央委员会第六次全体会议文件汇编》，人民出版社2011年版，第12页。

政治、新经济,而且有新文化。文化"是对于整个机器不可缺少的齿轮和螺丝钉,对于整个革命事业不可缺少的一部分"①。因此,毛泽东主席明确地向全党同志提出了"建设大众化的社会主义新文化"的任务:"不但有新政治、新经济,而且有新文化。这就是说,我们不但要把一个政治上受压迫、经济上受剥削的中国,变为一个政治上自由和经济上繁荣的中国,而且要把一个被旧文化统治因而愚昧落后的中国,变为一个被新文化统治因而文明先进的中国……建立中华民族的新文化,这就是我们在文化领域中的目的。"②这充分反映了以毛泽东为代表的第一代中央领导集体对文化建设的高度重视和自觉的文化追求。

改革开放以来,中国共产党日益重视中国特色社会主义文化的建设,并把它作为社会主义建设时期我们党新的历史任务的重要内容。以邓小平为核心的第二代中央领导集体从物质和精神相互联系、相互作用的辩证关系的角度出发来认识文化的地位和作用,强调物质文明建设和精神文明建设两手都要抓,两手都要硬。邓小平认为,只有经济与文化共同发展,两个文明一起抓,才能最大限度地满足人民日益增长的物质和精神文化的需要,才算是真正的社会主义。所以"我们要在建设高度物质文明的同时,提高全民族的科学文化水平,发展高尚的丰富多彩的文化生活,建设高度的社会主义精神文明"。同时,邓小平还认为,文化建设事关社会主义制度的优越性,决定着社会主义的前途命运:"社会主义制度的优越性表现在它的文化、科学技术水平应该比资本主义发展得更快、更先进,这才称得起社会主义,称得起先进的社会制度。"③"不加强精神文明的建设,物质文明的建设也要受破坏,走弯路。光靠物质条件,我们的革命和建设都不可能胜利。"④

十三届四中全会以后,以江泽民为核心的党的第三代中央领导集体对新世纪新时代文化的战略地位又有了新的认识和发展,不但第一次提出了"有中国特色的社会主义文化"这一崭新概念,而且明确指出,社会主义文明既包括物质文明、政治文明,也包括精神文明,缺少任何一个方面,社会也不可能健康持续地向前发展。他说:"有中国特色社会主义的经济、政治、文化,是有机统一、不可分割的整体,加强这三方面的建设,根本的目的是为了充

① 《毛泽东选集》(第三卷),人民出版社1991年版,第866页。
② 同上,第663~664页。
③ 《邓小平年谱》(1975—1997)(上),中央文献出版社2004年版,第200页。
④ 《邓小平文选》(第三卷),人民出版社1993年版,第144页。

分调动广大人民群众的积极性，推动社会生产力的发展和社会的全面进步。"①不但如此，鉴于文化在国家经济社会发展中的地位和作用愈加凸显的社会现实，江泽民还把文化看作是综合国力的重要内容和组成部分，指出文化的发展不仅有助于综合国力的增强，而且本身也构成综合国力的重要内容。他一针见血地指出："一个国家、一个民族，如果没有自己的精神支柱，就等于没有灵魂，就会失去凝聚力和生命力。有没有高昂的民族精神，是衡量一个国家综合国力强弱的一个重要尺度。"②2001年，江泽民在中国文联第七次全国代表大会上的讲话中，又对综合国力论思想进行了较为系统完整的阐述："当今世界激烈的综合国力竞争，不仅包括经济实力、科技实力、国防实力等方面的竞争，也包括文化方面的竞争"③。党的十五大围绕有中国特色社会主义文化的作用问题，系统阐述了中国特色社会主义文化建设的战略地位："有中国特色社会主义的文化，是凝聚和激励全国各族人民的重要力量，是综合国力的重要标志"④。十六大报告进一步指出，当今世界，文化与经济和政治相互交融，在综合国力竞争中的地位和作用越来越突出。文化的力量深深熔铸在民族的生命力、创造力和凝聚力之中。这一思想，既是中国共产党在中国特色社会主义文化建设问题上走向理论上的成熟的根本标志，也是党在文化理论上与时俱进的根本体现。

十六大以来，以胡锦涛为总书记的中央领导集体在继承党的三代领导集体有关文化建设思想的基础上，从世界和中国变化着的实际情况出发，依据时代的特点和新变化，不断赋予文化的本质、特征和作用以新认识、新内容，使社会主义文化理论得到进一步的发展和升华。2006年11月，胡锦涛在第八次全国文代会上创造性地提出了"文化软实力"新概念，和"推动社会主义文化大发展大繁荣"的新命题，并对文化的地位和作用进行了新的概括：文化是民族凝聚力和创造力的重要源泉，是综合国力竞争的重要因素，是经济社会发展的重要支撑。胡锦涛还结合中国实际特别强调指出，文化建设事关建设中国特色社会主义事业全局，事关全面建成小康社会，事关中华民族伟大复兴，我们要更好地把全国各族人民的意志和力量凝聚起来，就必须大力加强中国特色社会主义文化建设，不断为改革开放和现代化建设提供有

① 《江泽民文选》(第一卷)，人民出版社2006年版，第162页。

② 《江泽民论有中国特色社会主义》(专题摘编)，中央文献出版社2002年版，第395页。

③ 《江泽民文选》(第三卷)，人民出版社2006年版，第399～400页。

④ 《十五大以来重要文献选编》(上)，人民出版社2000年版，第35页。

力的思想保证、精神动力和政策支持。他强调指出:"要按照中国特色社会主义事业总体布局,全面推进经济建设、政治建设、文化建设、社会建设,促进现代化建设各个环节、各个方面相协调,促进生产关系与生产力、上层建筑与经济基础相协调。"①2007 年 10 月召开的党的十七大不但正式采用了"文化软实力"这一概念,而且还把"提高国家文化软实力"上升到了国家战略建构的层面,使之成为社会主义文化建设的重要内容和任务之一:文化越来越成为民族凝聚力和创造力的重要源泉,越来越成为综合国力竞争的重要因素,丰富精神文化生活越来越成为我国人民的热切希望。要坚持社会主义先进文化前进方向,兴起社会主义文化建设新高潮,激发全民族文化创造活力,提高国家文化软实力。②这一论断充分反映了党中央对当今世界文化发展的历史趋势和我国文化发展方位的科学把握,体现了中国共产党和政府对建设中国特色社会主义文化的规律与特点的理解不断加深,表明中国共产党对文化的重要地位和作用的认识提升到了一个新境界和新水平。

(二)中国对外文化交流思想的理论自觉

面对着当今世界文化与经济、政治相互交融、相互渗透及文化越来越成为综合国力和国际竞争力的重要组成部分的全新社会现实,中国共产党高度重视国家的对外文化交流问题,不断发展和创新对外文化交流战略思想。

新中国成立伊始,以毛泽东为核心的第一代领导集体为发展社会主义文化,就主张要积极发展同世界各国的文化往来。毛泽东把其称之为"古今中外法"。他说,"我想把它叫做'古今中外法'","所谓'古今'就是历史的发展,所谓'中外'就是中国和外国,就是己方和彼方"。③在毛泽东看来,"近代文化,外国要比我们要高,要承认这一点"④。因此,他提出了要向外国学习的要求:"我们的方针是,一切民族、一切国家的长处都要学,政治、经济、科学、技术、文学、艺术的一切真正好的东西都要学。"⑤"中国应该大量吸收外国的进步文化,作为自己文化食粮的原料,这种工作过去还做得很不够。这不但

① 《十七大报告辅导读本》,人民出版社 2007 年版,第 5 页。
② 《七大以来重要文献选编》(上),中央文献出版社 2009 年版,第 26 页。
③ 《毛泽东文集》(第二卷),人民出版社 1993 年版,第 400 页。
④ 《毛泽东著作选读》(下卷),人民出版社 1986 年版,第 751 页。
⑤ 同上,第 740 页。

是当前的社会主义文化和新民主主义文化,还有外国的古代文化,例如各资本主义国家启蒙时代的文化,凡属我们今天用得着的东西,都应该吸收……排泄其糟粕,吸收其精华,才能对我们的身体有益,决不能生吞活剥地毫无批判地吸收。"①周恩来总理在某次驻外使节会议中也明确指出:"我们的外交包含政治、经济、文化三个方面,而且往往是经济、文化打先锋,然后外交跟上来……外交的做法也要变,要打破旧的格调,各驻外使馆应重视贸易和文化工作。"②

　　20世纪80年代,邓小平在继承以毛泽东为核心的第一代领导集体提出的"向外国学习"思想的基础上,在强调改革开放的重大意义的同时,就明确指出了社会主义文化发展也要借鉴经济上的开放政策,他说:"对于现代西方资产阶级文化,我们究竟应当采取什么态度呢?经济上实行对外开放的方针,是正确的,要长期坚持。对外文化交流也要长期发展。"③随后在党的十二届六中全会上通过的《中共中央关于社会主义精神文明建设指导方针的决议》中明确指出了在文化领域要实行对外开放:"近代世界和中国的历史都表明,拒绝接受外国的先进科学文化,任何国家任何民族要发展进步都是不可能的。闭关自守只能停滞落后……对外开放作为一项不可动摇的基本国策,不仅适用于物质文明建设,而且适用于精神文明建设。"④"对外开放适用于精神文明建设"这一论断可以看作中国对文化对外开放的有益探索。

　　新的历史时期,以江泽民为总书记的第三代中央领导集体继承、创新了邓小平的这一外交思想,认真贯彻落实对外文化交流工作。针对当今世界激烈的综合国力竞争不仅包括经济实力、科技实力、国防实力等方面的竞争,也包括文化方面的竞争的严酷现实,江泽民从党和国家前途和命运的战略高度出发,适时提出:"在新的形势下,我们更加重视利用有利的国际条件,坚持对外开放,以加速我国的社会主义现代化建设",强调实行文化对外开放"是改革和建设必不可少的,应当吸收和利用世界各国包括资本主义发达国家所创造的一切先进文明成果来发展社会主义,封闭只能导致落后"⑤。此后,江泽民在不同场合重申这一思想:"实行改革开放是我们的基本国策。同

① 《毛泽东选集》(第二卷),人民出版社1991年版,第706~707页。
② 恩繁:《中华人民共和国外交大事记》第1卷,世界知识出版社1997年版,第255页。
③ 《邓小平文选》(第三卷),人民出版社1993年版,第43页。
④ 《十二大以来重要文献选编》(下),人民出版社1986年版,第1177页。
⑤ 《江泽民文选》(第一卷),人民出版社2006年版,第220页。

世界各国进行广泛的经济、贸易、科学、技术、教育、文化交流,对我们进行社会主义现代化建设具有重大作用。"①"中国要发展、要进步、要富强,就必须对外开放,加强与世界各国的经济、科技、文化的交流和合作,吸收和借鉴一切先进的东西。封闭就要落后,落后就要挨打。能否不断了解世界,能否不断学习世界上一切先进的东西能否不断跟上世界发展的潮流,是关系一个国家、一个民族兴衰成败的大问题。"②对外开放是全方位、多层面的。以江泽民为核心的第三代领导集体在坚持"引进来"的同时,还提出了"走出去"的文化发展战略。江泽民认为,"引进来"和"走出去"是对外开放基本国策相辅相成的两个方面,缺一不可。"这个指导思想一定要明确。"2000 年 10 月,在中共中央十五届五中全会通过的《中共中央关于制定国民经济和社会发展的第十个五年计划的建议》中第一次提出中国不仅要"引进来",还要实施"走出去"的发展战略之后不久,中央又明确作出了要实施文化"走出去"的战略要求:"我国文化的发展,不能离开人类文明的共同成果。要坚持以我为主、为我所用的原则,开展多种形式的对外文化交流,博采各国文化之长,向世界展示中国文化建设的成就。"③根据以上论述,十四大报告中明确指出:"我们坚定不移地实行对外开放,愿意不断加强和扩大同世界各国在平等互利基础上的经济、科技合作,加强在文化、教育、卫生、体育等各个领域的交流。"十五大报告中又重申了这一思想:"要坚持平等互利的原则,同世界各国和地区广泛开展贸易往来、经济技术合作和科学文化交流,促进共同发展",要"开展多种形式的对外文化交流,博采各国文化之长,向世界展示中国文化建设的成就"。

十六大以来,以胡锦涛为总书记的新的中央领导集体更加认识到对外文化交流的重要性和紧迫性,对于文化对外开放的认识也得到进一步的深化。胡锦涛总书记在第 10 次驻外使节会议上的讲话中首次把争取"客观友善的舆论环境"列为我国外交追求的战略目标。他强调:"维护我国发展的重要机遇期,争取和平稳定的国际环境、睦邻友好的周边环境、平等互利的合作环境和客观友善的舆论环境,为全面建设小康社会服务是当前和今后一个时期我国外交工作的根本任务,也是基本目标。"为此,要加强经济外交和

---

①　《江泽民文选》(第一卷),人民出版社 2006 年版,第 573 页。
②　《江泽民文选》(第三卷),人民出版社 2006 年版,第 127 页。
③　《江泽民文选》(第二卷),人民出版社 2006 年版,第 35 页。

文化外交,推动实施"引进来"和"走出去"相结合的对外开放战略,深入开展对外宣传和对外文化交流,逐步形成同中国国际地位相适应的对外宣传舆论力量,为全面建设小康社会营造良好的国际舆论环境。胡锦涛说:"文化交流是各民族深入交往的重要渠道,也是各民族和谐相处的重要基础。不同文化的相互借鉴和融合,对增进各国人民的相互了解十分重要。深入发展文化交流,不仅有利于促进各国文化的繁荣发展,也有利于促进世界不同文明之间的对话与沟通,有利于人类社会和谐与进步。"①因此,胡锦涛在庆祝中国共产党成立 90 周年大会上郑重指出:"要着眼推动中华文化走向世界,形成与我国国际地位相对称的文化软实力,提高中华文化国际影响力。"②2009 年7 月,胡锦涛在召开的中国第十一次驻外使节会议上又明确指出,新形势下中国外交的主要任务之一就是"要加强公共外交和人文外交,开展各种形式的对外文化交流活动,扎实传播中华优秀文化"③。这一指导思想明确了在文化领域的改革开放过程中, 对外文化交流不能仅仅局限于吸收和利用别国的先进文明成果为我所用, 同时还要积极把中国最优秀的文明和最先进的文化展示给世界。2011 年 10 月 18 日,党的十七届六中全会通过了《中共中央关于深化文化体制改革推动社会主义文化大发展大繁荣若干重大问题的决定》,其中强调要将推动中华文化走向世界,增强中华文化国际影响力作为一个重要的文化建设内容, 从而增强中华文化在世界上的感召力和影响力,共同维护世界文化的多样性。党的十八大报告更加明确指出要"扩大文化领域的对外开放,积极吸收借鉴国外优秀文化成果"④,并为此提出了要"构建和发展现代传播体系,提高传播能力"的战略要求。

由此可看,对外文化交流被看作中国国家发展战略的重要组成部分,纳入中国总体外交的战略布局中。中国的对外文化交流开始在中国进入了前所未有的历史发展活跃期。

---

① 《十六大以来重要文献选编》(上),中央文献出版社 2004 年版,第 741 页。

② 《在庆祝中国共产党成立 90 周年大会上的讲话》,《人民日报》2011 年 7 月 2 日。

③ 吴绮敏:《第十一次驻外使节会议在京召开:胡锦涛发表重要讲话》,《人民日报》2009 年 7 月21 日。

④ 胡锦涛:《坚定不移沿着中国特色社会主义道路前进为全面建成小康社会而奋斗——在中国共产党第十八次全国代表大会上的报告》,人民出版社 2012 年版,第 33 页。

二、中国共产党对外文化交流的责任担当

搞好社会主义文化建设,走向世界文化软实力强国,固然要有高度的文化自觉意识,但是如果文化自觉不能贯彻落实到实现文化强国的实践活动中,文化自觉的宏大目标就会落空。

在当今错综复杂的国际文化环境下,中国要想建设社会主义文化强国,最有效的途径就是提高国家的文化"软实力"。而中国对外文化交流战略的实施就是提升文化"软实力"的鲜明体现。在当代,中国对外文化交流战略不仅集中展示了中国在文化认识上的新飞跃和在文化建设上的国际战略视野,同时也表明了中国在实践方面也保持着高度的文化自觉和历史的责任担当。

(一)改革开放后中国对外文化交流的历程

1978 年实行改革开放后,为发扬光大中华文化,扩大中国文化的世界影响力、吸引力与亲和力,重塑中华文化在世界的地位,中国共产党顺应新的历史条件下国际文化交流的新趋势,在以海纳百川的胸怀积极吸纳他国先进文化,坚持文化"拿来主义"的同时,还积极推动中国文化"走出去"。

总体来看,1978 年实施改革开放以来,中国的对外文化交流大致经历了两个大的发展阶段。

1.以文化"引进来"为主的时期(1978—1996 年)

与马克思主义创始人所设想的不同,中国的社会主义并不是在英、法、德、美等发达资本主义国家中率先诞生的,而是在经济文化都比较落后的半殖民地半封建的农业国家首先建立起来的。现实的中国社会主义与经典的社会主义之间存在着巨大的生产力"落差"。用毛泽东的话说,国家不仅贫穷落后,而且"还没有解决建立独立的完整的工业体系问题"。而"没有高度发达的大工业,那就根本谈不上社会主义,而对于一个农民国家来说就更谈不上社会主义了"①。对此,早在 1954 年毛泽东就已指出:"中国是一个正在开

---

① 《列宁全集》(第 32 卷),人民出版社 1956 年版,第 399 页。

始改变面貌的落后国家,经济上、文化上都比西方国家落后"①。因此,要建设一个强大、繁荣的社会主义新中国,就要求我们在坚持自力更生、艰苦奋斗的同时,必须积极、主动地学习西方资本主义的先进文化成果。鉴于"文化大革命"和闭关自守政策给国内经济文化建设造成的严重破坏,中国政府解放思想、拨乱反正,在纠正"左"的错误政治路线的基础上,在国内果断确立了经济优先发展的国家战略和改革开放的发展战略。邓小平郑重指出,新中国"建国以后,人家封锁我们,在某种程度上我们也还是,这给我们带来了一些困难。三十几年的经验教训告诉我们,关起门来搞建设是不行的,发展不起来"②。社会主义要赢得与资本主义相比较的优势,就必须大胆吸收和借鉴人类社会创造的一切先进文明成果,吸收和借鉴当今世界各国包括资本主义发达国家的一切反映现代社会化生产规律的先进经营方式、管理方法。因此,出于改变中国经济落后,提高生产力水平的良好愿望,在改革开放的初期,中国的对外文化交流主要奉行的是"拿来主义",基本上以文化引进来为主,实行的是文化单向交流战略,即通过引进中国经济发展急需的科学技术和文化智力资源来解决经济发展需要的技术和人才"短缺"问题。这一时期,主要经历了三个不同的发展阶段。

(1)文化交流全面启动阶段(1979—1989)。1978 年改革开放伊始,由于"左"倾错误思想的指导和"文化大革命"的干扰,中国的国民经济已到了"崩溃"的边缘。为解决中国经济发展所需要的科学技术,中国把积极引进国外先进技术和智力作为对外文化开放的首要任务。邓小平曾明确指出:"所有文艺工作者,都应当认真钻研、吸收、融化和发展古今中外艺术技巧中一切好的东西,创造出具有民族风格和时代特色的完美的艺术形式。"③

(2)文化技术交流停滞阶段(1989—1995)。由于受 1989 年国内政治风波的影响,美国等西方国家对中国实行经济制裁,使中外国家之间的技术、文化交流陷入停顿状态。这种状况一直持续到 1992 年才逐渐得到改观。

(3)文化技术交流大发展时期(1995—1996)。随着中国社会主义市场经济体制改革的启动和发展,及全面建设中国特色社会主义事业的纵深推进,中国加快了对外技术引进和文化交流的步伐,国家不仅先后颁布了一系列

---

① 《毛泽东文集》(第六卷),人民出版社 1999 年版,第 340 页。

② 《邓小平文选》(第三卷),人民出版社 1993 年版,第 64 页。

③ 《邓小平文选》(第二卷),人民出版社 1994 年版,第 212 页。

推动技术引进和文化交流的法律法规,而且采取多种形式和措施,实现文化"拿来主义"。中国的文化引进进入了前所未有的繁荣期。

2.以文化"走出去"为主的发展时期(1996—)

20世纪90年代之后,随着文化全球化浪潮的发展和文化软实力在国家对外战略中作用的日益突出,一些世界大国为继续保持或增强自己的世界竞争优势,纷纷拿起对外文化交流的武器,来推广本国的文化价值观,以扩大世界影响力。

面对着风起云涌的世界对外文化交流浪潮,中国政府认识到,要实现中国的和平发展,为中国社会主义现代化建设争取有利的国际舆论环境,就必须通过对外文化交流,向世界各国传播中华优秀文化,介绍中国客观、真实的情况,增进中国同世界各国人民之间的相互了解和沟通,在国际上树立社会主义中国的正确形象。因此,中国共产党适时地调整国家文化发展战略,开始逐步实施从"引进来"向"走出去"的战略转变。纵观这个时期的中国文化"走出去"战略,主要经历了两个不同的发展阶段:

(1)第一阶段是探索、发展阶段(1996—2004)。中华文化"走出去"是新形势下提升中国文化软实力的战略举措。面对国际上不同文化力量的相互激荡和影响,以江泽民为核心的第三代中央领导集体,在坚持文化"请进来"的同时,抓住和平发展的有利时机,更加自觉、更加主动地推动中华文化走出国门、走向世界,从而将中国在国际上有所作为的战略思想推进到一个新的境界。

第一,对外文化传播不断发展。1998年中国国家广播电台在世界各地建立了29个记者站。它每天用38种外语、4种汉语方言和汉语普通话向全世界广播192个小时,并实现了数字化录播、卫星传送,覆盖世界近200个国家和地区。此外,还采用了4种语言进行了网络传播。中新社1998年每天能用7种文字向境外报社、通讯社、电台、电视台、外国驻华使领馆等提供新闻,海外直接用户达到1172家。而新华社则在世界90多个国家和地区建立了5个总分社、101个分社,形成了遍布海内外的新闻采集和编辑网络。

第二,中国文化行活动拉开帷幕。为加快中国文化走向世界,1999年,中国首次在法国巴黎举办了"感知中国"活动——"迈向21世纪的中国"文化周活动。继"中法文化周"之后,2000年8—9月,又以"走近中国"为主题的"感知中国"文化交流活动——"2000中华文化美国行",在美国纽约、华盛顿、芝加哥等主要城市举办。2003年10月6日,中国文化年以"古老的中国、多彩的中国、现代的中国"为主题率先在法国展开。

第三，对外文化交流活动不断发展。一是大力推动双边文化活动。仅2003年一年，中国政府主导下的对外文化交流项目就达762起，13783人次；中国文化部与德国、印度、古巴、埃塞俄比亚等22国签署了年度文化合作执行计划，与丹麦签订了文化合作交流议定书，分别与加拿大政府、欧盟签署了文化合作联合声明。①二是多边文化活动渐入正规。1997年中国加入国际法统一私法协会《关于被盗或非法出口文物公约》，先后从英国、美国、日本、丹麦等国追索回多批文物。2003年12月在北京召开了由亚欧会议26方主管文化事务的部长或高级官员及著名学者参加的文化与文明会议。在中方的建议下，会议以"文化多样性与统一性"为主题，讨论了全球化背景下的文化多样性，以及促进和保护多样性获得统一性的方式与后续行动等问题。表示确认和支持联合国教科文组织正在拟订的《保护文化内容和艺术表现形式的国际公约》草案的一些核心内容。

（2）第二阶段是中国文化外交大发展、大活跃阶段（2004— ）。在经过文化"走出去"的初步探索阶段之后，2004年始，中国政府本着实事求是的原则，注意研究中国以往对外文化交流中存在的实际问题，在广泛借鉴世界发达国家对外文化交流成功经验的基础上，根据建设社会主义文化强国的战略要求，以孔子学院的世界建设为契机，开始积极主动地寻求与他国的大规模文化交流，并在文化开放中不断丰富和充实文化外交的内涵，优化文化交流的手段和方式，从而使中国的对外文化交流勃发出前所未有的生机和活力。

第一，大力开展汉语的国际化推广。语言是增进不同民族、不同国家间相互了解、沟通的重要桥梁。中国政府为通过汉语言教育向世界推广中国的文化，一是建立孔子学院。自2004年11月，第一所海外"孔子学院"在韩国首尔成立，截至2011年底，已在105个国家建立了358所孔子学院和500个中小学孔子课堂，注册学员达到50万人。2005年6月又在中国网(www.China. org. cn)开设了孔子学院，以英文、法文、德文、阿拉伯文等6个文版的形式宣传中国。二是建立海外中国文化中心。海外中国文化中心承担着在驻在国"举办文化活动、提供信息服务、开展教学培训"三大功能。1988年7月和9月，新中国首批驻外中国文化中心分别在非洲的毛里求斯和贝宁建成

---

① 　http://www.ccnt.com.cn/whdshm/dsbw/2003wh_dsbw.shtml.

并对外开放。截至 2011 年,中国共在国外建立 9 个文化中心,开展各类活动超过 2500 次,直接参与中心活动的公众总人数近 60 万人次,各类注册学员总计约 3 万人次。

第二,进一步举办形式多样、题材丰富的文化周、文化年活动。"中国文化年(文化节)"项目是展示中国、沟通世界的标志性活动。自 2003 年始,中国先后在英国(2003—2004)、法国(2003—2004)、美国(2005)、印度(2006)、俄罗斯(2007—2008、2010)、意大利(2008—2009)等国成功举办了"文化年"("文化节")和"汉语年"活动。这些形式多样、题材丰富的文化周、文化年活动,不但丰富了彼此的文化交流内容,还增进了双方的了解和友谊,极大地促进了国家间关系的良性发展。

第三,大力实施文化"走出去"重大工程项目。为展现"文化中国"的崭新面貌,中国本着"品牌制胜,文化致远"的理念,加快了文化"走出去"的步伐。如在图书出版方面,2005 年 7 月,国务院新闻办公室和新闻出版局联合发布《"中国图书对外推广计划"实施办法》的通知,决定以资助翻译费的方式鼓励各国出版机构翻译出版中国图书,并向国外出版商重点推荐了国内 20 家出版社出版的 1200 余种反映中国文化和面貌的图书。这是中国政府首次资助推动中国图书的对外推广工作。2009 年开始,国家又在"中国图书对外推广计划"的基础上,积极开展"中国文化著作翻译出版工程",它以资助系列产品为主,既资助翻译费,也资助出版及推广费,采取政府扶持资助、联合翻译出版、商业运作发行等方式进行。在中国政府的支持下,一批有自主创新能力和自主知识产权的骨干文化企业开始拓展国际文化市场。如 2007 年 4 月 17 日,中国青年出版总社在英国投资的中国青年出版社伦敦分社正式成立。2006 年 8 月,中国电视长城欧洲平台在法国开播。总之,中国通过实施文化"走出去"重大工程项目,向海外成功地推介了中国的优秀文化,扩大了中华文化的知名度,为以后开辟海外市场奠定了良好的基础。

第四,积极开展对外文化合作。一是积极参与联合国发起的多边文化合作活动。自 1985 年中国加入《保护世界文化和自然遗产公约》以来,已有 43 处遗产列入《世界遗产名录》。二是举办国际文化高层论坛。2004 年 6 月中国苏州举办了第 28 届世界遗产委员会会议,发表了《世界遗产青少年教育苏州宣言》。2004 年 10 月中国又参加了在越南河内举行的第五届亚欧首脑会议上,中法两国共同提出了"亚欧会议文化与文明对话宣言"。同年 10 月还在上海召开了"国际文化政策论坛"第七届部长年会。会后发表了《上海声明》。2005 年在广东佛山召开了亚洲文化部长论坛及第七届亚洲文化艺术节（2005）等。三是举办大型国际文化体育活动。2008 年中国在北京成功地举行了奥运会。2010 年又举办了以"城市，让生活更美好"为主题的上海世博会。同年在广州还举行了亚洲运动会。这些活动向世界展示了独具特色的中国文化形象，架起了中外人民友谊和相互理解、沟通的桥梁，极大地增强了中国文化的世界亲和力和吸引力，为中国的和平发展塑造出了一个更好的国际文化环境与国际政治环境。四是积极开展国际学术、文化教育交流活动。改革开放以来，中国通过开展来华留学生培养、出国留学、召开国际学术会议和邀请外国专家、学者、政府官员来华进行学术交流、参观访问等教育文化交流活动，加大国外公众了解中国的渠道，增进他们与中国之间的沟通与理解。据统计，2013 年共计有来自 200 个国家和地区的 356,499 名各类外国留学人员，分布在全国 31 个省、自治区、直辖市的 746 所高等学校、科研院所和其他教育教学机构学习。

（二）中国对外文化交流的历史嬗变

时代主题是科学制定国内外政策的根本依据。正如列宁曾指出的：只有"首先考虑到各个'时代'的不同的基本特征（而不是个别国家的个别历史事件），我们才能够正确地制定自己的策略"①。

在文化自觉中坚守与弘扬中华民族优秀文化，是中国文化开放主义一贯秉承的思想与原则。自 1949 年新中国成立以来的 60 多年里，中国以坚持多元文化兼容并包、共存共荣的文化和谐主义为旨归，积极开展国际文化交流，大力开拓中国文化"走出去"的广阔空间，提升中国文化软实力。但是由于时代主题的转换和世界政治经济格局的变化，中国的对外文化交流战略也在发生与时俱进的变化。相较于改革开放之前，中国的对外文化交流无论是在交流的战略地位、指导思想方面，还是交流的形式方面都发生了全新的认识和嬗变。

1.战略地位：从依附性到独立性的转变

从根本意义上讲，对外文化交流是一个国家整体外交的重要构成部分，发挥着经济、政治外交所难以发挥的作用。因此，新中国建立之初，中国政府

---

① 《列宁全集》（第 26 卷），人民出版社 1988 年版，第 142~143 页。

就高度重视文化领域的对外开放，注重加强与外部世界之间的文化交流与合作，认为只有积极发展同世界各国的文化往来，才能使中国彻底摆脱"一穷二白"的积贫积弱的落后面貌，实现社会主义现代化的宏伟目标。

新中国成立之初，中国处于一个"不是东风压倒西风，就是西风压倒东风"的冷战的世界环境中，一方面，奉行冷战思维的世界两霸——美国和苏联——为了争夺世界主导权，处于激烈的"零和"博弈之中。他们或直接对抗，或通过分别以自己为首领的"北约"组织和"华约"组织的集团形式对立。美苏的对抗对世界的和平构成严重威胁。另一方面，由于60年代的中苏交恶，迫使中国在国家安全威胁敌人的名单上添加了除美国之外的苏联社会帝国主义。与世界两大超级国家敌对的直接后果，就是进一步强化了中国"战争与革命"时代主题的认识，夸大了世界战争的威胁，促使新生的中国把加强军事力量、捍卫新生政权的独立和国家领土完整作为国家安全的首要内容和外交的主要任务。

战争与革命时期的中国对外文化交流是紧紧围绕政治和军事外交而展开的，军事外交处于龙头地位，牵引着国家总体外交的展开。①以致无论在外交观念、战略规划上，还是在现实政治生活中，外交变成了单纯的政治外交或安全外交。这一时期的对外文化交流被定位为"政治斗争的工具"、"对资本主义斗争的喉舌"，对外文化交流主要是出于政治和军事外交的战略需要而进行的。也就是说，相对于巩固国家政权和维护国家安全而言，对外文化交流处于次要的地位。对外文化交流不仅因政治和军事斗争的需要而逐渐失去了文化的特性，也由于文化的外延与政治边界的重合而导致了文化沦为政治的附属品。②对外文化交流扮演着政治关系的"婢女"身份。作为国家政治关系的延续，这一时期中国的文化交流无时无刻不是同中国的军事外交关系紧密联系在一起的。中外文化交流反映着军事外交关系，是中外军事外交关系的晴雨表。这一时期的中国文化外交，或是服务于联合苏联打击"美帝"的需要，或是服务于中美合作，抗击"苏修"的要求，没有独立性可言。

冷战结束后，国际关系发生的一个重要变化就是，文化软实力作为国际

---

① 王逸舟、谭秀英：《中国外交六十年(1949—2009)》，中国社会科学出版社2009年版，第129页。

② 参见谢晓娟：《毛泽东关于文化地位的思想及其在改革开放初期的继承与发展》，《辽宁师范大学学报》(社会科学版)2012年第1期。

政治中除了传统的、基于军事和经济等硬实力之外的"权力的另一面"而出现在国际关系较量的舞台上，"文化与经济和政治相互交融，在综合国力竞争中的地位和作用越来越突出。文化的力量，深深熔铸在民族的生命力、创造力和凝聚力之中"①。针对这一变化，中国政府紧紧围绕"文化为什么要发展、实现什么样的发展、怎样发展"这一主题，在对世界文化发展和自身文化经验审时度势的基础上，正确认识文化的力量，科学分析文化软实力的实质，逐渐形成和树立了符合科学发展观要求的对外文化交流战略。

首先，科学定位文化外交的地位和作用。党的十一届三中全会以后，中国政府对对外关系中过于突出政治因素、忽视文化独立性的危害进行了深刻反思。1980 年 1 月，邓小平在《目前的形势和任务》的讲话中明确指出：我们现在"不继续提文艺从属于政治这样的口号，因为这个口号容易成为对文艺横加干涉的理论根据，长期的实践证明它对文艺的发展利少害多"②。鉴于此，邓小平要求把文化建设同经济建设一样作为社会主义建设的重要目标之一，强调"两手抓，两手都要硬"。具体到对外关系上，就是明确提出经济上实行开放的同时，文化上也要实行对外开放。认为只有开展多种形式的对外文化交流，才能全方位展示中华文化的伟大魅力，促使其他国家真正认识和理解中国的发展，尤其是了解中国改革开放以后取得的经济社会成就，才能不断扩大中华文化在国际上的影响力。中共十八大在继承党的十七大报告精神的基础上，更是第一次明确提出了"中国将扎实推进公共和人文外交，维护中国海外合法权益"的要求和任务。这表明，中国对对外文化交流的地位有了更深入的认识，文化外交的价值和主体地位更是得到了国家空前的积极认同，对外文化交流已经被提升至前所未有的国家战略的高度。

其次，文化外交机构的设立。为充分发挥人文交流的优势，增强对外文化交流"四两拨千斤"的战略作用，确保中国文化"走出去"的正常进行，中国政府还积极探索具有中国特色的领导对外文化交流的新机制。2004 年外交部成立了专门负责对外文化交流事务工作的专门机构——公共外交处。2010 年外交部新闻司又将"公共外交处"升格为"公共外交办公室"。2010 年 8 月，外交部公共外交咨询委员会正式成立。 此外，为增进中外人民理解与合作发挥平台和桥梁作用，上海、天津和广东等省市先后成立了公共外交协

① 《江泽民文选》(第三卷)，人民出版社 2006 年版，第 588 页。
② 《邓小平文选》(第二卷)，人民出版社 1994 年版，第 213 页。

会。这些主管对外文化交流机构的设置,进一步凸显了对外文化交流在国家外交战略布局中的重要地位,同时又对更好地推动国家对外文化工作迈上新台阶提供了有力的组织保证。

总之,1978年改革开放以来,对外文化交流已逐步从原来依附于政治和军事外交的地位中走出来而发展成为国家总体外交的重要组成部分,"成为我国对外关系中继政治、经济之后的第三个支柱"①。

2.外交理念:从意识形态性到超意识形态性的转变

意识形态是一种政治文化概念。它是一个国家制定政策的依据、框架,具有"在可以商量的限度内决定政治活动与政治信仰可能采取的形式"②。二战后,世界陷入美苏冷战的泥淖中。美苏之间的冷战虽然形式上表现为军备竞赛和争夺世界霸权,但其实质则是资本主义与社会主义两种不同社会制度和意识形态的对抗。著名国际政治学家约翰·伯顿描述说:"在世界主要分水岭的两边,都表现出某种传教士的狂热。两种意识形态都为双方宣传的使命提供了理论基础,并且互相攻击信奉不同意识形态双方的意图。苏联和美国都相信,理性、意识形态、道义、历史以及法理规范都在自己一方。双方都是布道者,都同样受到理想主义的驱使。"③社会主义的苏联和资本主义的美国都把推翻、消灭或埋葬对方作为自己的历史使命。

在从新中国成立后到1978年中国改革开放前的很长一段时间里,由于长期置身于美苏意识形态对抗的国际政治生态中,因此意识形态因素这只"无形的手"也曾左右着新中国成立之初的外交政策的制定和执行。在对外关系上,毛泽东不但将文化与上层建筑中的意识形态绝对等同起来,而且还无限拔高意识形态在国家政治生活中的地位。在他看来,文化作为观念形态,总是属于一定的阶级的,是为特定阶级的利益服务的。他说:"作为意识形态、作为社会的上层建筑之一的哲学社会科学,在我国,同自然科学一道,是为社会主义的经济基础服务的,是为革命的政治斗争服务的。不为经济基础服务,不为当前的政治斗争服务,是不行的。"④"在现在世界上,一切文化或文学艺术都是属于一定的阶级,属于一定的政治路线的。为艺术的艺术,

---

① 孙家正:《提高推动中华文化走向世界的能力》,《求是》2005年第24期。

② 〔美〕迈克尔·H.亨特:《意识形态与美国外交政策》,褚律元译,世界知识出版社1999年版,第19页。

③ 转引自王逸舟:《当代国际政治析论》,上海人民出版社1995年版,第242页。

④ 《建国以来毛泽东文稿》(第10册),中央文献出版社1996年版,第440页。

超阶级的艺术,和政治并行或互相独立的艺术,实际上是不存在的。"①因此,中国的对外交流本质上都反映着意识形态要求的好恶。表现在处理国际文化关系时,中国基本上都是以意识形态和社会制度为标尺和依据来决定是否发展同他国的文化关系的。换言之,革命与战争年代的中国文化外交表现出强烈的意识形态色彩。一方面,中国把"以苏为师",向社会主义阵营的老大哥苏联学习作为中国对外文化交流的主要内容和优先方向;另一方面,在大批、特批资本主义制度的腐朽、没落,拒斥与"洪水猛兽"般的资本主义文化往来的同时,极力向世界输出"中国革命",声援和支持世界各地的反帝、反殖民主义的民族解放运动。

在战争与革命年代,中国文化外交长期存在着"以苏划线"和"以美划线"等意识形态色彩很浓的处理方式,由此导致了两个后果:一是加剧了与资本主义国家的对立。中国是社会主义发展中国家,要实现现代化就必须向发达国家学习。为此就要寻求共同利益,超越对立的方面。但由于中国的对外文化政策过于注重意识形态因素,导致中国一定程度上的文化封闭。正如邓小平所说:"我们建国以来长期处于同世界隔绝的状态。这在相当长一个时期不是我们自己的原因,国际上反对中国的势力,迫使我们处于隔绝、孤立状态。六十年代我们有了同国际上加强交往合作的条件,但是我们自己孤立自己。"②二是苏联社会主义模式的弊端给中国的社会主义造成严重影响。"以苏为师"虽然促进了中国社会主义现代化的发展,但这种无视国情,机械照抄、单向移植和生吞活剥苏联模式的弊端,给中国经济社会发展造成的后果也是极为严重的。正如1977年9月邓小平在会见英籍科学家时所说的那样,"过去,我们很多方面学苏联,是吃了亏的"③。

历史充分证明,这种外交工作与意识形态挂钩的做法,不但授人以柄、故步自封、画地为牢,使自己陷入被动的困境中而难以自拔,也不符合中国社会主义现代化建设发展的需要。中国只有"超越意识形态"的障碍,实行全方位的文化开放战略,才能在充分吸收人类社会特别是资本主义先进文明成果的基础上建立起社会主义的坚固大厦。其实,早在1975年,邓小平就认识到,用社会主义还是资本主义的意识形态来划分世界的时代已经过时了,

---

① 《毛泽东选集》(第三卷),人民出版社1991年版,第865页。
② 《邓小平文选》(第二卷),人民出版社1994年版,第232页。
③ 《邓小平思想年谱》,中央文献出版社1998年版,第44页。

因为"社会主义阵营已经不再存在,两大阵营的概念不合乎今天的世纪,因为不但社会主义阵营发生了变化,帝国主义阵营也发生了变化"①。所以他根据国际形势的变化,从发展经济、提高国家综合国力的战略高度出发,要求中国不再以意识形态和社会制度决定国家关系的亲疏,而必须以本国的国家利益为最高准则,同时尊重和考虑他国利益:"考虑国与国之间的关系主要应该从国家自身的战略利益出发。着眼于自身长远的战略利益,同时也尊重对方的利益,而不去计较历史的恩怨,不去计较社会制度和意识形态的差别,并且国家不分大小强弱都相互尊重,平等相待。这样,什么问题都可以妥善解决"②。

因此,从 20 世纪 80 年代开始,根据国际国内形势发展的需要,在国家利益原则的指导下,中国开始超越意识形态和社会制度差异的桎梏,积极发展对外文化关系。这主要表现在两个方面:一是发展全方位的对外文化关系。1978 年十一届三中全会后,正如邓小平所指出的:"经济工作是当前最大的政治,经济问题是压倒一切的政治问题。不只是当前,恐怕今后长期的工作重点都要放在经济工作上面。"③因此,中国政府放弃了过往只同社会主义国家、政党开展文化交流与合作的片面做法,在和平共处五项原则的基础上,积极同世界一切国家、政党发展包括文化在内的各种关系:不仅积极发展同相同意识形态国家的文化关系,而且还勇于发展同不同意识形态国家的文化关系;中国不但发展同广大第三世界的文化往来,而且还积极开展同发达国家之间的文化交流;不仅发展同国外执政党的文化交往,还创造条件开展同非执政党的文化关系。当今中国的文化外交真正实现了全方位、多层次的对外文化交流格局。二是积极同西方国家进行政治文化对话。冷战后,西方国家在借助多种管道向中国进行政治文化的输入和渗透的同时,还不断拿民主、自由和人权等政治文化作幌子,向中国施压,力图使中国向他们所希望的方向演变。但在新形势下,中国并没有因为同这些西方国家的意识形态不同而与之相对抗,而是超越意识形态和社会制度的不同,在坚持自己的政治立场和主张,坚决反对它们肆意干涉中国内政的同时,调整和改善同美国、西欧等西方发达国家的关系,与它们展开积极的政治文化对话。以人

---

① 转引自叶自成:《新中国外交思想:从毛泽东到邓小平》,北京大学出版社 2001 年版,第48 页。

② 《邓小平文选》(第三卷),人民出版社 1993 年版,第 330 页。

③ 《邓小平文选》(第二卷),人民出版社 1994 年版,第 194 页。

权问题为例,截至 2013 年,中国与德、英、法等欧盟国家共进行了 32 次人权对话,与美国进行了 18 次人权对话。

3.交流形式:从单一性到多样性的转变

在战争与革命年代,由于当时的西方资本主义国家对新中国采取政治孤立、经济封锁和军事包围等敌视政策,加之中国实行"一边倒"的文化战略,因此这一时期中国的文化外交存在着形式单一、交流范围有限等问题。一是以对外文化宣传为主。社会主义与资本主义是两种根本对立的社会制度。因此 1949 年 10 月新中国刚成立,就把对外文化宣传作为对外文化交流的首要工作来抓,不仅建立了大量的宣传机构,而且投入了大量人力、物力和财力。这种以"斗争哲学"为原则的对外文化宣传,突出的特点是"以我为主",以支持"世界革命"为主要目的,不仅对外宣传主体比较单一,而且内容单调,形式机械、呆板,缺乏相互间的文化互动与融通。二是文化交流对象有限。这一时期中国对外文化交流的对象主要是与中国持有相同意识形态的以马克思主义为指导思想的苏联、东欧等社会主义国家和与中国拥有共同命运和民族解放任务的亚非拉第三世界国家,而非世界上所有的国家。三是交流形式单一。发展并加强与国际多边组织的关系是中国对外文化工作的重要组成部分,具有双边文化交流所不能替代的作用。但二战后由于联合国及其所属组织在一些事关世界和平与安全问题的重大决定上常常为美苏两霸所把持、操弄,且常被两个超级大国用来作为对付中国和发展中国家的工具,所以这个时期的中国对于联合国等国际组织则多采取排斥、抵制的态度。在长达二十多年的时间里中国不仅置身于联合国这一战后最重要的国际组织之外,还长期游离于国际货币基金组织、世界银行、关税及贸易总协定(GATT)等国际性组织之外。不仅经济政治上没有来往,文化上也独善其身。因此 1978 年前的中国文化外交主要是以双边交流的形式展开的。无论是对苏联等社会主义国家的交流,还是对美国等资本主义国家的文化交往皆是如此。

20 世纪 80 年代以来,特别是冷战结束后,鉴于文化软实力已经成为国家综合国力的重要内容这一国际政治现实,中国政府以史为鉴,在广泛借鉴世界发达国家文化外交成功经验的基础上,根据建设"文化大国"的战略需要,文化开放中不断丰富和充实文化外交的内涵,创新对外文化交流、传播的方式方法,灵活运用各种手段和形式,全方位、多渠道地宣传、推介中国。中国文化外交逐步实现了过去以单一方式为主到多样化的历史性转变。

　　第一,外交主体多元化。长期以来,由于外交被狭隘地理解为一种主权国家的政府官方行为,加之认为"文化为外交服务","外事无小事",因此中国的文化外交长期以来完全是由政府担当,一手操办的。二战后,"国家已经不是国际舞台上的唯一主体了","非政府国际组织、民间团体以及大众运动等非国家主体日益发挥着一定的政治作用, 使得国家以往发挥的绝对作用大大减弱"。①改革开放后,中国在注重发挥政府文化外交主导作用的同时,还积极动员和发挥民间组织、社会团体、个人在对外文化交流中的作用,努力打造中央与地方相结合、官民并举、相互配合的对外文化工作新局面,经过多年的不懈努力,初步实现文化交流主体范围从政界到普通民众的转变。

　　第二,文化交流规模、范围和领域不断扩大。交流的途径更加广泛,交流的形式更加多样,交流的领域更加扩大,交流的内容更加丰富多彩。目前,中国已同145个国家签订政府间文化合作协定和近800个年度文化交流执行计划,与1000多个文化组织和机构有着不同形式的文化往来。

　　文化交流领域除了涉及文学、艺术、图书、广播、科学、技术、教育、卫生、体育、博物馆、文化保护等方面外,还涉及政治文化交流、军事文化交流。其交流规模之大,涉及范围之广都是前所未有的。如2003年10月,中国在法国举办"中国文化年",给法国带去了200多个品种各异的交流项目。这对树立我国良好的国际形象, 促进中法全面战略伙伴关系的深入发展具有重大意义。

三、加快中国对外文化交流的战略意义

　　对外文化交流是增强国家文化软实力,实现国家战略利益的重要途径。在文化全球化的时代背景下,积极开展对外文化交流,向世界传播中华优秀文化,让世界各国更多地了解中国,对于提升中国国家形象,促进对外经济合作与交流有着十分重要的意义,也是提升中国文化影响力,复兴中华民族的必由之路。

---

　　① 〔日〕星野昭吉:《变动中的世界政治——当代国际关系理论沉思录》,刘小林、王乐理等译,新华出版社1999年版,第172页。

（一）复兴中华民族的重要保障

中华文化曾长期领世界文明风气之先，并且为世界的文明与进步作出过巨大的历史贡献。对此，江泽民曾这样说："15 世纪以前，以中华文明为代表的东方文明曾遥遥领先于西方文明。从汉代到明代初期，中国的科学技术在世界上一直领先长达 14 个世纪以上。在那个时期，影响世界文明进程的重要发明中，相当部分是中华民族的贡献。"①以科学技术为例，16 六世纪以前，影响人类生活的重大科技发明约有 300 项，其中 175 项是中国人发明的。历史上的中国是如此的强大富足、文明高雅，以至于"九天阊阖开宫殿，万国衣冠拜冕旒"。但自 19 世纪末以来，曾以辉煌文明傲视世界文明几千年的中华帝国，败于凭借"坚船利炮"开拓世界殖民地的西方资本主义国家之后，中国便沦为西方国家的文化输入地，成为西方文化的附庸。世界的历史也因之为西方国家文明所支配和谱写。西方国家成为世界政治舞台的主宰者和世界文明的布道者。复兴中华文化自此以后便成为中国人民不懈追求的目标。尽管新中国成立 60 多年来，特别是改革开放 30 多年来，中国在国际政治经济关系格局中已成为一个令国际社会不可忽视的战略力量，但这种力量更多地是来自于中国经济力量的发展壮大，更确切地说是经济等硬实力赋予今天的中国以前所未有的历史地位和国际形象，而非当前为世界各国所激烈争夺的文化和制度等软实力要素。对此，许嘉璐先生在"21 世纪中华文化世界论坛"第七次国际学术研讨会上指出："由于众所周知的历史原因，也因为人类与生俱来的对陌生事物的怀疑、恐惧、排斥的习性，所以两个多世纪以来，在流行于全球的希伯来—希腊罗马—盎格鲁撒克逊文化以外的所有文化都不大为人们所了解。中国，作为占世界人口五分之一的国家，其文化之不被了解、理解、误解和扭曲尤为突出。"②可以说，与中国对世界的了解相比较，世界对中国的了解还远远不够。

中国硬实力和软实力的这种非均衡性发展，不但影响了中国综合实力的全面提升，而且也不利于中华民族的伟大复兴。

---

① 江泽民：《提高全民族的科学素质——序〈院士科普书系〉》，《人民日报》（海外版），2000 年 6 月 5 日。

② 许嘉璐：《要对话不要对抗》，《光明日报》2012 年 12 月 24 日。

　　文化复兴是大国发展乃至崛起的重要标志。布热津斯基在其所著的《大棋局》中曾经提出过世界大国的四个显著标志：经济发达，军事强大，科技雄厚，文化富有吸引力。也就是说，世界大国不仅仅是经济、军事大国，也是文化大国。复兴中华文明，必须以强大的综合国力为基础。换言之，一个国家要成功地成长，发展为世界大国、强国，仅仅依靠物质力量的累积是远远不够的。人类历史的发展表明，人类社会的发展是伴随着文化的进步而发展的，是和文化的进步分不开的。"文化复兴是实现强国梦的必备条件。没有强大的文化力量，就没有强大的综合国力。"①因为，文化是民族的血脉，是民族生生不息的精神动力。中华民族的复兴是全方位的，除了经济物质方面的振兴之外，还少不了文化方面的复兴，这也需要文化软实力的强大支撑。中华民族的伟大复兴必然要伴随着中华文化的繁荣兴盛。正如温家宝 2011 年 9 月 6 日在中央文史研究馆成立 60 周年座谈会上的讲话所说："文化是一个民族的灵魂"，"一个民族的觉醒，首先是文化的觉醒……只有当全世界都公认中华文化真正繁荣起来、在世界上具有重要影响力的时候，才是我国真正强大的时候。"如果单纯追求硬实力的成长，中国也会陷入大国兴衰的"历史周期律"之中。②从历史发展长河看，真正的民族复兴主要体现在文化的发展上。文化的复兴和文化软实力的增强才是中华民族复兴的源泉和根本保证。

　　中华民族要通过文化的振兴和发展为世界人类文化的发展作出自己的贡献，就必须实行对外文化交流，在世界文化的百花园中展示自己的成就。只有积极开展对外文化交流，发挥文化软实力的作用，使本国文化在世界文化中具有强大的影响力，中国才能成为社会主义现代化强国，复兴中华文化。正如刘云山所指出的："一个民族的觉醒首先是文化的觉醒，一个国家的强盛离不开文化的支撑。文化深深熔铸在民族的血脉之中，始终是民族生存发展和国家繁荣振兴取之不尽、用之不竭的力量源泉。"③

　　文化的复兴不仅可以重新振兴中华文化，建立民族自信，增强中华民族的凝聚力、向心力与创造力，而且也有利于世界的和平发展。诚如国外舆论所说："经济崛起的中国如果同时也大力振兴或复兴文化，发扬中华文明，恢复礼仪之邦，这不单有利国家的兴起，造福中国国民，其实也有助于维持世

---

①　张锋：《中国寻找新的发展理念》，《联合早报》2006 年 4 月 5 日。

②　黄仁伟：《中国崛起的时间和空间》，上海社会科学院出版社 2002 年版，第 111 页。

③　《十七大报告辅导读本》，人民出版社 2007 年版，第 2～3 页。

界和平。因为，一个礼仪之邦只有朋友，不会有敌人。一个强大的礼仪之邦，肯定也能起抑制霸权的作用。"①

（二）有助于中国国家形象的提升

文化乃民族、国家之魂，文化的影响往往深远而持久。作为一国重要的无形资产，一个国家的国际形象如何，在很大程度上决定着国际社会对该国事业的集体认同度。国际政治理论现实主义大师摩根索曾指出："不管一国外交政策的最终目标是什么，其威信，即威力的声誉，对于一国外交政策成败，总是一个重要因素，有时甚至是决定因素。"②

正是因为国家形象与一个国家的国际生存空间之间存在着一定的因果逻辑关系，所以世界上许多国家都高度重视以对外文化交流为手段来构筑良好的国际形象。例如，韩国成立了"国家形象促进委员会"，以便对韩国的国家形象进行持续系统的管理。

自 1840 年鸦片战争以来，中国的国家形象就不断被西方殖民主义"东方化"。西方殖民主义在近代对外扩张的过程中，不仅凭借着"坚船利炮"将其创造的国际政治、经济秩序强加于世界，而且还利用交往中的不对称的文化权力关系，根据自己国家利益的需要，肆意"操弄"国际话语，在将自己标榜为世界道德文明高地的同时，还把自己影响和控制的前殖民地国家 "阐释"为"未开化、野蛮、半文明"的国度，从而在西方广大民众的心目中虚构了一个"东方主义"的神话。著名美籍学者萨义德在其《东方学》一书中写道："处于强势地位的西方，通过对东方的情形作出相关陈述，对有关东方的观点进行权威裁断，对东方进行描述、教授、殖民、统治等多种方式，来对东方加以控制、重建和君临的一种方式。"③新中国成立后，特别是改革开放以来，面对综合国力不断强大的中国，西方国家更是变本加厉，极尽各种"妖魔化"手段，散布各种"中国威胁论"，大肆"丑化"中国国家形象。这不仅严重影响到中国的国际信用，而且还极大地影响了中国国家软实力的建构和提升。美国高盛公司咨询顾问雷默就认为，中国目前最大的"战略威胁"之一，就是其

---

① 吴俊刚：《期待中华文明的复兴》，(新)《联合早报》2005 年 5 月 23 日。

② 〔美〕汉斯·摩根索：《国家间的政治》，杨鸣岐等译，商务印书馆 1993 年版，第 117 页。

③ 〔美〕爱德华·萨义德：《东方学》，王宇根译，三联书店 1999 年版，第 3 页。

"国家形象"。①他指出,在过去近30年中,中国的变化太快,以致"中国形象"难以适应中国现实变化的速度。国际社会对中国的看法常常是落伍的观念、固执的偏见和一味的恐惧。

可以说,百余年来,中国走的是一条被西方不断文化误读与妖魔化之路。这既严重地损害了中国的国家形象,也直接妨碍了国际社会对中国文化的认同与接纳。

造成中国国家形象危机的原因是多方面的。除了一些西方政治家根深蒂固的现实主义思想,认为"国强必霸"以及冷战思维的"幽灵"依然飘荡之外,还有一个重要的原因就是由于历史、自然、人文环境的不同而形成的国家之间的文化差异性,"对外部来说,文化崛起的缺失,更是构成了'中国威胁论'的一种根据……处理国际关系不仅仅是外交政策的事情,也需要有个文化上的交代"②。

文化的力量只能用文化去破解。"按照建构主义的理解,国际形象是由国际文化价值结构的相互身份认同关系所建构和表达出来的,树立一国的国际形象更应该诉诸国家之间文化观念的相互吸引,以寻求对彼此身份的积极认同。"③国家形象的形成是与国际关系体系中其他行为体长期的、持续的互动的产物。因此,在国家形象博弈日趋复杂的国际背景下,要树立良好的国家形象,建立积极的国际文化认同,就必须加强对外文化交流。

第一,对外文化交流能够不断改写国家的形象。文化作为不同国家相互区别的标志,是一个民族、一个国家在获取物质生活资料的过程中创造出来的精神成果。文化一旦形成,便作为一种外在的客观力量影响着人的思维方式,重构着人的社会价值观,制约着人的行为模式。不同的文化塑造了不同国家的价值取向和行为模式。因为"人的生存方式是文化方式:文化是唯独人具有的生活方式"④,"文化是人类生活的环境。人类生活的各个方面无不受着文化的影响,并随着文化的变化而变化。或者说,文化决定人们的存在,

---

　　①　〔美〕乔舒亚·库珀·雷默等:《中国形象——外国学者眼中的中国》,沈晓雷等译,社会科学文献出版社2006年版,第10页。

　　②　黄力之:《论国家形象视域中的文化软实力问题》,《宁夏社会科学》2011年第4期。

　　③　孙红霞、李爱华:《文化外交的独特价值》,《山东师范大学学报》(人文社会科学版)2007年第1期。

　　④　〔美〕怀特:《文化科学——人和文明的研究》,曹锦清等译,浙江人民出版社1988年版,第31~32页。

包括自我表达的方式以及情感流露的方式,思维方式、行为方式、解决问题的方式等。正是在这些一般情况下十分明显、习以为常,然而又很少加以研究的文化方面,以最深刻和最微妙的方式影响着人们的行为"①。某种意义上文化就是人的本质,人的形象。而国家是人格化的人。因而其形象也必然通过文化而建立。国家形象就是国家的文化形象。它是人类在创造文化的过程中形成的,所以也必然随着人类社会不同文化的交往和发展而不断演进并改变自身的形态。

国家形象既然是文化形象,那么全球范围内不同文化间的相互交流不但能够不断地建构和解构着受经济全球化冲击而日趋模糊的民族文化边界,民族的、地方的文化与外来文化在不断地撞击、相互激荡中而实现着否定与自我否定的持续变革和重构进程,同时也使人们在文化软实力的春风化雨、润物无声的浸染和作用中从过去传统、僵化的文化价值理念中解脱出来,打破旧印象、破除旧观念,在新的文化语境中重新认识和评判自我与他人的价值观念,进而形成和建立与现代人类社会发展新环境相适应的个人及社会的世界观、价值观和思维方式。

第二,对外文化交流可以引导、改变国际舆论导向。在国际政治中,有些国家形象是被媒体舆论"想象"出来或"建构"起来的。国际舆论是一国国家形象的"晴雨表"。正如马克思在《路易·波拿巴的雾月十八日》中用如下这样一句话——"他们无法表述自己,他们必须被别人表述"②来描述东方人的处境一样,如果你自己不去表达自己,就必然要被别人所表达、所叙说。显然,谁掌控了国际舆论的主动权,谁就能按照自己的意志和要求来打造自己的国家形象和描绘他国的形象。这是因为,"传播不仅表达也组织着全球化运动,并通过各种手段增殖和结构其中的关系。它不但表现而且控制着所有传播连接中的想象意义和方向"③。也就是说,"信息的生产、传播并不是一个纯客观的过程,它通常体现着传播媒介及其所属国家、所代表的机构的政治态度和立场,这就导致了全球传播过程中国家国际形象的歪曲性塑造"④。传播是文化的内在属性和基本特征。因此,掌握国际舆论的主动权和话语权,塑造一个良好的国家形象,无疑需要对外文化传播力的强力支持。

---

① Hall, isdward T. the Silent Language. Green WishConn 1959.

② 《马克思恩格斯选集》(第一卷),人民出版社 1976 年版,第 629 页。

③ 陈卫星:《传播的概念》,人民出版社 2004 年版,第 7 页。

④ 吴玉荣:《传媒全球化时代的中国国际形象战略》,《中国党政干部论坛》2002 年第 6 期。

在和平发展的征程上,中国借助对外文化交流,以东方人对东方的理解和话语方式而不是西方的视界表达自我,建构文化世界的自我形象,并解构国际社会有关中国的负面形象,这将极大地增强自身文化软实力的世界影响力,最大限度地维护国家文化安全。

(三)进一步推动中国对外经济合作与交流的需要

所谓经济合作与交流,是指一个主权国家在国际经济竞争中为实现本国经济利益最大化,依托和综合运用经济、贸易力量手段而开展的对外经济活动。冷战结束以来,经济因素随着军事斗争作用的下降而在世界各国综合国力竞争中的地位不断加强。从国际宏观环境来讲,冷战后不同国家间的国际经济往来联系日益密切,经济交往日趋频繁,开展国家间经济技术合作与交流,建立互利互惠的"共赢"式的国际经济关系模式已成为当前国际关系的重要内容。从国内微观情况来说,生产力水平和人民福祉事关各国政府的合法性存在,因此经济实力问题日益挑战着一个国家的政治神经,所以世界各国都不遗余力地将经济建设作为本国全部工作战略的重中之重,优中之优,富民强国成为世界不同国家经济发展的核心目标和共同价值追求。世界各国的外交,无论是双边的抑或是多边的,都必须服务、服从于这一战略目标,否则就要面临着政府垮台、倒塌之威胁。加快经济发展速度,增强国家的经济实力,已成为世界各国谋求有利的国际地位和主动权的可靠保证。而要实现经济发展的艰巨任务,除了内靠独立自主,把基本实现现代化放在自己力量的基点上外,还必须外求经济合作,通过不同国家之间的互通有无,来获取本国发展所需的各种资源。否则,就会延宕本国经济发展的步伐。所以自人类步入经济全球化以来,经济上的合作与交往受到世界各国前所未有的重视,成为世界各国谋求在全球和地区经济贸易地位、增加国家利益的最为直接和惯用的手段。举例来说,1993 年克林顿总统上台后不久即宣称:要把促进美国产品的出口作为自己的一项重要任务。为实现这一政策,他进行了多方面的外交努力,包括在出访中帮助美国波音公司推销飞机,通过与其他国家领导人的交涉为美国大公司争取外国大宗工程合同等。克林顿通过各种与经济有关的外交活动促进本国进出口贸易的发展。而在德国甚至把经济外交视作"保障未来的对外政策的重要组成部分"。

外交是内政的延续。经济合作的顺利进行,必须以创造良好的政治文化氛围为前提。一定意义上说，经济进程本身也是一种文化进程，经济资源的合作与交流往往蕴含着文化资源的合作与交流。文化发展是增强国力、提升国家经济竞争力的重要引擎。这是因为，不同国家之间存在着巨大的文化差异。文化决定经济背景，一个国家和地区的文化决定了当地人们的价值取向、行为准则及其对外交往程度与规模。不同的文化背景形成了各自不同的经济人格，形成了不同的经济、社会制度和不同的经济发展模式。①

良好的经济交往与合作必须是建立在对他国人民及其文化的正确认知、理解的基础上的。经济交往与合作要"知己知彼"，方能"百战不殆"。因此，要不断地推进不同文化背景的国家之间良好的经济合作与交流，做到与持有不同文化价值观和生活方式与习性的国家人民和睦相处，共同繁荣发展，就必须积极了解和学习他国的历史、文化、社会习俗，学习与他国人民交往的艺术、技能和行为规范。阿帕多拉伊说："地域文化只有借助全球化景观和'全球文化工业'，才能得到理解和分析。"②而成功的对外文化交流不仅能够为政府开展经济合作和发展战略提供决策参考和咨询，并根据他国的不同文化情况采取有针对性的经济合作方略，而且还能降低他国与本国的交易成本，增加该国的经贸机会，从而推动国家经济的发展。所以与以前"文化搭台，经济唱戏"，文化跟着经济走截然不同，现在则是经济随着文化跑。从一定意义上说，不同国家的文化交流与合作固然必须以国家间经济贸易合作发展为基础，但要进一步深化和开拓不同国家间的经济贸易合作，离开国家间的文化交流与合作是万万行不通的。在经济全球化的时代，文化间的交流与理解是文化发挥影响力的基础，已日益成为不同国家开展经济贸易合作的"文化使者"。如，近些年来，韩国为推介、销售本国经济和精神文化产品，吸引广大中国游客到韩国旅游，接连不断地在中国各地举行各种形式的文化节活动，从而成功地扩大了韩国的世界知名度和华夏人民对韩国文化的认同度。

新中国成立后，特别是改革开放以来，中国通过全方位、多层次、宽领域的对外开放格局，逐渐融入世界经济体系，创造了经济连续 30 年高速增长的奇迹，推动了国家综合国力的不断增强。尽管如此，以经济建设为中心，把发展经济和推进现代化建设作为战略目标仍然是今后中国国家的主要任

---

① 朱荣林：《现代经济理念》，学林出版社 2003 年版，第 86 页。
② 〔德〕乌·贝克·哈贝马斯：《全球化与政治》，杨雪冬等译，中央编译出版社 2000 年版，第 60 页。

务。充分利用国内和国际两种资源、两种力量，不断加强对外经济合作与交流，既是中国经济融入世界经济体系的重要渠道，亦是帮助中国经济实现迅猛增长的助推剂。正如2012年中共十八大报告所指出："要适应经济全球化新形势，必须实行更加积极主动的开放战略，完善互利共赢、多元平衡、安全高效的开放型经济体系。"这就需要依赖"软实力"的作用，增强彼此不同文化的了解度。换言之，通过对外文化交流增强中华文化的国际影响力，是促进国家间经济合作与交流，推动区域合作和国际一体化进程，提升国家综合国力和国际竞争力的必然要求。

四、输出中国的机遇与挑战

显然，文化在综合国力竞争中的作用不断凸显，文化与经济、政治也日渐融合的国际形势下，加强对外文化交流，对中国提升文化软实力具有更大的意义。当然，国际国内形势是复杂多变的。在和平与发展的时代条件下，中国要取得对外文化交流的新成就，可以说既充满着机遇也富有严峻的挑战。

（一）中国对外文化交流的机遇

中国对外文化交流的机遇主要表现在以下三个方面。

1.强大的综合国力为中国对外文化交流奠定了坚实的物质基础

当今时代是一个综合国力竞争的时代。一个国家综合国力的强弱直接影响到它在国际上的任何活动，经济活动如此，政治活动如此，文化活动也如此。从这点意义上来说，综合国力是文化交流、文化输出的基础和后盾。美国之所以能够推行文化霸权主义，主要原因就在于美国拥有雄厚的综合国力。

改革开放以来，中国作为发展中的大国，综合国力日益强大。尤其是近十年的飞速发展，综合国力激增。中国共产党的十八大用了三个大台阶进行了描述，指出：社会生产力、经济实力、科技实力迈上一个大台阶，人民生活水平、居民收入水平、社会保障水平迈上一个大台阶，综合国力、国际竞争力、国际影响力迈上一个大台阶。这三个大台阶说明，中国作为一个正在崛起的大国赫然屹立于世界的东方。

从经济上讲,中国经济大幅度增长。"在 21 世纪的第一个十年中,中国经济总量先后超过意大利、法国、英国、德国、日本等传统经济强国,成为世界第二大经济体,中国经济总量从 2000 年占世界总量不足 4%提高到 2012年 11%左右。1978 年中国国内生产总值只有 1482 亿美元, 到 2012 年超过74260 亿美元,美国、中国、日本、德国等国家国内生产总值占世界比重分别为 21.2%、10.2%、8.2%和 5.0%。1978 年至 2008 年中国国内生产总值年均增长幅度 9.6%,2003—2011 年年均增长达到 10.7%。2012 年中国实现国内生产总值 8.227 万美元,是美国国内生产总值的 52%,比 20 年前仅仅是美国的6.7%高出了 7 倍多。"①就人均而言,也有大幅度提高,2013 年中国人均国内生产总值为 6920 美元,已达到中上等收入国家水平。建国以来,特别是改革开放以来,中国坚定不移地推进社会主义现代化建设,中国的经济社会发展取得了辉煌的成就,综合国力上了大台阶。作为世界第二大经济体,中国硬实力的提升已世所公认。

中国在经济上创造了令世界瞩目的"中国奇迹"的同时,在政治建设、文化建设、社会建设以及生态文明建设上也取得了长足的进步,综合国力显著增强, 国际地位不断提升。以文化建设为例,"2012 年中国 PCT 国际专利申请量、国际科技论文数量均居世界第一位, 中国科技人力资源总量已达到3850 万人,研发人员总数达 109 万人,分别居世界第一位和第二位,2012 年在核心期刊发表论文年度已超过 52 万件,超过排在第一位的美国"②。

一般说来,强大的硬实力既会为软实力的提升提供坚实的物质基础,同时还会使软实力具有更大的吸引力。"物质上的成功使得一种文化和思想变得具有吸引力,而经济和军事上的失败则会导致缺乏自信和特性危机。"③中国近几年取得的一切成绩证明,中国现在已经拥有强大的综合国力,这就为中国的对外文化交流、文化输出提供强大的实力保障。正如有学者所言:"中国的经济活力是其日益增长的实力的核心——不仅是硬实力的核心,而且是软实力发展的重要基础和推动力……没有经济实力的迅猛增长, 中国文化充其量只能吸引国外某些知识精英的青睐, 存在于优先的学者书斋之中……从这种意义上, 硬实力的发展和强大对于文化软实力的提升具有重要意义。"④

---

① ② 陈文玲:《未来十年中国经济发展趋势研判》,《南京社会科学》2014 年第 1 期。

③ 陈正良:《中国"软实力"发展战略研究》,人民出版社 2008 年版,第 26 页。

④ 唐晋主编:《论剑:崛起进程中的中国式软实力》(壹),人民出版社 2008 年版,第 6~7 页。

2.博大精深的文化为中国对外交流提供了雄厚的文化资源

"文化资源是资源的一种形式,相对于其他资源来说,它是一种特殊的资源,它指的是具有文化属性的各种资料,包括物质资料和精神资料等。从来源上看,文化资源蕴藏于深厚的历史文化传统之中,是在人类社会历史文化长河中逐渐形成的"①。中国有着五千多年的文明史,文化积淀很深,"我国有极为丰富的文化资源。历史文化资源方面,重要历史人物、重大历史事件不胜枚举;民族文化资源方面,56个民族的民族文化资源多姿多彩,极为丰富;现代文化资源方面,各种社会思潮、思想流派异彩纷呈"②。在看得见摸得着的物质文化资源方面,我们有原生态的自然景观,湖泊、山川、园林、植被,数不胜数;我们有文化底蕴深厚的遗址、文物,名胜古迹遍布各地:"长城、明清皇宫(北京故宫、沈阳故宫)、泰山、莫高窟、秦始皇陵及兵马俑坑、周口店北京人遗址、黄山、承德避暑山庄及周围庙宇、曲阜孔庙孔林孔府、武当山古建筑群、拉萨布达拉宫历史建筑群、庐山国家公园、峨眉山风景名胜区……这些文物、遗址与景观穿越历史烟尘,多方面展示了我国的悠久历史和灿烂文化,成为引人注目的重要文化资源"③。

在看不见摸不着的精神文化资源方面,我们有儒家、墨家、道家、法家等传统思想,我们有自强不息、艰苦奋斗的精神,我们有海纳百川、厚德载物的胸怀,有忠孝仁义、信礼智勇、尊老爱幼的情操,还有修身、治国、平天下的抱负。此外,我们还有丰厚的非物质资源,比如我国民间文化中的口头文学、语言文字,有神话、史诗、民歌、寓言,有民俗礼仪、民间祭典,我们还有古乐艺术、昆曲、京剧、豫剧、舞蹈等非物质文化。

中国几千年的文明史使中国文化资源有着无与伦比的优势。④作为国家文化软实力的重要载体,这些取之不尽、用之不竭的丰厚悠久的文化资源,为我们创造文化产品,加强文化输出,打造文化强国,打下了雄厚的资源基础。

---

① 张胜冰:《文化资源与文化产业》,湖南文艺出版社2008年版,第7页。

② 程惠哲:《新时期文化产业发展回顾与现状》[EB/OL].http://www.ce.cn/xwzx/gnsz/gdxw/200805/14/t20080514 _15463760.shtml.

③ 姚伟钧:《从文化资源到文化产业——历史文化资源的保护与开发》,华中师范大学出版社,2012年版,第10页。

④ Bates Gill and Yanzhong Huang, sources and limits of Chinese "Soft Power", *Survial*, Vol.48,No.2, Sununer 2006,p.17.

3.世界不断增长的文化需求为中国文化"走出去"提供了有利的条件

随着全球化进程的加快、地球村的逐渐形成,国与国之间的人才流动开始变得越发频繁。这些人才由于出生地和成长环境的不同,形成了不同的文化价值观,不同的文化观念在交流过程中不可避免地会发生冲突与碰撞。为避免不同文化之间的隔阂,人们在流动之前总是先主动了解所到地区、国家的文化,这种需求便促成了异地文化的传播。从世界范围来看,这就形成了全球的文化需求。

另一方面,伴随着世界经济的发展,世界人民的生活水平在不断地提高。根据马斯洛人类心理需求的"五层次"学说,人们在物质需要和基础性安全需要得到满足之后,就会转向自我认同、自我实现等精神文化需求。换言之,当人们的物质需要日益得到满足时,精神文化需要也就提上了日程。按照一般国际理论,人均国内生产总值达到 3000 美元是文化消费高涨的临界点,人们消费结构会发生明显变化,即精神文化消费比重会不断增加,物质消费比重逐渐减少;人均国内生产总值达到 4000 美元时则是爆发期。当前世界就发展到了这一阶段,人们渴望了解多国文化,以满足精神需求。而经济全球化的到来,进一步刺激了这种文化渴望。由于经济全球化形成了世界大市场,各种产品在世界市场内快速流动,蕴藏在各种产品之中的文化内涵同样在流动中激起了人们的兴趣,人们也需要了解这一文化。加之互联网的快速发展,也为人们的文化需求创造了条件。于是,在诸多因素的促成下,世界经济政治格局发生了新变化——全球文化需求凸显出来。

就中国而言,中国的人均国内生产总值 2007 年底已达到 3000 美元,处于文化消费的快速增长期。这为文化的发展提供了更为广阔的市场空间。一方面, 中国人的精神文化消费呈现出水涨船高的发展态势。一是表现在量上,内容要丰富、数量要多;二是反映在质上,质量要优,需要文化上品、文化精品,反对文化垃圾;三是表现形式上,要求形式多样,品种繁多。①在这种形势下,文化开放势所必然。

另一方面,世界对中国文化了解的需求日趋增多。特别是 1978 年以来,随着中国国际经济、政治地位的不断提高,综合国力的日趋强大,以及对 2008 年国际金融危机以来中国这边风景独好的未来预期,都导致越来越多的外国人和学者开始关注、留意中国,越来越多的外国人因身边的"中国制

---

① 康凤云,张艳国:《当代中国文化发展论》,《当代世界社会主义问题》2010 年第 2 期。

造"和越来越多的中国面孔而开始试图了解中国,甚至想要学习中国。因此,让世界了解中国、信任中国,与中国分享成功的经验,已经成为中国继续提高国际政治、经济地位不可缺少的内容,也成为中国对外文化交流,提高国家"软实力"的重要组成部分和不可多得的战略机遇。

总之,中国综合国力的增强和国际地位的提升,需要中国和世界进行更加深入的相互了解,这就为中国的对外文化交流、文化输出提供了难得的机遇。

(二)中国对外文化交流的现实境遇

新中国 60 多年的发展历史,特别是 1978 年改革开放以来所取得的巨大成就,不仅改变了自己积贫积弱的落后面貌和国家形象,而且还改变了世界经济和政治格局,提高了中国的文化软实力。约书亚·柯兰齐克在其《魅力攻势——中国的软实力如何改变世界》一书中说道:"中国的软实力外交明显改变了它在亚洲乃至世界其他地区的形象,使它在国际舞台上变得更积极活跃而富有建设性,甚至于很多国家现在更喜欢中国,而非美国了。"①但是我们也必须看到,伴随着文化全球化历史进程的推进,中国在对外文化交往方面也面临着一系列不安全因素的威胁与挑战。

1.中国对外文化交流面临的国际形势严峻

中国对外文化交流面临严峻的国际形势,主要表现在以下四个方面:

(1)文化霸权主义的侵蚀。"文化霸权"(Cultural Hegemong)最早是意大利马克思主义理论家安东尼奥·葛兰西在 20 世纪 30 年代提出的。葛兰西认为, 一个国家的统治权既包括政治领导权也包括智识与道德的领导权,是二者的统一。他在《狱中札记》一文中这样写道:"一个社会集团的领导权地位表现在以下两个方面,即'统治'和'智识与道德的领导权'。一个社会集团统治着它往往会'清除'或者甚至以武力来制服的敌对集团,他领导着同类的结盟的集团。一个社会集团能够也必须在赢得政权之前开始行使'领导权'(这就是赢得政权的首要条件之一);当它行使政权的时候就最终成了统治者,但它即使是牢牢地掌握了政权,也必须继续以往的'领导'。"②在葛兰西看来,统治阶级统治社会不应通过暴力形式强制进行,而是通过

---

① 《中国依靠软实力屹立于世界》, 2007 年 6 月 6 日, http://www. huaxia. com /zt/2001–23 /b/20 07 /00631689. html.

② 〔意〕安东尼奥·葛兰西:《狱中札记》,曹雷雨等译,中国社会科学出版社 2000 年版,第 38 页。

推行道德、知识、信仰、价值观等引导社会，获得社会大多数人的认同，以达到控制社会的目的。不仅如此，他还坚持认为相对于一个国家的政治领导权，智识与道德的领导权即文化的领导权更为重要。当这一概念被引进世界文化关系研究的范畴时，它是指一国把自己的文化强加于他国的强权文化行为。

近年来，随着资本的全球扩张，西方发达国家依赖于暴力手段建立世界霸权的行径已成"明日黄花"。为了继续维护霸权主义，西方发达国家将其视线转移到了意识形态领域，葛兰西的文化霸权理论就被西方发达国家所借用，给其新时代的殖民扩张披上了合法的外衣。文化霸权的原本含义也就被文化殖民所取代。正如萨义德所说："帝国主义向过去一样，在具体的政治、意识形态、经济和社会活动中，也在一般的文化领域里继续存在。"①

"文化霸权主义"在当代主要表现为采用强权政治的手段强行向他国推行西方的文化价值观，试图通过文化的"感染力"实现其利用军事、政治和经济手段难以达到的目的，最终达到"不战而屈人之兵"的战略目标。就像丹尼尔·贝尔所说的：文化霸权"意味着某个单一群体影响下形成了一种为当代民众广为接受的主宰世界观"②。美国是当今世界唯一的超级大国。为维持世界"龙头老大"的地位，美国凭借其他国家难望其项背的经济、科技实力，在推行强权政治的同时，加紧推行文化霸权主义政策，试图以美国的政治制度、价值观念作为国际普世价值输送到世界其他国家，实现世界的"美国化"。前美国总统国家安全事务顾问布热津斯基对此就曾直言不讳地指出："削弱民族国家的主权，增强美国文化作为世界各国'榜样'的文化和意识形态力量，是美国维持其霸权地位所必须实施的战略。"③

美国的文化霸权主义以非此即彼的二元对立的冷战思维范式来看待"他者"的文化。其所传播的文化价值观以及生活方式深深地影响着世界那些"弱小国家"的文化价值认同，从而使人们逐渐丧失对本土文化的信念和认同，同时也对人类文化生态的多样性造成了严重破坏。人类社会发展的根本动力就在于它的文化多样性存在。在人类文明发展进程中，虽然不同民族、不同国家创造的文化是不同的，各有其地域和民族特色，但这些文明成

① 〔美〕爱德华·萨义德：《文化与帝国主义》，李琨译，三联书店2003年版，第10页。

② 〔美〕丹尼尔·贝尔：《资本主义文化矛盾》，赵一凡、蒲隆、任晓晋译，三联书店1989年版，第33页。

③ 赵鲁杰等：《美国全球霸权与中国命运》，北京出版社1999年版，第13页。

果之间没有高低和优劣之分,都是人类文明的共同财富。正如自然界维持生态平衡必须有多种多样的生物物种存在一样,世界任何文化的发展同样也需要适宜的多样性的文化生态环境。2001年11月联合国教科文组织第31届大会通过的《联合国教科文组织文化多样性宣言》就明确指出:"文化在不同的时代和不同的地方采取了多样化的表现形式……作为一种交流、创新和创造的源泉,文化多样性对于人类就像生物多样性对于自然界一样是必不可少的,从这个意义上说,文化多样性是人类的共同遗产,应该为了当今和未来时代人类的利益而予以承认和肯定。"可见,文化霸权主义的恣意横行必将威胁文化生态的平衡,导致文化"物种"的灭亡。

奉行文化开放主义是改革开放后的中国的基本国策。显然,置身于文化全球化大潮中的中国,自然不可避免地面临着文化霸权主义的侵蚀。

(2)文化保护主义的壁垒。每个国家、每个民族都有自己的本土文化,这些文化渗透于社会生活的方方面面,影响着人民的思想和行为,所以本土文化在维护社会稳定方面发挥着不可替代的基础作用。然而伴随着文化全球化的发展,世界各种文化的加速融合与传播,文化产品和服务中凝结的外来文化的价值观、生活方式,对世界各民族国家的本土固有文化形成强烈冲击。特别是占据主导地位的西方强势文化以非对等的和非平衡的信息流动对后发国家的弱势文化进行冲击,"由全球完全资本主义化所产生的对非欧洲文化的现代化压力变得更为强大而且广泛存在"①。

许多发展中国家为保护自己本民族的优秀传统文化在自觉或不自觉的情况下实行了文化贸易保护主义。一方面,通过立法和制定政策,限制国外文化产品的引进,以减小本国文化产品与国外文化产品的竞争;另一方面,为本国文化产品提供较多的优惠政策,以增强本国文化产品在国际上的竞争力。比如,蒙古国前总统那·恩赫巴雅尔在北京大学的演讲中谈到全球化对蒙古文化的影响时说道:"蒙古是个小国,但有自身丰富的文化、语言、传统和历史,在全球化的压力下保护祖先创造的文化遗产对我们十分重要。不久的将来,全球化的世界将面临偏远地区的人类文明及其独特文化消亡的威胁。在蒙古,某些外国文化的持续入侵正引起不安和关注,从长远角度讲这将威胁我们的语言、文化和传统。事实上全球化

---

① 〔德〕赖特·特茨拉夫:《全球化压力下的世界文化》,吴志成等译,江西人民出版社2001年版,第15页。

的文化压力已经渗入到传统价值观,如家庭价值领域中。"①文化全球化的压力迫使蒙古等发展中国家高度关注对自身文化的认同,并采取措施维护国家的文化安全。

除了发展中国家多措并举保护自己的民族文化,维护自己的国际文化利益外,"为了抵制殖民文化的入侵,各民族国家尤其是欧洲国家均在很大程度上采取了文化保护主义政策:扶植民族文化的创新,限制外国文化的进入"②。比如,早在 20 世纪末,面对美国的文化贸易逆差,法国就认识到单一文化的危险性。为抵制和限制美国文化娱乐产品在法国的销售、传播,保护法国文化和文化产业,法国规定法国的电视和广播节目至少有40%的时间要使用法语,并明确规定国产商品的商标必须使用法文。韩国"立志于国语发展和国语文化创造";俄罗斯则把保护母语纳入了国家安全战略。③

即使是世界最发达国家美国也不例外。虽然美国没有文化部,也没有明确的文化立法,但一方面美国政府采取一系列政策扶持文化产品出口,把"弘扬美国式的价值观、民主制度和生活方式,推向全球每个角落,对外国文化产生影响"④,以维护自己的国家利益;另一方面,美国采取了诸多措施限制他国文化产品的有效输入。中国文化部文化产业司司长刘玉珠就谈到美国对他国文化产品的限制政策很"高明",例如美国允许中国的电影到美国来,采取的方式是鼓励企业把中国电影买过来,但只是放在那儿,而不放映。⑤花钱购买中国的文化产品而不予消费的政策,其目的就是要最大程度地限制中国文化产品的意识形态在美国的传播与渗透。比如,近年来,美国通过世贸组织,就文化产品和服务市场的准入问题多次向我国施压,要求我们给予其文化企业以国民待遇,使他们的电影、出版物、网络文化自由进入中国。同时,美国还以各种理由和借口为中国文化的进入设置障碍。以孔子学院为例。由于美国认为"孔子学院失控的扩张代表着一种威胁,这种威胁既来自于其作为中国海外软实力建设的工具,也来自于其作为一个潜在的情报收

① 林建华:《余音绕园——外国政要北大讲演录(1998—2008)》,北京大学出版社 2008 年版,第243 页。

② 陈昕:《努力提高民族文化的创新能力》,《文汇报》2002 年 1 月 11 日。

③ 崔景明:《经济全球化视阈下中国文化安全问题探》,《胜利油田党校学报》2008 年第 2 期。

④ 张国玉:《国家利益与文化政策》,广东人民出版社 2005 年版,第 145 页。

⑤ 项江涛:《文化产业:多重价值的呈现》,《中国社会科学报》2011 年 7 月 26 日。

集机构"①,所以孔子学院的开办在美国等一些国家遭遇了一定程度的抵制。虽然美国已成为全世界设立孔子学院和孔子课堂最多的国家——截至2013年4月10日,已有92所孔子学院及逾300个孔子课堂,如斯坦福大学、哥伦比亚大学、芝加哥大学等一流名校都已设立了孔子学院——但由于一些高校担心中国政府可能会对其进行政治干预,所以包括哈佛大学在内的一些顶尖大学都没有接受中国资金开办孔子学院。2012年3月,美国国会外交事务监督与调查专门委员会在就"中国公共外交代价"举行听证会时,有的国会众议员甚至指责中国通过私营媒体和公共教育"进行宣传"。在德国、英国也是如此。2011年下半年,孔子学院在德国遭遇围堵,导致大量热衷于学习汉语的德国学生被迫辍学。这种情况之所以发生,固然有一些是出于对孔子学院的误解,但其中的文化保护主义也是一个不可忽视的因素。

无论是发展中国家还是发达国家,都在实行文化保护主义。中国要建设社会主义文化的强国,并通过对外文化交流使中华文化"走出去",提升中华文化的世界影响力,自然会受到别国文化保护主义堡垒的限制。

(3)意识形态的渗透与西方国家的和平演变。"和平演变"是由美国总统艾森豪威尔在20世纪50年代提出的。它是西方资本主义国家在无法用武力彻底消灭社会主义的情况下,被迫提出的一种非直接军事冲突的斗争战略。这一战略旨在通过意识形态领域的渗透,迫使社会主义国家内部发生有利于西方资本主义的演变。

冷战结束以来,虽然随着国际关系非意识形态化的呼声与趋势日益高涨和明显,社会主义与资本主义之间那种赤裸裸的、公开对抗已一去不复返。但不同制度之间的政治意识形态之争并未因此而马放南山、偃旗息鼓,"反共就像是骑兵的冲锋号,唤起美国还有另一项外交使命要去完成,这种行为完全符合美国把世界划分为罪恶与美德两个极端。反共一直是决策者们要达到的目的"②。

20世纪90年代苏东剧变后,中国作为世界上最大的社会主义国家,自然引起西方敌对国家和势力的强烈不满和极端仇视。早在1989年,时任美国

---

① Adam McDowell. Are China'sConfucius Institutes in Canada cultureclubs or spy outposts [EB/OL]. http://hinaview.wordpress.com/2010/07/09/are-chinas-confucius-institutes-in-canaa-cul-ture-clubs-or-spy-outposts/. 2010-07-09/2011-06-06.

② George McGovern. A Time of War-A Time of Peace.NewYork:Vintage Books, 1968.pp.178-180.

总统的布什就曾在西方七国首脑会议上呼吁：西方各国要打好一场没有硝烟的"新的世界大战"，可能要用二三十年时间，届时将有可能融化掉社会主义，从而建立起一个以西方文明为指导的新世界。①中国现在已是树大招风，树欲静而风不止。为了打压中国，他们以世界道义形象自诩，在对中国挥舞大棒的同时，还以人权和民主"祖师爷"的架势对中国国内政治进行说教和诱导，从道德高地上围剿中国，企图像东欧剧变一样，"西化、分化"中国，一举颠覆中国共产党和中国的社会主义制度。为此，美国等西方国家和敌对势力在策略上作了重大调整，采取各种手段猛烈地展开对中国的西化行动。

在广播电台上，启动对华升级，建立了主要针对中国的自由亚洲电台，美国之音也加长了对华广播的时间，并扬言最终目标是实现全天 24 小时广播。美国《2002—2007 年国际广播战略规划》中，还明确地把对中国和俄罗斯的广播宣传列为五年规划的工作重点。②

进入 21 世纪以后，伴随着中国网民的不断增加，西方敌对势力的注意力也由现实物理空间扩展到网络虚拟社会。他们开设网站，扭曲事实，歪曲、丑化中国文化的主旋律，侵蚀消磨中国人民的世界观、价值观、人生观，并把西方推行的那一套，以更加灵活多样的方式渗透到中国各方面、各领域。

除此之外，他们还用间接的手法，以比较隐晦的方式，把西方社会的生活方式、价值观念、政治模式"嵌入"到电视、电影、音乐等文化产品之中。用文化产品对我们进行意识形态上的渗透。特别是近些年来，为了增加对中国人民的吸引力，不少文化产品都以中国方式进行包装，注入了大量中国元素。这种潜移默化的文化渗透使不少中国人在无意识的情况下认同和接受了美国文化，甚至部分人还十分推崇美国文化。从长远来看，西方意识形态的渗透对我们来说是非常危险的，也是难以杜绝的，这也是我们面临的巨大挑战。

（4）不合理的国际文化秩序。国际秩序是由国际关系主要行为主体，为维护国际利益分配，巩固既定格局，而制定的共同遵守的机制与准则。国际文化秩序则是文化领域中必须共同遵守的机制和准则。它是"国际文化关系的行为主体基于现实的文化利益分配和理想的文化利益追求，依据一定的

---

①　转引自郑杭生：《美国民主价值观的虚伪性》，《人民日报》1999 年 6 月 1 日。

②　朱金平：《舆论战》，中国言实出版社 2005 年版，第 225 页。

制度、准则、规范和机制而形成的相对稳定的国际文化关系"①。

在和平与发展成为时代主题的今天，世界各国实现了政治平等与国家主权独立，但徒有其表。这仅仅是形式上的平等与独立，实际上"西方大国长期以来所主导的旧秩序的一些本质特征却依然顽固地保留下来，反映在国际文化秩序上，即为西方文化的强势主导和多元文化的不平衡对峙"②。这就是当前一强多元的国际文化秩序。这种国际文化秩序破坏了国际社会权利和义务的平等原则，导致弱穷的发展中国家的权益受到严重侵害，显然是不公正、不合理的。特别是以美国为首的发达国家凭借自身优势和实力，通过各种方式，肆无忌惮地把西方价值观念、生活模式强加于世界各地，尤其是广大的发展中国家，并以它们的思想观念来改造世界，改造大众意识，这种强势行径，使其在国际文化秩序中居于独一无二的主导地位。

美国主导建立的国际关系秩序减少了美国对外战略实施的成本，进一步强化了其在文化领域的霸权地位。统计表明，21世纪初世界2/3的新闻信息来自仅占世界人口1/7的发达国家，发展中国家60%的新闻内容来自发达国家。③另一方面，恶化了以中国为代表的广大发展中国家在国际秩序中的文化地位，甚至造成这些国家某种程度上对西方文化的依赖，使本民族、本国家文化认同受到严重冲击。

2.中国对外文化交流面对的国内现实问题

中国现已成为仅次于美国的世界第二大经济体，全球贸易第一大输出国。尽管近年来中国的对外文化交流取得了快速发展，但文化软实力与中华文化的深厚底蕴和现在的国际地位还不相称。中国文化在世界的竞争力、影响力仍不及中国在国际经贸发展方面具有的影响力。如果说中国是一个经济发展中国家的话，那么中国的文化软实力如同中国是一个发展中国家一样，也处于"发展中"的进程中。中国的对外文化发展中存在着一系列亟待解决的问题和困境。正如有的学者所说："作为后起的大国，中国与发达国家尤其是美国相比，差距最大的不是国内生产总值和军事实力，而是各种软力量。这些软力量包括内部软力量如制度创新、人力资源、文化辐射力、凝聚力

---

① 韩源：《国家文化安全论：全球化背景下的中国战略》，社会科学文献出版社2013年版，第242页。

② 马方方：《中国特色经济民主与中美关系》，时事出版社2012年版，第215页。

③ 赵启正：《加强亚洲媒体建设》，《光明日报》2002年4月14日。

和亲和力、高科技研发能力和外部软力量如国家形象、国际机制和控制力、国际规则的创制力和国际义务的承担能力等。"①

（1）文化贸易结构严重失衡。文化贸易是当今国际贸易竞争的热点和焦点。改革开放 30 多年来，中国在文化贸易方面取得了一些重大成就。一方面，中国的文化贸易发展速度较快，成长为国际文化贸易增长最快的国家之一。从 2001 年至 2010 年，中国的核心文化产品和文化服务贸易的出口平均增速是 15.9% 和 28.7%。②另一方面，中国在国际文化贸易中的份额越来越重，地位越来越高。从 1998 年开始，中国开始跻身于世界文化商品进出口大国。世界文化商品市场由原来的"四强争霸"逐渐变成了"五强争锋"，美、日、德、法、中文化新"五强"占有了世界文化商品出口 53% 和世界文化产品进口的 57%。③

与国内其他产业的国际贸易相比，中国在文化产品和服务的出口方面存在着结构不合理的严重问题，主要表现在：

一是物质文化和非物质文化的输出结构失衡。英国人类学家泰勒说："文化或文明，就其广泛的民族学意义来讲，是一复合整体，包括知识、信仰、艺术、道德、法律、习俗以及作为一个社会成员的人所习得的其他一切能力和习惯。"④也就是说，一个国家的文化主要包括物质文化和非物质文化两部分内容。虽然中国近些年来的文化交流成效显著，但这其中大部分的功劳应归功于物质文化，而不是对世界影响力起决定性作用的非物质性文化。2006年 5 月，美国《新闻周刊》根据网民投票，评选出了进入 21 世纪以来世界最具影响力的十二大文化国家，以及代表这些国家文化的形象符号。中国排列第二，代表中国的二十大形象符号为：汉语、北京故宫、长城、苏州园林、孔子、道教、孙子兵法、兵马俑、莫高窟、唐帝国、丝绸、瓷器、京剧、少林寺、功夫、西游记、天坛、毛泽东、针灸、中国烹饪。其中属于物质文化或与物质文化相关的就占了绝大多数。其次才是艺术文化，如京剧、昆曲、武术、杂技、书法、绘画等等。

二是儒家等传统文化输出的比重要远远高于中国现代文化。任何一个

①　刘德斌：《"软权力"说的由来与发展》，《吉林大学社会科学学报》2004 年第 7 期。

②　《我国对外文化贸易步入战略机遇期》，http://finanee.sina.eom.en/eha 阳 ing/eyx 20120313/171611579527.shtml，2012 年 3 月 13 日。

③　联合国教科文组织：《文化、贸易和全球化》，转引自《文化研究》2003 年第 5 期。

④　〔英〕爱德华·泰勒：《原始文化》，连树声等译，广西师范大学出版社 2005 年版，第 1 页。

国家的文化既包括传统文化也包括现代文化。一个民族的文化传统和文化遗产无疑是对外文化交流的主要内容。但是只有反映一个国家现代生活方式和思维理念的文化，才能造就本国、本民族文化的辉煌。无庸讳言，尽管这些年中国文化的输出结构有所改观，但相对于中国的现代文化，给全世界人民留下了深刻印象并为其津津乐道的还是中国传统文化。中国现代文化在世界上的魅力和影响却远远比不上传统文化。数据显示，相对中国现代文化（34%），海外公众更关注中国传统文化（66%）。①传统文化和现代文化都是国家文化软实力的源泉，二者相辅相成、相互促进。中国文化结构层次的脱节不但影响了中国综合国力的提升，也使得外国人对中国的认识仅仅停留在过去的刻板印象上。

三是文化贸易结构不合理。文化产业是一个以精神文化产品的生产、交换和消费为主要内容和特征的产业系统。根据国家统计局2004年3月发布的《文化及相关产业分类》标准，文化产业结构被划分为三个层级：文化产业核心层、文化产业外围层和相关文化产业层。其中，文化产业"核心层"主要包括新闻出版、广播影视、文化艺术和文化研究、文化社团等。"外围层"以网络文化服务、旅游、休闲娱乐、经纪代理、广告会展等新兴文化服务业为主；相关文化产业层则主要包括文化用品、设备及包括工艺品在内的相关文化产品生产和销售。就三者之间的关系而言，相关层应服从、服务于前两者。但在中国对外文化产品输出中，次序则恰好相反。目前，在中国文化贸易的产品结构中，中国出口文化商品中的50%以上是游戏设备、文教娱乐和体育器材，而文化内容和文化服务等软件方面的出口则少得可怜。也就是说，文化产品在中国文化出口贸易额中所占份额相当高，而文化服务，特别是核心文化服务如版权和文化休闲娱乐服务在中国的文化服务出口中所占比例非常低。②这也就难怪一位美国研究者说："中国在能够输出任何其他东西的同时，却仍然在进口政策思想。"③（见图3—1）

---

① 冯惠玲、胡百精：《北京奥运会与文化中国国家形象构》，《中国人民大学学报》2008年第4期。

② 方英、李怀亮、孙丽岩：《中国文化贸易结构和贸易竞争力分析》，《商业研究》2012年第1期。

③ Mukul Devichand. How the WestShaped China's Hidden Battle of Ideas. BBCNews, 9 July 2012, http://www.bbc.co.uk/nes/magazine–18741088.

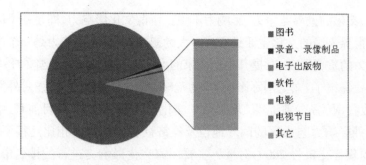

资料来源:中国新闻出版总局《2013 年全国新闻出版业基本情况》

图 3-1 2012 年中国对外文化贸易产品结构图

四是文化贸易的市场结构不合理。全方位对外开放是中国文化发展的基本要求,但目前中国国际文化市场的分布并不均衡,主要集中于发达国家和地区。以 2012 年为例,2012 年中国文化服务的主要贸易伙伴是美国、欧盟和东盟,三者进出口总额合计占我国文化服务贸易总额的 57.4 %。其中我国出口文化服务 27% 流向美国,23%流向欧盟,而我国文化产品进口的主要来源是台湾、欧盟、美国和日本,四者进口总额合计占我国文化产品进口总额的 66.6%。①(见图 3—2)而面对世界新兴经济体和第三世界国家的文化服务可开发市场则显得过于狭小,这不利于提高中国文化的软实力。

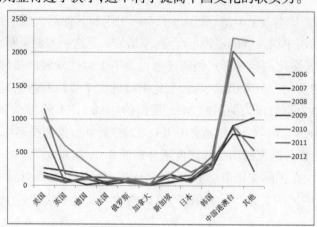

资料来源:中国新闻出版总局《2013 年全国新闻出版业基本情况》

图 3-2 2012 年中国对外版权主要输出地概况

---

① 武晓荣、王晓芳:《中国文化服务贸易现状与对策研究》,《北京联合大学学报》(人文社会科学版)2013 年第 5 期。

（2）文化的世界竞争力、影响力不强。所谓文化影响力，即是一个国家的文化对世界人民的文化生活到底有多大的影响。[①]文化影响力是一个国家文化软实力的重要展现，对提升一个国家的大国地位至关重要。党的十七大第一次正式提出了"文化国际影响力"的范畴，指出并强调要"加强对外文化交流，吸收各国优秀文明成果，增强中华文化国际影响力"。从目前看，中国文化的对外影响力与中国的国际地位及经济社会发展水平相比还很不相称。在《中国现代化报告 2009》对世界主要国家文化影响力进行的排名中，中国的文化影响力排在美国、德国、英国、法国、意大利、西班牙之后，位居世界第七位。

一是在世界文化市场中所占的份额较小。国际文化市场占有率指标是一国文化出口总额占世界出口市场总额的比例，主要反映着一国文化出口的整体竞争力。改革开放以来，中国的文化在国际竞争与对外交流中明显处于弱势，没有赢得世界文化大国的身份。无论是从中国对西方社会的影响力来看，还是从中国文化占有的国际市场份额上来讲，中国的文化软实力都远远不及美国、英国、法国等成熟的文化市场，也离中国所期待的国际文化交易中心的目标相距甚远。"虽然改革开放使中国创造了连续 20 多年经济高速增长的奇迹……但是我们这个有悠久文明史的大国，却没有赢得'文化大国'的美誉。综观世界文化市场，美国占了 43%；欧盟占了 34%；亚太地区占了 19%，其中日本占了 10%，韩国占了 5%，中国和其他亚太国家共占 4%。这种状况显然同中国发展的规模不配套、不适应。"[②]这一方面说明在国际文化竞争中，中国文化内容与形式创新还远远跟不上时代发展的步伐；另一方面表明中国的文化竞争力仍然很弱，文化出口能力不强。有数据显示，中国文化产业竞争力指数仅为美国的 24%、英国的 29%、日本的 38%。"我国的文化产业竞争力在世界 15 个国家中以 0.22 的竞争力指数排名倒数第一，比同属于第三世界国家的南非和印度还分别低 0.01 和 0.02"[③]。如何提高文化竞争力，扩大在国际文化市场上的份额，让更多的国外受众看到中国的文化作品，享受中国的文化产品和服务，更快地壮大文化软实力，仍然是当代中

---

① 王豫刚、邓喻静等：《文化国际影响力的中国命题》，《环球》2009 年第 9 期。

② 张国祚：《"文化中国"喷薄欲出》，《半月谈》2007 年第 22 期。

③ 张晓明、胡惠林、章建刚：《2010 年中国文化产业发展报》，社会科学出版社 2010 年版，第 30 页。

国面临的一个难题。

二是文化贸易存在巨大的"赤字"。国际文化贸易是世界各经济体之间所进行的跨越国界的文化交换活动，它既包括文化商品也包括文化服务贸易活动，是有形的商品形态与无形的文化服务形态的统一体。今天，文化贸易已经成为国际贸易中重要的组成部分，各国都积极发展文化贸易，以此获得经济利益并巩固和提升本国的文化软实力。根据联合国教科文组织提供的资料，文化市场日益全球化，国际文化产品和服务贸易数额呈几何级数增长。①早在2009年，根据世界贸易组织发布的相关数据表明，中国已经成为全球第一出口国。据商务部发布的信息，从2001年到2010年，中国文化产品和服务出口规模分别增长了2.8倍和8.7倍，图书版权进出口比例从2003年的9∶1下降到2010年的3∶1。（见表3—1）

表3—1 2008—2012年中国主要文化产品进出口贸易额情况汇总

年份 \ 数据 \ 名称	图书、报纸、期刊（万美元）			音像制品、电子出版物（万美元）			版权（种数）		
	出口	进口	差额	出口	进口	差额	出口	进口	差额
2008	3487.25	24061.40	−20574.15	101.32	4556.81	−4455.49	2455	16969	−14514
2009	3437.72	24505.77	−21067.55	61.11	6527.06	−6465.95	4205	13793	−9588
2010	3711.00	26008.53	−22297.53	47.61	11382.70	−11335.09	5691	16602	−10911
2011	5894.12	28373.26	−22479.14	1502.43	14134.78	−12632.35	7783	16639	−8856
2012	7282.58	30121.65	−22839.07	2191.50	16685.95	−14494.45	9365	17589	−8224

数据来源：中华人民共和国新闻出版总局《2008—2013年全国新闻出版业基本情况》。

与商品贸易长久以来的顺差形成鲜明对比的是，中国对外文化贸易近年来连续出现严重逆差。中国海关公布的统计数据显示，2010年，我国核心文化产品进出口总额虽然达143.9亿美元，但输入与输出之比仍高达3∶1；对欧美的图书进出口比例超过了100∶1；在演艺产品方面，海外在中国的文艺

---

① Guiomar Alonso Cano, eds., *Culture, Trade andGlobalization: Questions and Answers*, UN ESCOP-ublishing, 2000, p.15.

演出与中国在海外的商业文艺演出每场的收入之比约为 10∶1。可见,尽管最近几年我们的文化产品出口有较大的提高,但我国处于文化产品输入国的地位没有改变,我们的文化贸易赤字依然很严重。正如文化部部长蔡武曾说:"中国文化贸易逆差仍然较大,以演艺产品为例,中国引进和派出的文艺演出每场收入比约为 10∶1, 中国全部海外商业演出的年收入不到 1 亿美元,不及国外一个著名马戏团一年的海外演出收入。"①"一个国家的对外文化贸易,不仅仅具有经济的价值,而且具有外交、外宣功能,传播了它的意识形态和价值观念。"②文化贸易"赤字"的存在,不仅会对中国对外经贸的发展造成严重影响,而且也给中华民族的文化传承带来巨大的挑战,使广大民众在西方外来文化的冲击下失去了对自己的民族文化的集体记忆,从而削弱了对民族的文化认同,进而对中国文化安全和国家文化主权造成了威胁。

三是文化影响的地缘范围有限。文化具有潜移默化的影响作用。地缘文化影响力是衡量一个国家文化软实力的重要参考依据和指标。"在全球化背景下,国家资源实力(包括软实力)的意义在于国际关系性,其价值是在国家间的互动中通过不对等的权力关系体现出来的。也就是说,资源实力的价值不在于自我持有,而在于对外作用。可见,评估一国实力不仅要看资源数量,还要看其质量,看它在多大范围和程度上对其他国家施加了影响。"③也就是说,国家文化软实力的强弱主要体现在它的地缘文化的影响力、辐射力上。

经过改革开放几十年的探索与实践,当代中国的对外文化交流蓬勃发展,不论是在展现中国前所未有的文化多样性和丰富性方面,还是在展现中国富强、民主、文明、开放、包容的国际形象中,都发挥了积极的作用。但是由于中国的文化产业和文化贸易仍处于起步、成长的发展阶段,其参与全球文化竞争的能力较为有限,所以与美国等发达国家的文化影响力相比,"中国文化在世界的影响力以及它达到的高度远不及中国在国际政治和经济发展方面所具有的影响力"④。

一是物理空间的文化影响力有限。美国是当今世界的文化超级大国。它

①　张蔚然:《中国文化贸易逆差大　海外商演收入不及马戏团》〔EB/OL〕.http://www.chinanews.com/cul/news/2010/04-28/2251290.shtm.

②　丁伟:《发展中国对外文化贸易的历史机遇》,《光明日报》2004 年 9 月 22 日。

③　李智:《软实力的实现与中国对外传播战略》,《现代国际关系》2008 年第 7 期。

④　罗建波:《中国崛起的对外文化战略———种软权力的视角》,《中共中央党校学报》2006 年第 3 期。

依靠其无与伦比的技术优势和文化传播能力，不仅确立了其在世界文化版图中的霸主地位，而且还输出了美国的政治观念和文化思想，对他国人民的文化观念和价值取向、生活方式产生了极为深刻的影响。德国《时代》周报主编约瑟夫·约菲曾指出："美国文化无论雅俗，其对外传播的力度是自罗马帝国以来从未有过的……罗马和苏联的文化影响止步于军事边界，而美国软实力统治着整个世界。"与美国文化的全球性影响相比，中国文化的影响基本上是区域性的，主要限于地理位置与中国相邻的周边国家和地区。这其中，又以中国台港澳、东南亚、日本、韩国等国和地区为最。以图书贸易为例，"多年来我国图书进出口贸易大约是 10∶1 的逆差，出口的图书主要是到一些亚洲国家和我国的港澳台地区，面对欧美的逆差则达 100∶1"①，严重降低了文化地缘战略的最佳效果。

二是网络文化空间的影响力有限。网络时代，"世界上 65% 以上的国际传播将从美国开始"②。由于中国在赛博网络空间的文化建设受到经济发展和科学技术水平的制约，所以相较之下，中国信息化建设水平同美国等西方发达国家存在着二三十年的差距。据国家统计局国际统计信息中心的一项研究表明，在世界上 28 个主要国家和地区(包括发达国家和发展中国家)的样本中，中国的信息能力位居第 27 位，只相当于美国的 8.6%，与韩国、巴西相比，也只有它们的 15.3% 和 40.2%。③

更为不利的是，相对于美国英语文化在虚拟网络空间的强势地位而言，尽管中国人口占世界总人口的 1/5，汉语又是当今世界第一大语言，但中文信息还不到世界信息总量的百分之一。另外，"从国际化程度上讲，汉语网民与英语网民没有可比性。正是因为英语具有非常重要的国际影响力，英语在全球的广泛普及与推广成为一种潮流"④。这就意味着中国文化在虚拟网络空间的影响力仍处于较低水平。这是因为语言是文化的载体，语言的霸权往往意味着文化的霸权和影响力。联合国教科文组织专家约瑟夫·波特曾说："让一种语言占据主导地位，那就意味着我们关于世界的思考以及我们的世界观统统受到限制。英语国家的人们自幼就融会贯通最核心部分的语法结构；而一个非英语国家的人无论英语讲得多么完美，都不可能像英语国家的

①　江志君：《我国版权贸易逆差扩大问题透视》，《中国贸易报》2006 年 3 月 24 日。
②　〔法〕阿芒·马特拉：《世界传播的新构图》，《国际新闻界》1999 年第 2 期。
③　http://academic.media china.net/xsqk_view.jsp? id=1058.2003 年 4 月 25 日。
④　杨卫东：《全球化时代的语言文化帝国主义》，《国际论坛》2013 年第 4 期。

人那样讲起英语来无懈可击。于是同英语国家的知识分子相比,非英语国家的知识分子永远处于二流地位。"①

3.中国的文化创新力急需提高

"创新是一个民族进步的灵魂,是一个国家兴旺发达的不竭动力。"②当前,随着文化软实力在综合国力竞争中地位的不断提升,文化创新越来越成为创新型国家的主体,成为国家力量的一个重要组成部分。中国要通过国际文化交流扩大自己的国际影响力,提升国家的声誉,就必须不断地加强文化创新。只有不断创新,才会有高质量的文化产品,才能提高中国文化在国际文化市场上的竞争力。党的十八大指出:文化实力和竞争力是国家富强、民族振兴的重要标志,文化产业要成为国民经济支柱性产业。尽管近十几年来中国的文化创新能力取得了一定的进步,然而,从目前来看,中国的文化创新力还不强。一是在文化内容上缺乏原创力。当今世界,内容为王。只有对文化内涵进行充分的挖掘与创新,彰显中华民族优秀文化与时代风貌和现实生活的有机结合,才会使民族文化具有强大的传播力和影响力。但是由于目前的中国原创精神缺失,导致当下的中国,无论是从学术研究到图书出版,还是从影视产品制作到普通百姓日常的文化娱乐消费,都有严重的山寨复制和模仿现象,有的甚至干脆以较小的成本从外国引进,缺少自身的特色与风格。二是文化呈现的形式比较传统,缺乏时代气息和活力。创新是文化产业发展的灵魂,文化元素只有经过创意包装,并生产出既能反映中国文化精髓,又符合外国人欣赏品位的文化产品样式来,才能打动人们的心灵,赢得人们的认同。但是目前国内文化产业的文化产品、推广渠道方面都缺乏创新与创意,从而造成中国的文化产品缺乏鲜明的特色,缺乏国际知名的文化精品和品牌,不能满足不同层次和不同群体的精神文化需求。三是文化资源的再创造能力不强。中国文化资源丰富,是公认的世界文化资源大国,但是由于中国对文化资源的加工、改造、再创造能力较差,致使大量的文化资源还没有被开发成独具魅力和特色的文化产品,从而把丰富的文化资源转化成市场比较优势。相反,许多优秀的文化资源却被外国改造利用,反过头来夺取中国市场。

中国的文化自主创新能力不足,这一方面限制了中国文化产品及服务

---

① 蒋晓丽、王积龙:《跨文明传播的不对称性》,《思想战线》2005年第5期。

② 《江泽民文选》(第一卷),人民出版社2006年版,第432页。

的国际竞争力,同时也阻碍了中国产业优势的充分发挥,无法体现高附加值的产业特征。正如文化部部长蔡武所说:"当前我国文化产业领域普遍呈'小、弱、散'状况:多数文化企业规模偏小;经济效益不高,竞争力不强;资源不集中,相当分散。在一些与高新技术结合的新兴业态中,也大量地呈现'为他人做嫁衣'的'纽扣现象'……影响了文化产业的可持续发展。"①另一方面,导致西方文化在中国大行其道。不仅电影、电视、唱片、网络游戏、广告、时尚、书刊等文化产业大量充斥着西方的文化"身影",就是在社会规则、伦理道德方面也呈现出欧美化的严重趋向。这不仅冲击了中国传统文化价值观,威胁到中国的文化安全,长此发展下去最后势必威胁到中国的国家文化主权。

之所以会出现以上情形,究其原因有三,一是缺乏文化创新的自觉意识。我们在意识上缺乏世界眼光,很少考虑中国文化走向世界大市场的问题,即使部分文化产品走出国门,大多也是初级的文化产品,并不是着眼于世界大众文化消费市场,所以这种仅限于国内小范围、小市场的目光,使得丰富的文化资源不能充分利用,造成低水平的文化市场,文化创新的动力就显得不足。

二是缺乏创新的文化人才。人作为文化创新的主体,其创新能力的强弱直接影响着文化创新成果的大小。从目前来看,我国仅是人口资源大国,却不是人才资源强国。由于目前中国缺少能够参与国际文化竞争的市场主体和文化人才,致使文化企业在经营规则、法律制度、财税政策等方面缺少对国际细分市场的充分认识和把握,从而滞缓了中国国际文化交流的拓展进程。

三是缺乏创新的环境。文化创新依赖于文化主体,同时也离不开充满活力的文化体制、机制和良好的社会氛围。自由宽松的文化生态环境是激发文化创造活力、推动文化发展的必要条件。近年来,虽然我国文化体制已进行了一些改革,但效果不甚明显,相对于文化建设的发展要求而言依然滞后,目前还未形成一套有利于充分调动文化主体积极性、创造性,推进文化创新的宏观管理体制和运行机制,特别是政府的管理职能,依然是处在"办"文化产业的层次上,靠运动式突击或工程式管理进行文化建设,而没有转到充分利用市场的力量来发展文化产业上来。这种微观管理的运行机制,使得文化

①　蔡武:《扭转文化产业"纽扣现象"》.http://news.ccnt.com.cn/zx.php?col=43&file=25664&PageNum=2.,2009-06-12。

发展缺乏应有的活力。另一方面,文化创新是一个系统工程,需要全社会人民群众的共同努力,需要各层面各领域的积极参与,然而现实生活中的文化主体仅仅是从事文化工作的少数人,广大人民群众的文化潜能没有得到激发,积极性没有得到充分调动,社会各方面共同参与文化建设的意识不强,因而文化创新也缺乏广泛的群众基础和创新的社会氛围。

　　在世界不同文化相互交融和激荡日益频繁的今天,通过对外文化交流,大力弘扬中华文化对于中国的和平发展具有极其重要的现实意义和深远的历史意义。面对中国对外文化交流和传播严重"入超"、文化创新力匮乏的不利局面和严重挑战,作为发展中的第三世界大国,中国的当务之急就是要解放思想,锐意进取,在充分认识到自身文化的特色和本质内涵的基础上,根据当今世界文化发展的趋向,制定出一套与时俱进、适合全球化时代需要的成熟有效的文化发展战略来,以大幅提高当代中国文化的影响力和感召力,不断提升中华文化的软实力。

第四章
中国文化软实力建设战略

　　文化是民族生存和发展的根本力量。在全球文化力竞争日趋激烈的时代背景下,中国要在世界综合国力的竞争中掌握主动,就必须在壮大经济军事硬实力的同时大力加强国家文化软实力建设,抢占文化战略制高点。

　　从根本意义上讲,一国文化软实力作用的发挥,既取决于该国文化和价值观念的内容,又决定于对外文化传播的方式、手段和技巧。内容决定形式。文化软实力是一种认同力、吸引力。文化软实力的较量是一场争取人心的斗争。对于一个主权国家来说,只有先进的、拥有内在凝聚力和对外同化力的文化,才能在文化互动中产生文化软实力。

　　因此,面临世界不同文化间的剧烈碰撞,中国必须首先把创新社会主义文化、建设中国特色社会主义先进文化作为对外文化交流的首要之责、重中之重,唯此,才能推动中国对外文化交流的可持续发展,才能在空前激烈的国际文化竞争中使中华民族始终屹立于世界先进民族之列。

一、文化软实力与对外文化交流的关系

　　对外文化交流是一个主权国家为达到一定战略目标而采取的以文化软实力影响他国价值选择和国际行为趋向,最终采取有利于本国的态度、政策和行动的一种文化交流、沟通活动。因此,成功的对外文化交流,不仅有先进的文化作为支撑,而且还有丰富多样的交流方式、手段作保证。文化软实力的作用和影响力因形式多样的交流手段而得以扩展、流传;交流手段也由于文化软实力的存在而得以彰显。可以说,文化软实力与对外文化交流手段互为手段和目的。一个国家的对外文化交流既取决于文化软实力的国际感召力,也受制于交流的手段与形式。

（一）文化软实力与文化的互动

1.对外文化交流是实现文化互动的重要途径

文化是人类社会生活的反映，是人们在一定的自然地理环境下实践、创造的精神产物。因而，文化最初不但是作为某种地域性的东西而存在的，同时也是作为一种特殊的地方性知识发挥作用的。马克思主义创始人认为，任何特殊性的力量都只有在他们的交往和相互联系中才是真正的力量。也就是说，维持与发展自身特殊性的"真正的力量"绝不是特殊性自身的"自言自语"和"话语独白"，也不可能是多个特殊性力量的简单相加，而只能是许多特殊性力量之间的相互交换、相互占有与相互利用。但是在人类社会发展的早期，这些分属不同地域的文化由于自然地理环境和交通条件的限制，在很长的一段时期里是以孤立的形态按各自的方式发展着的。在传统社会，由于交往工具和地理条件的限制，各民族、各部落之间是相对独立的单元，在相当长的时间里处于彼此隔离、自我封闭的"老死不相往来"的状态中。作为一个民族共有家园的文化只能借助手势、语言表达等传播中介在民族内部不同成员之间进行传承，而很少为他人、他民族感知和了解，所以也就谈不上彼此间的文化影响。

经济全球化的发展不但将过去封闭、孤立状态下的地域文化解放出来，将其拉到世界文化非线性的发展轨道上来，而且还实现了各具个性和特色的不同文化的激荡和交融。

在这个由多元文化构成的世界文化共同体中，文化交流、传播成为不同文化实现互动的桥梁和纽带。如果说，经济全球化之前，文化仅限于同一民族、国家内部纵向交流、传播的话，那么经济全球化之后，则实现了不同文化间的横向互动。

在现代意义上的文化传播技术产生之前，不同文化上的相互影响主要是借助于经济往来和人口流动实现的。到了近代资本主义，由于航运和铁路业的发展缩短了贸易周期并降低了运输风险和成本，因此安全可靠、价格低廉的交通条件带来更大范围、更大规模的人口流动和文化交往。特别是以互联网和数字技术为核心的现代信息技术的革命性发展，不仅导致社会经济、政治结构的整体性变革，而且为文化的交流和发展创造了前所未有的技术条件，提供了新的手段和途径。经济交往的普遍性和高新技术的空前发展日益推动着文化的普遍性。一方面使人类突破了血缘、地缘等狭隘的范围的局限,相互之间建立了广泛而全面的文化联系。另一方面普遍交往的加强使不同国家和文明之间相互影响、彼此促进。如果说,人类早期的文化交流由于受到交往工具的严重制约而呈现出偶然的、零散的、自发的和无序性的话,那么到了近现代随着科学技术的发展和传播交流载体和手段的丰富、完善,人类不同文化的交流则呈现出常态化、刻意性和自觉性、有序性的发展态势。简言之,世界性的普遍交往使那些局限于地域内的特殊性文化成为人类共同的实践财富,从而文化交往成为推动人类社会文明进程的力量。可以说,文化间的交流是实现文化互动、发挥文化影响力的基础。文化交往越频繁越深入,文化间的影响也就越大。交往使主体的文化力量成为现实的力量。如果没有文化交往,任何特殊性文化都不可能成为世界文明发展进程中的亮点,而只能具有地方性和局部的意义,有些甚至被遗忘,从而一切发明创造都必须在不同的地方从头开始,这无疑将大大延缓人类文明发展的进程。因此,文化只有在交往中实现共享,才能生存和发展。马克思认为,共享人类实践活动的成果使"各民族的精神产品成了公共的财产","民族的片面性和局限性日益成为不可能,于是由许多种民族的和地方的文学形成了一种世界的文学"。①这意味着文化交往只有打破自我积累与自我演化的时空界限,摧毁一切封闭的樊篱,走向愈益开放的状态,才能最终促成特殊性文化的世界意义的形成。

2.技术传播手段制约着文化软实力作用的范围

交往是人类文化得以产生、传承和延续以及获得新的生命力的前提和决定性条件。离开了交往,文化将走向孤立直至消融、灭亡。文化软实力亦是这样。正如我国著名学者王沪宁所说,软权力的"力量"来自其扩散性,只有当一种文化得到广泛扩散后,软实力才会产生越来越强大的力量和世界影响力。"如果文化资源仅限于本国、本民族或是本地区,则不论她多么古老、多么辉煌,其社会价值也是不可能充分体现出来的。"②汉斯·摩根索也明确指出:"如果一个政府的外交政策对它的人民的知识信念和道德价值观念有吸引力,而其对手却没有成功地选定具有这种吸引力的目标,或者没能成功使其选择的目标显得具有这种吸引力,那么,这个政府便会对其他对手取得

---

① 《马克思恩格斯选集》(第一卷),人民出版社1995年版,第276页。
② 王志章:《对外文化传播学引论》,武汉测绘科技大学出版社1991年版,第197页。

一种无法估量的优势，一种意识形态是一种武器，它可以提高国民士气，并随之增强国家的实力，且正是在这样做的过程中，它会瓦解对手的士气。"①一个国家文化的影响力首先取决于其传播能力，谁的传播能力强大，谁的思想文化和价值观念就能得到最大限度的流传，谁就能更有力地影响世界。如果说能够吸引世界目光、引起关注的文化内容是交流传播的"腿"的话，那么文化传播管道就是交流传播的"路"。在文化内容确定的情况下，渠道就成了传播效果的决定因素。

人类学家萨皮尔说过："每一种文化形式和每一社会行为的表现都或则明晰或则含糊地涉及传播。"②文化传播的目的主要是让更多的人接受文化、享受文化，使人们在"和风细雨"中自觉自愿地接受或放弃某一价值观，而认同另一种文化价值观，进而改变人们的行为。而文化要通过传播、交流发挥其对其他文化的影响力、同化力，就必须借助一定的物质技术手段和传播工具。传播、交流手段的创新关系到文化的传承与传播，关系到文化的渗透力和影响力。这是由于在对外文化交流、传播的过程中，技术手段和传播工具是连接生产和消费的中间环节，是架通生产者与消费者之间的桥梁。"一般来说，媒介就是一种能使传播活动得以发生的中介性的公共机构。具体说，媒介就是拓展传播渠道、扩大传播范围或提高传播速度的一项科技发展"③。正是由于有了传播工具，文化交流的产品和服务才得以面对市场，面对消费者。如果没有传播工具和路径，对外输出的文化产品的社会价值与经济价值就无法实现。

因此，传播手段与传播方式的改变会极大地影响到文化传播的效果与传播的范围，影响到文化受众的心理结构、文化价值和行为取向，甚至由此引发一次史无前例的文化革命。这就意味着物质技术手段和传播载体的强大与否，对文化软实力的扩散力、辐射力和影响力是不同的。物质传播技术实力强大的国家可以凭借其在技术传播领域的领先优势，快速、迅捷地将烙有自身价值观印记的文化推向世界，为世界更多的人提供更多自由选择的文化空间，并使文化选择向有利于自己的方向发生变化。相反，一个国家即

---

① 〔美〕汉斯·摩根索：《国际纵横策论》，卢明华等译，上海译文出版社1995年版，第125~126页。

② 〔美〕威尔伯·施拉姆·威廉·波特：《传播学概论》，李启、周立方译，新华出版社1984年版，第4页。

③ 〔美〕约翰·费斯克：《关键概念：传播与文化研究辞典》，李彬译，新华出版社2004年版，第161页。

使拥有先进的文化软实力，但如果缺乏有效的文化传输工具和手段，传播技术落后、传播手段单一，也会无法在世界文化的百花园中充分展示自己独特的文化个性和魅力，从而难以发挥引领世界文化发展潮流的作用。时至今日，在世界的文化版图上，美国的大众文化和政治文化之所以在文化全球化语境中驰骋天下，显示其文化的无处不在、无时不有，就与其强大的综合国力和无可比肩的传播技术的优势是分不开的。耶鲁大学全球研究中心专家克莱思曾就此问题说，只有好莱坞拍得起几千万、上亿美元的大片，只有好莱坞有实力建立全球推销网。好莱坞得到华盛顿大力推动，有美国政府帮他们打开市场。你很难与好莱坞、可口可乐、迪斯尼这样的美国品牌竞争，因为那不是一部电影、一种饮料、一家游乐园，而是一个强大的商业文化体系，在它背后是全球最强大的国家——美国。"美国是一个大众传媒的超级大国，美国传媒在世界上推介美国的形象、政治体制、意识形态，影响全球的舆论环境、政治格局、文化生态。美国传媒的全球影响力反映了美国社会在推介美国形象和施展同化性权力方面的作为。"①而反观一些发展中国家虽然也想在世界文化的百花园中展示自己独特的文化个性和魅力特色，但由于国家实力所限和文化信息传播技术手段落后，渠道狭窄，不仅无法展示自己的文化形象，反而常常沦为中心文化的受众和世界文化竞争的边缘者，甚至处于世界文化的依附性发展状态之中。

总之，一个国家所具有的信息传播、交流能力和技术水平决定着其文化资源转化为现实的国家文化软实力的深度与广度。一个国家的文化价值观与政治理念只有通过不断的对外文化交流才能得以推广并产生实质性的影响和作用。对外文化交流的手段决定着文化软实力影响的范围及作用的大小，决定着"以文化人"实现的程度。文化软实力越是对外传播，其"软实力"的作用就会越大，就越有可能潜移默化地影响他国理解其外交政策和国内问题的思维方式和价值取向。从这一意义上讲，没有文化传播能力也就没有文化软实力。文化软实力的扩散与文化传播载体的变革密不可分。特别是广播、电视、网络等新媒体的发展，不仅使传统的文化传播方式发生了翻天覆地的改变，给全世界的人们提供了一个互通有无、资源共享的平台和环境，同时，也消解了不同文化之间的屏障和壁垒，使文化交流不断由封闭走向开放，由平面走向立体，由一元走向多元，由现实走向虚拟，真正实现了文化信

① 龚铁鹰：《软权力的系统分析》，天津人民出版社2008年版，第100~101页。

息资源的全球流通、开放、利用和共享。正如汤普森所言,文化传播的当代技术革新对权力关系、交往方式、资源分配都产生了深层的规定。①

(二)对外文化交流与文化的先进性

对外文化交流是参与国际文化竞争的重要手段,但是对外文化交流的实效如何,从根本意义上讲取决于文化的内容。易言之,文化的吸引力和感召力是决定对外文化交流成功与否的关键所在。因为,按照马克思主义的观点,内容决定形式,形式服务于内容。对外文化交流的艺术技巧再高明,形式再灵活,方法再多样,但如果没有强大吸引力和感染力的文化作支撑,那么其对世界其他国家的作用力、影响力也只能是暂时的、表面的,甚至是昙花一现的,根本没有长远的生命力。也就是说,不同国家对外文化交流的较量和比拼,尽管表现为文化内容和外交手段之争,但归根结底取决于文化软实力内容的争夺。文化的内容先进与否最终影响着国家战略意图的实现程度,左右着世界文化发展格局的走向。

任何文化都是特定时空的精神产物,因此,文化的先进与否,可以从时间和空间两个不同维度加以考量。从空间上讲,先进的文化必然具有广博的世界地缘辐射力和强大的影响力;从时间上看,先进的文化一定具有持久、旺盛的生命力。文化的时空性既是文化影响力的表征,也是判断文化先进性的指标。先进文化与文化的时空性要求是有机地、紧密地联系在一起的。文化只有充分反映时代的要求,才是先进的,也才能具有真正的空间影响力。

也就是说,文化软实力产生于文化的先进性。只有先进的文化才能生成强大的文化软实力。而软实力是一种关系性实力。②它是在与世界其他文化的比较中显现出来的,是在文化不断的博弈中呈现出来的一种比较优势,一种自信力、吸引力、号召力和亲和力。而当今世界是一个文化多样性的世界。不同民族、不同种族和地域形成的文化有其迥异的文化性质和文化形式。从发生学意义上看,文化的差异性根源于人们赖以生存的自然和社会环境的总和。按照历史唯物主义的观点,在漫长的生存和繁衍的过程中,人类不同的生存环境必然形成不同的生活方式和组织形式,从而造成不同民族、不同

---

① 〔英〕约翰·B.汤普森:《意识形态与现代文化》,高銛译,译林出版社 2005 年版,第 13 页。

② 苏长和:《中国的软权力——以国际机制与中国的关系为例》,《国际观察》2007 年第 2 期。

种族和地域的人们思维、道德、情感等方面的差异,最终孕育出风貌各异、风格独特的文化。文化不仅把以文化为疆界的不同国家这一"想象的共同体"从根本上区分开来,同时也造就了不同于他民族和他国家的包括人的审美观念、审美趣味、审美情感在内的为其所独有的文化心理结构。这就是文化的隔离机制。所谓文化隔离机制是指那些促使民族文化成为与众不同的独特性、系统性和稳定性的内在机制,同时又是不同文化类型在人与自然矛盾运动的历史发展过程中生成的各种特点的具体表现。隔离机制主要包括自然隔离、社会隔离和心理隔离三方面。自然隔离是指地理环境、气候变化、人种类别上的差异;社会隔离是指生产方式、生活习惯、管理模式、军事实力等社会运作的各种要素;心理隔离则是心理原型、宗教信仰、伦理道德、集体意识等观念形态的综合作用。[①]这些文化隔离,既构成一个民族、一个国家文化认同的基础,又是文化软实力产生作用必须跨越的障碍。由于文化全球化的发展,把世界上不同文化置于一个全面敞开、相互交流的文化"域"中,每一种文化都面对着丰富多彩的文化世界图景,所以在整个世界文化交流与对话之中的文化,要在不同文化共同体相互博弈的过程中占得先机,就必须牢牢掌握文化的先进性。一个国家的文化软实力,说到底就是该国文化的吸引力、感召力和亲和力。马克思曾说:"理论在一个国家实现的程度,总是决定于理论满足这个国家的需要的程度。"[②]"理论一经掌握群众,也会变成物质力量。理论只要说服人,就能掌握群众,而理论只要彻底,就能说服人。所谓彻底,就是抓住事物的根本。"[③]

　　这是因为,文化交流是个双向选择的过程。任何外来的文化在发挥其软实力作用时,必然要接受该民族、该国家独具特色的不同于他文化的审美心理结构的检验和过滤,并按照与本国家审美结构的契合程度作出不同的文化取舍。这就意味着不同文化之间审美标准的契合程度直接影响、左右着某一文化为他国人民所认同的限度。也就是说,文化软实力取决于民众对该文化内在思想理论的认可和接受。只有理性权威、具有强大说服力的文化,才能超越不同民族、不同国家的文化心理而拥有让人自觉听从和信仰的感召力,才能够在世界不同文化的较量中形成和拥有巨大的"软实力"和"文化核

---

①　於贤德:《民族审美心理学》,三环出版社1989年版,第182页。
②　《马克思恩格斯选集》(第一卷),人民出版社1995年版,第11页。
③　同上,第9页。

心竞争力",才能占领全球文化空间的战略高地。

可见,文化的先进性及其表现出来的说服力是掌握群众、实现软实力的前提和基础,一种文化如果没有说服力,就不能从根本上掌握人民,这种文化最终必然会沦为空谈或说教而在残酷的文化大浪中被无情地淘汰出局。

换言之,只有在各种思想文化相互激荡、彼此竞争的国际文化格局中获得他者"价值认同"的文化,才能产生文化软实力。约瑟夫·奈指出,单靠传统的经济制裁、军事打击等强制性手段就会"用导弹打自己的投资",相比之下,依靠文化、意识形态、社会制度等"软权力",尤其是利用其中的文化传播之类的无形力量,利用大量制造的文化产品和现代传播工具,从观念上、感情上、心理上去影响别国人民,则是另一种代价小而收获明显的软力量资源。这种无形的力量没有导弹驱逐舰护卫下的货轮那样气势汹汹,但是它却能够散布在全球的广阔空间,影响千百万人的思想感情,从而最终改变导弹和货轮的归属。①

综上所述,全球化时代的对外文化交流的成与败,归根结底取决于这个国家对世界文化的贡献,而非这个国家历史的长短和文化资源的丰俭,也不取决于这个国家国土面积的大小。诚如有学者所说:"在全球化背景下,国家资源实力(包括软实力)的意义在于国际关系,其价值是在国家间的互动中通过不对等的权力关系体现出来的。也就是说,资源实力的价值不在于自我持有,而在于对外作用。可见,评估一国实力不仅要看资源数量,还要看其质量,看它在多大范围和程度上对其他国家施加了影响。"②没有高质量、高品质的、令人向往的文化内容,对外文化交流就失去了强有力的战略依托和恒久的生命力。

总之,在文化软实力与对外文化交流的关系中,交流、传播虽然是实现不同文化交融的重要手段,是文化软实力由潜在因素转化为现实能力的重要通道,但文化的内容不仅决定着对外文化交流的范围、力度,还决定着对外文化交流的生命力、持久力,是国际文化竞争的根本力量所在。文化有深度,对外文化交流才有力度。文化先进,对外文化交流才有广度。因此,从根本意义上讲,全球化时代的对外文化交流,与其说决定于哪个国家的外交手段更丰富、方法更灵活、途径更多样,倒不如说取决于哪个国家的文化价值观更先进、更适应于当今时代发展的需要。凡是先进的文化,必然具有强大

---

① 〔美〕约瑟夫·奈:《美国定能独霸世界吗?》,何小东、盖玉云译,军事译文出版社1992年版,第60页。

② 李智:《软实力的实现与中国对外传播战略》,《现代国际关系》2008年第7期。

的文化渗透力和吸引力、感召力。正如约瑟夫·奈所说："在传统的力量政治世界中，典型的问题是谁的军事和经济力量能赢。在信息世界中，政治'可能最终依赖于谁的故事能赢'。"①

二、文化软实力：世界国家成功之道

"当今文化发展，创意制胜，内容为王。"②在当代世界各国之间的文化竞争日趋激烈的背景下，一个国家能否占据文化战略"制高点"，归根到底取决于该国的文化内涵和内容。文化软实力是决定一个国家兴衰成败的制胜之道。

（一）文化软实力与中国的千年兴衰

如上所述，一个国家的价值观如果能被其他国家接受，那么它将对这些国家的利益选择和价值诉求产生持久的影响，甚至改变他们的决策思路和行动模式。因此，从这个层面说，一个国家文化软实力的强弱在很大程度上表现为该国价值观的辐射范围和对他国的同化程度。回顾中国历史，中华文明与古代埃及、美索不达米亚等文明一样，是人类最早创立的有独立起源的文明之一，然而和其他大约同时期起源的古代文明不同的是，中华文明是世界文明史上唯一文化不曾中断的文明国家，在18世纪以前中国曾是世界上最强大的国家。被称为"中国最后一位儒家"的梁漱溟就认为："当近世的西洋人在森林中度其野蛮生活之时，中国已有高明的学术美盛的文化开出来数千余年了。四千年前，中国已有文化；其与并时而开放过文化之花的民族，无不零落消亡；只有他一条老命生活到今日，文化未曾中断，民族未曾灭亡，他在这三四千年中，不但活着而已！中间且不断有文化的盛彩。历史上只见他一次再次同化了外族，而没有谁从文化上能征服他的事。"③美国著名政治家本杰明·富兰克林曾说过，在世界历史上，"中国被视为

① 参阅〔美〕约瑟夫·奈：《软力量——世界政坛成功之道》，吴晓辉、钱程译，东方出版社2005年版，第117页。

② 李长春：《关于〈中共中央关于深化文化体制改革推动社会主义文化大发展大繁荣若干重大问题的决定〉的说明》，《人民日报》2011年10月27日。

③ 梁漱溟：《中国文化的命》，中信出版社2010年版，第22~23页。

古老而高度文明的国家"①。

　　事实确是如此。自商周始,中华文明就开始兴起,其后经历被雅斯贝尔斯所称道的人类"轴心时代"的春秋战国时期后,直到宋元明初,中国在数学、医学、天文学等理论科学以及冶金、纺织等应用技术方面走在世界的前列。美国著名科学史家坦普尔曾在《中国:发明与发现的国度》一书中列举了我国古代首创发明和发现的 100 项科技成就,其中有 38 项是先发明于汉朝,占 40% 左右。其中包括曲柄摇把的发明、铁犁的铸造、旋转式风车的利用、生铁炼钢技术、耧车、龙骨车、造纸、瓷器、地动仪等。②

　　特别是公元 7—9 世纪的大唐帝国时期,由于统治者的努力,尤其是唐太宗的有效治理,中国走向空前繁荣,无论是在物质文明方面,还是在政治文明和精神文明方面都取得了丰硕的成果。当时的长安不但成为亚洲的经济、政治和文化中心,还发展为世界西方和东方商业、文化交流的汇集之地,成为当时世界上规模最大、最为繁华的国际大都会。当时在长安的上百万人口中,除居民、皇族、达官贵人、兵士、奴仆杂役、佛道僧尼、少数民族外,外国的商人、使者、留学生、留学僧等总数不下 10 万人。对于唐朝之强大,《通典》记载:"家给自足,人无苦窳,四夷来同,海内晏然。"③中国的长安成为了世界上人们魂牵梦绕的地方。中国的陶瓷、丝绸、茶叶、铁制农具、食品、服饰以及建筑艺术等深得东南亚国家的喜爱;中国的语言、文字、文学、史学、医学、音乐、天文历法、伦理、风俗习惯等给东南亚文化以巨大影响;中国的制度文明,特别是官制、学制、法制、礼制、税制、科举制度等唐宋两代的制度,为东南亚国家尤其是越南所仰慕。为学习中国,许多海外商人、使者慕大唐盛名而来,甚至最远的波斯、大食等国都派使节来参观、访问以示友好。据资料显示,当时来长安与唐通使的国家、地区多达 300 个。如日本从唐朝直至明治维新长期师法中国,日本天皇先后 15 次派遣隋使和遣唐使在长安留学深造,并将汉文佛典带回扶桑。汉唐文化孕育了辉煌的汉唐盛世,造就了汉唐帝国,同时,也形成了四夷归服、八方来朝的历史盛景。

　　中国古代灿烂多姿的文明不仅奠定了中国的世界大国地位,还成就了

　　① 转引自《"中国梦"的对外解读》,《当代世界》2013 年第 6 期。

　　② 〔美〕罗伯特·K.G. 坦普尔:《中国:发明与发现的国度》,21 世纪出版社 1995 年版,第 25～105页。

　　③ 转引自胡可先:《新出土〈苑咸墓志〉及相关问题研究》,《清华大学学报》(哲学社会科学版) 2009 年第 4 期。

一个以中国朝贡制度为核心的中心—边缘的华夷秩序和东亚文明体系。正如有的学者所言:"古代中国不曾出兵占领周边国家，但却对它们拥有巨大的影响力，以至于形成了一个以中国文化为核心的'儒家文化圈'，和以中国为中心的东亚'朝贡体系'。"正如有学者所说，中国与东南亚各国自汉唐开始就有频繁的官方和民间往来。当时东南亚国家深受中国的物质文化、精神文化和制度文化的影响。① "中国的典章制度及哲学、宗教、科技、文学艺术亦传播于各国，形成具有共同文化要素的中国文化圈或东亚文化圈"②。

中华民族创造出来的强大的文化软实力不但极大地影响了亚洲特别是东亚、东南亚周边国家的经济社会发展，而且还通过连接享誉世界的欧亚"丝绸之路"而传送到西方，对西方社会乃至世界文明作出了巨大的贡献。"在 13 世纪至 16 世纪，中国的重要发明即以阿拉伯人为媒介，给欧洲文艺复兴之物质的基础创造了条件。"③以中国创造的"四大发明"为例。英国著名哲学家弗朗西斯科·培根曾说道:"……印刷术、火药和磁铁。因为三大发明首先在文学方面，其次在战争方面，第三在航海方面，改变了整个世界许多事物的面貌和状态，并由此产生无数变化，以致似乎没有任何帝国，任何派别，任何星球，能比这些技术发明对人类事务产生更大的动力和影响。"④英国汉学家瓦尔特·亨利·麦都思也指出:"中国人的发明天才，很早就表现在多方面。中国人的三大发明(指南针，印刷术，火药)，对欧洲文明的发展，提供异乎寻常的推动力。"⑤

中华文化之所以能够在人类文明史中长期领世界风气之先，一个重要原因就是除了中华文化有海纳百川的广阔胸襟，善于学习不同民族文化的优点、长处外，还具有与时俱进的强大创新精神。正是文化上的不断创新，使得中国文化在历史很长的一段时间里，远远领先于世界其他国家和地区，从而成为世界文化版图中的翘楚，为世界他国所仰慕、仿效，从而对世界其他国家产生一种强大的"同化式力量"。正如保罗·肯尼迪在《大国的兴衰》中所写的那样，"近代以前时期的各种文明中，没有哪一种比中国的文明更先进，

---

① 王介南:《中国与东南亚文化交流志》，上海人民出版社 1998 年版，第 40~41 页。

② 张岱年、程义山:《中国文化与文化论争》，中国人民大学出版社 1990 年版，第 232 页。

③ 朱谦之:《中国哲学对欧洲的影响》，上海世纪出版集团 2006 年版，第 26 页。

④ 〔英〕培根:《新工具，格言 129 条》，许宝骙译，商务印书馆 1986 年版，第 9 页。

⑤ W.H. Medhurst. *China: Its State and Prospects.* By, London: John Snow, 2b, Paternoster Row, 1838, p104 –107.

更优越"①。日本学者森鹿三指出:"大唐文化所以能对邻近诸国、诸民族产生那样大的影响,除了强大的军事、政治势力外,最主要的还是归功于这种不是国粹,而深具国际性的文化。于是这个大唐文化,就像当年的秦汉古代统一国家出现时,唤醒边境诸民族的国家意识一样,东亚诸国一时皆受其文化披靡的德泽。"②

灿烂辉煌的中华文明虽然为中国赢得了广泛的世界认同和影响力,但也使中国统治阶级沉醉在自我虚构的"天朝大国"的梦幻之中,几千年的灿烂文明不仅没有成为中国不懈变革的动力和财富,反而变成了继续前行的精神包袱。就"在一个发生全球规模的革命性变化的时代里,安逸自在、心满意足的中国人目不转睛地注视着过去"③的时候,吸纳了他国文明而飞速壮大起来的西方国家,在历经文艺复兴和资产阶级工业大革命的先后洗礼后,凭借其"坚船利炮"开始了征服世界的疯狂之旅。"正当西方各国投向广阔的世界时,中国却把自己封闭起来;当欧洲的革新层出不穷时,中国却在顽固地阻止新事物出现。"④

当 1840 年古老的中国被西方列强以鸦片和大炮轰开大门,中国这个曾经不可一世的"天朝上国"沦落为西方殖民主义列强瓜分的积弱积贫的半殖民地半封建社会的时候,面对"三千年未有之变局",面对衰败不堪、残破不全的中国民族文明危局,虽然先进的中国人开始"睁眼看世界",并在中西文化的对比中强烈地感受到西方世界文明的优势,"计数地球四大洲,讲求实在学问,无有能及泰西各国者"⑤,力求通过"师夷长技以制夷",效法资本主义,改革中国的政治制度,解民族于危难之中,以复兴中华民族文化。但是无论是封建阶级的洋务运动、资产阶级改良派的维新变法,还是资产阶级革命派的辛亥革命,都没有从根本上改变中华民族的屈辱地位和中国人民的悲惨境地。诚如毛泽东同志所说:"从一八四〇年的鸦片战争到一九一九年的五四运动的前夜,共计七十多年中,中国人没有什么思想武器可以抵御帝国

---

①　〔美〕保罗·肯尼迪:《大国的兴衰》,陈景彪等译,世界知识出版社 1990 年版,第 17 页。

②　〔日〕森鹿三:《世界文明史——大唐盛世》,地球出版社有限公司 1977 年版,第 54 页。

③　〔美〕斯塔夫里阿诺斯:《全球通史》,吴象婴、梁赤民译,上海社会科学院出版社 1992 年版,第 5 页。

④　〔法〕佩雷菲特:《停滞的帝国——两个世界的撞击》,王国卿等译,三联书店 1993 年版,第 610–611 页。

⑤　《郭嵩焘日记》(第 3 卷),湖南人民出版社 1982 年版,第 203 页。

主义。旧的顽固的封建主义的思想武器打了败仗了，抵不住，宣告破产了。不得已，中国人被迫从帝国主义的老家即西方资产阶级革命时代的武器库中学来了进化论、天赋人权论和资产阶级共和国等项思想武器和政治方案，组织过政党，举行过革命，以为可以外御列强，内建民国。但是这些东西也和封建主义的思想武器一样，软弱得很，又是抵不住，败下阵来，宣告破产了。"①由于当时的中国封建统治阶层唯我独尊，故步自封，抱残守缺，缺乏进取和创新精神，从而与世界先进文化的发展失之交臂，失去了中兴机会。导致在近代东西方文化的剧烈碰撞冲突中，中华民族文化在无坚不摧的西方殖民主义文化面前碰得千疮百孔、头破血流，最终从九天之上跌落到苦难深渊。以朝贡体系为标志的东方等级秩序被迫让位于以殖民体系为标志的西方强权秩序。正如马克思所说："一个人口几乎占人类三分之一的大帝国，不顾时势，安于现状，人为地隔绝于世并因此竭力以天朝尽善尽美的幻想自欺。这样一个帝国注定最后要在一场殊死的决斗中被打垮。"②伴随着中华民族国力的衰败而来的，不仅是西方发达国家的商品，还有资本主义的文化及其文化泛滥而给中华民族造成的文化危机。如果说，在鸦片战争之前，中外文化交流的流向是"东学西渐"的话，那么 1840 年后中外文化交流则呈现出"西学东渐"的发展趋势。中西方之间的文化交流和互动明显不平衡，基本上是中国人学习西方，只有西方文化的输入，鲜有中国文化的输出。自近代的西学东渐潮流开启以来，中国在思想和观念上基本上是西方文化的追随者以及实践者，却非开创者。这样一个曾让西方人只能望其项背的大国不但失去了它作为世界文化中心国家的地位，中华文化的影响力和辐射面日渐缩小，而且日益沦为世界文化格局中的边缘文化。

文化先进理念的差距见证了千年中国文化的沉浮起落。当古代中国文化在历史长河中不断创新时，造就了令世人仰慕的盛唐强势文化地位，从而引领了整个世界文化的发展；而近代以来，当中国文化创新被扼杀时，便沦落为他者文化的仰慕者，只能屈居于长时期向西方国家学习和模仿的势位上，盲目而无助地追赶西方现代性和后现代性的步伐。正所谓"成也萧何，败也萧何"。

① 《毛泽东选集》(第四卷)，人民出版社 1991 年版，第 1513~1514 页。
② 《马克思恩格斯选集》(第一卷)，人民出版社 1995 年版，第 76 页。

（二）先进文化与世界大国的崛起

西方理论家塞缪尔·亨廷顿曾说："在当代世界，文化认同与其他方面的认同相比，其重要性显著增强。"①一个国家要对世界产生影响，不仅要靠政治、经济和军事力量，而且要靠文化力量。文化软实力同经济、军事硬实力一样，同样可以通过改变不同国家彼此之间的力量对比关系，来使国际关系秩序向有利于自己的方向发展。"一个国家如果不能主动为世界提供思想和建议，就不可能成为真正的世界大国。"②

从欧洲的历史来看，一个强大国家的兴起莫不以文化作为支撑；反过来，国家强盛后又凭借强大的综合国力增强其文化的国际影响力。在诺斯看来，近代欧洲强国的崛起有着不同的根源，西班牙基于它的财政资源，法国依靠其版图规模，尼德兰有赖于其经济效率。但是，一种统治能够得以维持，一种制度能够得以延续，在很大的程度上取决于这种统治或制度下的人们对于该统治或该制度一定程度的认可和接受程度。这正像彼德·布劳所说的："我们不能强迫别人赞同我们，不管我们对他们有多少权力，因为强制他们表达他们的感激或赞扬将使这些表达毫无价值。行动可以被强迫，但情感的被迫表现仅仅是一场戏。"③约瑟夫·奈也指出，在当今世界，倘若一个国家的文化处于中心地位，别国就会自动地向它靠拢；倘若一个国家的价值观支配了国际政治秩序，它就必然在国际社会中居于领导地位。

在欧洲诸列强长期的争霸战争中，有一些世界大国，如英国、美国，之所以成为笑到最后的国家，其中一个重要的原因就是这些国家的文化软实力高人一筹。正是凭借高于他国的软实力，特别是制度方面的创新，使它们居于国际关系的领导者地位而成为其他国家仿效的对象，从而在经济、政治方面获得极大的益处。换言之，居于国际格局主导地位的国家往往是文化制度的创新者。

英国是欧洲争霸的后来者。在其之前是葡萄牙、西班牙、荷兰、法国。但是英国先是在1588年灭了西班牙横行全球的"无敌舰队"，接着又打败了当时垄断世界贸易"海上马车夫"的荷兰，后又于18世纪后期的七年战争中打

---

① 〔美〕塞缪尔·亨廷顿：《文明的冲突与世界秩序的重建》（修订版），周琪等译，新华出版社2010年版，第108页。

② 参见齐世荣主编：《15世纪以来世界九强的历史演变》，广东人民出版社2005年版，第47页。

③ 〔美〕彼德·布劳：《社会生活中的交换与权力》，孙非等译，华夏出版社1988年版，第19页。

败了法国,从而确立了自己的世界霸主地位。19世纪的英国之所以能在诸雄并起、列强纷争的国际政治斗争中成就其全球霸业并建立日不落帝国,固然与它拥有"世界工厂"之美誉的工业实力、世界性的金融和信贷、一流的海军等硬实力有直接关系,但也离不开其先进的政治文化制度等软实力因素。大批历史学家和政治学家通过研究发现,1688年"光荣革命"所确立的英国"立宪君主制"及其背后以洛克为代表的自由主义思想基础,无疑是英国在随后三个世纪内称雄世界、独步全球的根本原因。诺贝尔经济学奖得主诺斯曾指出,英法等原发现代化国家在近代成功崛起的深层原因在于,这些国家在保护私有产权、知识产权等方面所进行的一系列制度创新,有效地克服了资本市场和产品市场的内在缺陷。

英国是世界上第一个率先从农业社会走向工业社会的国家,也是世界上最早确立资产阶级民主制度的国家。"日不落帝国"英国在17世纪崛起的进程中,一方面,英国在成功地仿效了尼德兰的所有权和制度规定,借鉴和仿效先进者已有的制度的基础上,根据本土的环境和文化特性又加以必要的创新,使其成为自己重要的文化因子。另一方面,在工业化革命中,英国为保证国家生产力的发展,不断进行文化革命和知识创新。经济上,为保证商业经济的自由发展,英国创立了亚当·斯密的"自由放任"的经济理论学说;政治上,为避免再出现历史上任何形式的专制,英国将约翰·洛克的宪政民主思想引入到资产阶级政治结构中,建立了三权分立的资产阶级民主制度。前者不但推动了英国商业经济的高歌猛进,而且通过启动全球化进程,将"商业国家"的理念和制度传播到世界各地,为英国开拓世界殖民地创造了条件。后者则在维护英国实质民主方面发挥了积极的作用。这样,"到1700年,英国的制度框架为经济增长提供了一个适宜的环境。工业管制的衰败和行会权力的下降使劳动力得以流动和经济活动得以创新,稍后又进一步得到了专利法的鼓励。资本的流动受到了合股公司、金首饰商、咖啡馆和英格兰银行的鼓励,它们都降低了资本市场的交易费用;也许更重要的是,议会至上和习惯法中所包含的所有权将政治权力置于急于利用新经济机会的那些人的手里,并且为司法制度保护和鼓励生产性的经济活动提供了重要的框架"①。

英国的文化制度创新在确保英国工业革命进一步发展,为大英帝国的

---

① 〔美〕道格拉斯·诺斯、罗伯斯·托马斯:《西方世界的兴起》,厉以平、蔡磊译,华夏出版社1999年版,第192页。

世界统治奠定坚实的物质技术基础的同时，借助其殖民地来传播本国的政治意识形态、经济发展思想和传统文化思想，还极大地增强了在崛起期间的软实力，引起了世界的关注目光。由于英国在制度创新中实现了君主制、贵族制和民主制之间的平衡，极大地稳定了国内社会局势，促进了经济与文化的发展，从而激发了世界对英国政治制度的认同、景仰与学习，使其议会制度成为 18—19 世纪资产阶级革命的一个重要目标。到了 19 世纪末期，除俄国外，议会制度基本普及于欧美各国，从而形成了今天所谓的"威斯敏斯特模式"。正如有学者所说，由于英国是这种模式的发源地和闻名遐迩的范例，所以受到广泛的推崇，可以作为多数民主模式的典范。①以英国与印度的关系为例。在印度成为英国的殖民地之前，恩格斯曾经这样描述："印度人总是一个世纪一个世纪地按着老方式生活下去，也就是吃、喝、呆板地过日子；祖父怎样耕种自己的小块土地，孙子也就怎样做……"

　　"当英国人到那里去并开始推销自己的工业品时，印度人失去了谋生之计，这才开始摆脱自己一成不变的状况。工人们已经离开故乡，并和其他民族混杂在一起，第一次接受文明的熏陶。"②在占领印度之后，英国人将宪政制度带到印度，通过殖民者及其机构在制度、文化与生活方式所产生的示范与吸引的方式实现了英国制度与文化的传播，改变了印度封建专制主义政治体制的统治地位，培养了印度人的宪政观念。英国一位印度学者就认为："印度宪法的作者几乎原封不动地接受了英国的议会制度，而独立运动期间提出的各种选择均已被放弃。"③近代英国一系列的制度创新在国内"使一套涉及君主、议会和公民之间关系的新原则达成了一致同意"，从而使它"足以在一个前所未有程度上以有效的方式获取资源"，最终在国际竞争中"形成无人匹敌的格局"。④显然，政治制度的创新、文化软实力的传播和认同都对增强英国成为近代世界国家最为强大的国家发挥了相当重要的作用。恩格斯曾经写道："在美洲、亚洲、非洲和澳洲传播文明的不是英国，又是

---

① 〔美〕阿伦·利普哈特：《民主的模式：36 个国家的政府形式和政府绩效》，陈崎译，北京大学出版社 2006 年版，第 6 页。

② 《马克思恩格斯全集》（第 42 卷），人民出版社 1979 年版，第 472 页。

③ 林良光：《印度政治制度研究》，北京大学出版社 1995 年版，第 36 页。

④ 〔美〕巴里·R.温格斯特：《有限政府的政治基础：17—18 世纪英格兰的议会和君主债务》，转引自约翰·N.德勒巴克、约翰·V.C.奈：《新制度经济学前沿》，张宇燕译，经济科学出版社 2003 年版，第 257~263 页。

谁呢?"①近代英国强盛的国势和在世界上的地位,使得它的政治经济文化制度,自然具有一种内在的魅力去吸引别人模仿。②这就意味着,对一国政治制度的认同感越强,也就越容易受该国的影响与吸引。美国著名学者保罗·肯尼迪在《大国的兴衰》一书中分析说:"如果确实有某个国家企图称霸世界,那就是英国。事实上,它不仅是企图称霸世界,而且是已经称霸世界。"③

如果说英国是 19 世纪到二战前世界上唯一的强权国家的话,那么到 20 世纪第二次世界大战结束时,美国则成为世界上无可争议的头号强国。美国凭借其强大的政治、经济和军事实力,成为世界上唯一的超级大国,彻底颠覆了传统的、以欧洲为中心的国际关系格局。美国之所以能够顺利崛起于列强之间,除了得天独厚的地缘政治环境和国际环境外,也在于它拥有世界最为强大的软实力。

有别于老牌殖民主义和帝国主义的传统强权外交政策,在美国崛起的过程中,美国外交政策制定者就十分注重软实力的作用。第一次世界大战结束之际,美国第 28 届总统伍德罗·威尔逊(Woodrow Wilson)就提出了重建世界新秩序的"十四点计划"。其涵盖着的公开外交、海洋自由、全面裁军、消除贸易障碍、公正处理殖民地争议和民族自决、恢复比利时、撤出俄罗斯领土,以及建立国际联盟等主要内容,"基于自由主义的人性善;在国际政治中应当遵循类似'勿杀生'伦理价值观的道德律令;应当遵循多边律令—— 一个国家不能单靠自己而应当通过多边组织来寻求共同安全,这才是世界和平的保障。宗旨是"要让世界为民主提供安全保障"。④虽然"十四点计划"具有典型的理想主义政治色彩,也充分暴露了美国要以它的价值观念、道德标准来设计世界秩序,主宰世界事务的野心。但由于它挑战了盛行世界几百年的帝国主义炮舰外交政策,迎合了饱受帝国主义殖民入侵和大战摧残的世界人民对和平的向往,代表了一种盛行一时的和平主义情绪与要求,所以刚一推出,便受到占世界人口大多数的被压迫民族以及在当时的国际体系中居于弱势的国家的极力赞扬和推崇。不仅中东欧国家对威尔逊的建议反响强烈,当时中国的进步人士也多为之欢呼。如陈独秀在《每周评论》的"发刊词"

① 《马克思恩格斯全集》(第 4 卷),人民出版社 1958 年版,第 424 页。

② 刘景华、丁笃本:《"日不落"的落日——大英帝国的兴衰》,中国文史出版社 1999 年版,第391 页。

③ 〔美〕保罗·肯尼迪:《大国的兴衰》,陈景彪等译,国际文化出版公司 2006 年版,第 218 页。

④ 张立平:《自由主义与美国外交政策》,中国社科院美国研究所网站,2006 年 10 月 9 日。

中就对此曾大加赞扬:"美国大总统威尔逊屡次的演说,都是光明正大,可算得现在世界上第一个好人。他说的话很多,其中顶要紧的是两主义:第一不许各国拿强权来侵害他国的平等自由。第二不许各国政府拿强权来侵害百姓的自由。这两个主义,不正是讲公理不讲强权吗? "①

二战期间,美国仍一如既往地祭起文化软实力大旗,为美国摇旗呐喊。美国总统罗斯福不但提出了言论自由、信仰自由、免于匮乏的自由、免于恐惧的"四大自由"主张和"民族自决"这类的进步观念,还提出了渗透有这些观念的《大西洋宪章》《已解放的欧洲国家宣言》和《联合国宪章》等法律性文件。这不论在巩固反法西斯同盟、争取民众的广泛支持方面,还是在提升美国国际声望方面都立下了汗马功劳。

二战后特别是冷战期间,为进一步提升美国的文化全球影响力,美国加快了文化走向世界的步伐。在美国统治者看来,要用美国人的文化对外部世界的看法、态度和思维方式产生实质性影响,按照美国模式对世界加以改造,必须在遵循理性原则和道德规范的基础上,传播具有利他性质的民主文化价值观念。"美国在国外行使权力必须显示出与某种明显值得追求的人造目的相联系,这种目的必须被美国人所理解或至少被他们直观上所领悟 。"②所以美国在不断搞经济、政治扩张,竭力将美国的民主政治模式、自由主义经济思想和文化产品全时空、全天候推向世界的同时,还高举"人权高于主权"、"人权无国界"等大旗,大力实施"人权外交"。虽然人权外交背后隐含着美国文化扩张的实质,但由于美国抢占了这一道德制高点,所以受到了世界人民特别是在一些人权惨遭蹂躏的国家极大的追捧和推崇。这使美国的软实力得到极大增强,成为真正意义上的超级大国。

除了不断地进行文化观念创新外,美国还高度重视制度创新。以法律制度创新为例,作为世界上第一部成文宪法,美国宪法应该被看作是其贡献给现代世界政治的最大制度创新。今天世界上的 200 余个国家,几乎所有的国家都效仿美国制定了成文宪法就是一个明证。美国著名法学家、纽约大学讲座教授伯纳德·施瓦茨(Bernard Schwartz)曾经指出:"美国对人类进步所作的真正贡献,不在于它在技术、经济或文化方面的成就,而在于发展了这样的思想:法律是制约权力的手段。"③美国著名政论家弗里德曼也认为,美利

---

①　杨玉圣:《中国人的美国观》,复旦大学出版社 1996 年版,第 75 页。

②　〔美〕理查德·M.尼克松:《1999:不战而胜》,杨鲁军等译,世界知识出版社 1997 年版,第 183 页。

③　〔美〕施瓦茨:《美国法律史》,王军等译,中国政法大学出版社 1997 年版,第 2 页。

坚民族对宪政法治的信仰是美国强大的关键。美国成功的秘密不在于华尔街，也不在于硅谷；不在于空军，也不在于海军；不在于言论自由，也不在于自由市场。真正的秘密在于长盛不衰的法治及其背后的制度。制度是一种重要的软实力。"制度的创新能使一个国家居于国际关系的领导者地位并成为其他国家仿效的对象，从而在经济、政治方面获得极大的益处。"①正是这种制度使每一个人可以充分发展而不论是谁在掌权。美国真正强大的力量在于"我们所继承的良好的法律与制度体系——有人说，这是一种由天才们设计，使蠢才们可以运作的体系"②。美国依靠创新，不仅战胜了自己的老师——欧洲，反过来成为它们的先生，而且还打遍天下无敌手，其原因众多，但其中不能不部分地归功于美国文化制度创新的力量。

（三）文化软实力与苏联的兴亡

苏联是世界上第一个社会主义国家。在变社会主义理论为现实的过程中，以列宁为首的布尔什维克党人并没有机械地照搬马克思主义创始人关于社会主义革命首先会在发达国家首先胜利的论断，而是敏锐地把握时代主题的变换，根据俄国资本主义发展落后的实际，创造性地发展马克思主义，提出社会主义可以在一国首先取得胜利的思想，从而成功地领导苏俄人民进行十月社会主义革命，建立了社会主义制度。苏联建立社会主义以后，以马克思主义为指导，依靠全国人民的力量，迅速发展成为当时世界上仅次于美国的第二大强国。苏联社会主义的成功引起了世界的极大关注。二战后，许多亚非拉国家纷纷模仿苏联，宣布走社会主义道路。这股蓬勃兴起的社会主义的巨大洪流不仅使 20 世纪社会主义的理想变成现实，改变了全球四分之一以上人口的命运，而且还形成了与美国为首的资本主义阵营相对立的以苏联为首与西方对抗的社会主义阵营。冷战时的美苏，成为并雄于世的两大霸权，也让美国和苏联成为 20 世纪国际文化影响力最大的两个国家。③但是苏联在走过 69 年的风雨历程之后，于 1991 年 12 月却轰然倒地，不复存在。是什么因素致使苏联这个世界庞然大物解体呢？

---

① 张占、李海军：《国际政治中的中国软实力三要素》，《中国特色社会主义研究》2003 年第 4 期。

② Thomas L. Friedman. Medal of Honor.*New York Times*, Dec 15, 2000.

③ 戚华：《中国文化影响力缘何不及国力》，《环球时报》2009 年 4 月 2 日。

　　导致苏联解体的因素有多种。学界从不同视角对此进行了解剖。但从文化的角度考虑,有两种因素不容忽视。其一,美国的文化渗透。美国和苏联既是社会制度的对立者,也是意识形态的抗争者。为了征服苏联,美国利用美苏之间有限的文化交流时机,不断向苏联人民,特别是青年灌输美国文化,腐蚀苏联青年,使他们对美国资本主义文化生活方式产生了向往和追求。苏联作家柯切托夫在其《你到底要什么》的小说中这样写道:"谈论前苏联崩溃而不知道美国秘密战略的作用, 就像调查一件神秘突然死亡案件而不考虑谋杀。"①其二,也是最为重要的一点,就是苏联丧失了文化创新的动力。同任何事物一样, 苏联的社会主义制度既拥有资本主义制度难以企及的优势,其本身也存在着一些体制机制方面的问题。单就计划经济而言,它在应对国内外紧张局势,集中一切人力、财力、物力进行社会主义建设,取得工业化和增强国防实力方面成效显著。苏联之所以在短短十多年时间里就发展成为欧洲第一、世界第二的强国,与计划经济密不可分。但是计划经济的缺陷就如同它的优势一样也是很明显的,这就是由于它无视人民的利益需求,而使社会生产力失去了赖以前进的动力。其结果就是在难以满足人们日益增长的物质文化需要的同时,还使人们从苏联日益短缺的经济发展中看到了资本主义发展带给本国人民富足的生活条件和物质保障,从而增加了对本国当政者的不满和对西方生活方式的向往,最终为西方和平演变打开了方便之门。

　　马克思主义是一门发展的科学, 它要求以科学的精神和革命的力量来推动事物的发展。"科学的本质就是创新。"②理论创新"是马克思主义唯物辩证法的根本要求"③。马克思主义的时代性也决定了它是创新的理论,决定了它必然要创新、创新、再创新。我们要根据实践的发展不断丰富创新,而不能因循守旧,机械、教条式地对待马克思主义。恩格斯强调指出:"我们的理论是发展着的理论,而不是必须背得烂熟并机械地加以重复的教条。"④而是"行动的指南"⑤。它的发展运用,应该从各个国家的具体实际出发,随着时代条件和群众实践的变化为转移。列宁也一再重申:"马克思主义不是死的教条,不是什么一成不变的学说,而是活的行动指南,所以它就不能不反映社

---

①　顾海良:《马克思主义发展史》,中国人民大学出版社 2009 年版,第 521 页。

②　《江泽民文选》(第三卷),人民出版社 2006 年版,第 36 页。

③　同上,第 33 页。

④　《马克思恩格斯选集》(第四卷),人民出版社 1995 年版,第 681 页。

⑤　《马克思恩格斯文集》(第 10 卷),人民出版社 2009 年版,第 557 页。

会生活条件的异常剧烈的变化。"①马克思的"这些原理的应用具体地说,在英国不同于法国,在法国不同于德国,在德国又不同于俄国"②,所以"我们决不把马克思的理论看作一成不变和神圣不可侵犯的东西;恰恰相反,我们深信:它只是给一种科学奠定了基础,社会党人如果不愿意落后于实际生活,就应当在各方面把这门科学推向前进"③。

然而在建设社会主义现代化的过程中,苏联脱离了人类社会发展进步的潮流,没有把马克思主义基本原理同苏联社会主义现代化建设的实际情况结合起来,而是机械地搬用马克思主义,或者停留在对社会主义的一些不科学的甚至扭曲的认识上,或者停留在那些超越社会主义初级阶段的不正确的思想上,仍然坚持思想文化专制主义,盲目相信自己的制度优越,对发达国家的一切都斥之为资本主义而加以排斥、否定,致使苏联逐步丧失经济社会发展的活力和生机。由于苏联教条地理解和运用马克思主义,未能创新经济社会发展体制,实现与时俱进的文化发展,致使苏联失去了自我更新的能力,缺乏引领经济社会发展的创新理论,从而也丧失了文化对人民群众的感召力、吸引力。正如曾担任戈尔巴乔夫助手的瓦·博尔金所言:"导致党被削弱的最深刻原因是苏共和社会失去了一个全民族的伟大思想。马克思主义成为了一种教条。"④先进文化的力量在于它能为经济社会的发展指明前进的方向。苏联文化创新能力的减退必然会为西方文化俘获部分苏联领导人和人民创造条件和空间。在美苏冷战的过程中,美国征服苏联凭借的不是洲际导弹、人造卫星、航空母舰,而是文化的力量。可以说,美国在同苏联文化软实力的较量中真正达到了《孙子兵法》中"攻心为上,攻城为下","不战而屈人之兵"的境界,不费一枪一弹,用西方文化就彻底瓦解了苏联。关于这一点,在2000年的白宫文化与外交会议上,美国前总统克林顿就曾直言不讳地指出,美国不是靠核武器和导弹,而是靠价值观和美国的文化使苏联垮台的。从这一意义上说,苏联的解体和消亡,与其说是美国文化演变的结果,倒不如说是因文化创新缺失而使文化失去先进性的结果。正如有学者所说,苏共之失去执政权,"并不是马克思主义的失败,是教条主义式地对待马克

---

① 《列宁选集》(第二卷),人民出版社1995年版,第28页。

② 《列宁选集》(第一卷),人民出版社1995年版,第274页。

③ 同上,第27页。

④ 〔俄〕瓦·博尔金:《戈尔巴乔夫沉浮录》,李永全等译,中央编译出版社1996年版,第400页。

思主义的失败,是教条主义的彻底破产"①。诚哉斯言。

"江山代有更替,各领风骚百年。"从近代以来世界大国兴衰更替的历史规律看,世界大国身份的获得不仅取决于该国所拥有的强大政治、经济和军事能力,也取决于该国拥有的强大文化国力。正如美国战略家布热津斯基所言:"历史的教导是:一个超级大国无法长期保持它的主导地位,除非它能——充满着相当大的自认为正确的信心——提供对全世界具有重要意义的启示。"②换言之,世界大国之所以能得到世界其他国家的尊重,一个不可或缺的条件是它拥有强大的文化国力,并对世界其他国家乃至整个世界的文化发展都有着极其重要的影响力、吸引力和贡献力。如果一个大国不能为国际社会提供一种具有引导力的文化形态和具有普遍价值的道德或文化理念,是很难称得上是一个世界大国、强国的。

同样,中国要崛起为真正意义上的世界大国、强国,也必须具有一个强大且富有亲和力的文化软实力,即不仅在国际文化秩序的建设中发挥建设性作用,而且能对世界文化发展方向提供重要的启示和影响。

表 4-1 1500—1900 年主要支配国及其权力资源

时期	支配国	主要权力资源
16 世纪	西班牙	黄金、殖民地贸易、雇佣军王朝联系
17 世纪	荷兰	贸易、资本市场、海军
18 世纪	法国	人口、乡村工业、公共管理、陆军
19 世纪	英国	工业、政治凝聚力、财政与信贷、海军、自由规范岛国位置（易于防卫）
20 世纪	美国	经济规模、科技领先地位、普世性文化、军事实力与联盟、自由国际机制、跨国传播中心

资料来源:约瑟夫·奈著,门洪华译:《硬权力与软权力》,北京大学出版社,2005 年版,第 119 页。

---

① 《聂运麟教授访谈.21 世纪初的资本主义国家共产党》,《国外理论动态》2008 年第 5 期。

② 〔美〕布热津斯基:《大失控与大混乱》,潘嘉玢、刘瑞祥译,中国社会科学出版社 1995 年版,第 100 页。

三、中国文化软实力建设的战略选择

拿破仑说过:"世上只有两种力量:利剑和思想。从长远看,利剑总是败给思想。"富有感召力的文化价值观念往往能触及人的灵魂,因此,要在世界文化交流中不断提高、扩大中华民族的世界文化影响力,就必须大力发展国家的文化软实力。而文化软实力是以坚实的文化基础作为依据的。没有文化本体这一基本构成要素的强大支撑,就没有文化软实力可言。

一个国家的文化体系,取决于这个国家传统文化的积淀与传承,也决定于文化时代精神的丰富与补充。因此,中国文化软实力的提升离不开社会主义现代文化、中华传统文化以及人类先进文化的强有力支撑。我们在发展硬实力的同时,必须注重用富有感召力、亲和力的思想价值观念提升软实力,这样才能赢得世界文化博弈的战略主动权。

(一)挖掘中国传统文化,发掘文化优势

创新中国社会主义文化,首先应立足于传统文化,挖掘传统文化资源,在此基础上,才能孕育和发展出社会主义现代化新文化。因为传统与现代并不是一种对立的关系,而是一种相互建构的关系,传统在构成着现代,而现代也在重新构成着传统。就如马克思主义创始人所言:"人们自己创造自己的历史,但是他们并不是随心所欲地创造,并不是在他们自己选定的条件下创造,而是在直接碰到的、既定的、从过去承继下来的条件下创造。"①"每一个时代的哲学作为分工的一个特定的领域,都具有由它的先驱传给它而它便由此出发的特定的思想材料作为前提。"②

传统文化思想是一种反映民族特质和风貌的民族文化思想,是民族历史上各种思想文化、观念形态的总体表征。民族的传统文化不仅在历史上形成和塑造了民族文化,同时还作为民族文化的基础不断影响民族文化的发展走向。

1.中国传统文化的精髓

中华文化博大精深、源远流长,有着丰富的思想内容和深刻的文化精髓,蕴藏着取之不尽、用之不竭的"软实力资源"。张岱年先生把中国传统文

---

① 《马克思恩格斯全集》(第 8 卷),人民出版社 1979 年版,第 121 页。
② 《马克思恩格斯选集》(第四卷),人民出版社 1995 年版,第 703 页。

化的基本思想概括为刚健有为、和与中、崇德利用、天人协调四个方面。他认
为,《易传》中提出的"天行健,君子以自强不息"及"地势坤,君子以厚德载
物"两个命题,集中地体现了中国文化的精神实质。所谓"自强不息"就是努
力向上,决不停止,中华民族不断进取、奋发有为精神的写照;而"厚德载物"
是指君子应以大地一样的胸怀包容万事万物。在金开诚先生看来,中华传统
文化的内容丰富复杂,但其中有四个思想最为重要,也最有概括性:作为基
本哲理的阴阳五行思想,解释大自然与人类社会关系的天人统一思想,指导
解决社会问题的中和中庸思想,指导如何对待自身的修身克己思想。他认为
这四个思想之所以重要,是因为他们渗透至各个文化领域、各种文化表现之
中,并起着指导作用。①还有学者把中国传统文化的基本内涵概括为三个方
面:一是中国传统文化的基本思想——刚健有为、和与中、崇德利用、天人协
调;二是中国传统文化的一个重要价值指向——注重人的内在修养,轻视对
外在客观规律的探究;三是重家族、重血缘的家庭伦理本位的价值。②

　　总括学界的各种不同的论述和分析,我们认为,中华传统文化突出的内
涵和精神主要包括以下五方面内容:

　　一是人本精神。中国传统文化高度重视人,《易传》把天、地、人合称为
"三才",认为"人"在宇宙间同天地一样重要。《孝经》也认为"天地之性人为
贵",人是天地间最有价值的。"民惟邦本,本固邦宁"、"天地之间,莫贵于
人"。虽然先秦人将最高统治者均称为"天子","率土之滨,莫非王土",但是
在民与君的关系上,"天生民而树之君",就是为了利民,君之"命"在"养民",
而不必计较个人"命"之长短,"利于民"也是"君之利"。③孟子也说:"民为贵,
社稷次之,君为轻,得乎丘民为天子。"④荀子也明确指出:"天之生民,非为君
也;天之立君,以为民也。"⑤君主应以"天"为榜样,博爱无私,布施恩德和仁
爱以厚待人民,反对横征暴敛。强调各级统治者要"躬行其实,以民为先"。
(《朱子语类》)统治者要"节用而爱民","因民之利而利之",以至"老者安之,
少者怀之",使百姓"仰足以事父母,俯足以畜妻子,乐岁终身饱,凶年免于死
亡"⑥。"民惟邦本"表现出一种鲜明的民本思想。

---

① 金开诚:《中国传统文化的四个重要思想及其古为今用》,《新华文摘》2007 年第 1 期。
② 赵玉华:《中国传统文化基本内涵探析》,《东岳论丛》2008 年第 5 期。
③ 《十三经注疏》,阮元校刻,中华书局 1980 年版,第 1852 页。
④ 同上,第 2774 页。
⑤ 《荀子》,王杰、唐镜注,华夏出版社 2001 年版,第 390 页。
⑥ 《十三经注疏》,阮元校刻,中华书局 1980 年版,第 2671 页。

二是"贵和"精神。热爱和平、反对战争是中国传统文化的突出特点。孔子以"和"作为人文精神的核心,强调"礼之用,和为贵"。①《春秋繁露·卷十六》曰:"和者,天地之所生成也。"《荀子·天论》亦曰:"万物各得共和以生。"《中庸》指出:"致中和,天地位焉,万物育焉。"不仅如此,中国传统文化在把"和平"作为自己价值追求目标的同时,也充分注意到战争对社会发展的破坏作用。在他们那里,维护和平与反对战争如鸟之双翼,车之两轮是紧密联系在一起的。孔子虽然主张为"礼"而战,但他反对一切暴力现象,并一生追求"善人为帮百年,亦可以胜残去杀矣"。孟子、荀子等中国古代儒学人物虽倡导"天吏可伐无道","以至仁伐至不仁",但他们对"争地以战,杀人盈野;争城以战,杀人盈城"的非正义战争则深恶痛绝,认为,"争则乱,乱则穷",坚决主张对"善战者服上刑"。墨子对造成祸国殃民,涂炭生灵的战争也给以彻底否定,认为兵器是罪恶之物,战争是凶险之事。他说:"繁为攻伐,此实天下之巨害也。"所以"远人不服,则修文德以来之,既来之则安之",主张以"以德服人"、"不战而屈人之兵",反对轻率地诉诸武力。

三是"兼爱"精神。在人与他人和社会的关系上,儒家文化强调"仁者爱人","己所不欲,勿施于人","己欲立而立人,己欲达而达人",提倡忠、孝、友、悌,认为"四海之内皆兄弟",所以,"己所不欲,勿施于人"。"人不独亲其亲,不独子其子,使老有所终,壮有所用,幼有所长,矜、寡、孤、独、废、疾者皆有所养。"主张"老吾老以及人之老,幼吾幼以及人之幼"。在国与国的关系上,中国传统文化提出了"亲睦九族"、"协和万邦"的理念和思想,主张国家之间、民族之间要在相互尊重、平等相待的基础上,实现和睦相处、团结互助、合作共生。"视人之国,若视其国;视人之家,若视其家;视人之身,若视其身。"可见,"兼爱"思想充满了与人为善、"亲仁善邻"(《左传·隐公六年》)等合理思想。

四是"和而不同"的和谐精神。与国际关系中的"唯我独尊"的文化中心主义和专制主义不同,中国传统文化认为,世界是多样性的统一,不同国家和民族的意识形态、文化、政治制度等都是人类文明的重要组成部分,都对人类文明发展作出了各自的贡献。所以主张不同的文化都应以博大宽广的心胸,以有容乃大的气魄对待他文化,认为,"夫和实生物,同则不继。以他平他谓之和,故能丰长而物归之。若以同裨同,尽乃弃矣。"儒家代表人物孔子也提出"君子和而不同,小人同而不和"。认为在"不同"的基础上相"和",才

---

① 《论语·学而》。

能促使事物发展。而"同"泯灭了事物个性，不仅无法达到"和"的境界，反而会使事物走向衰败境地。因此，"和而不同"思想坚持和谐而又不千篇一律，不同而又不相互冲突；和谐以共生共长，不同以相辅相成。另一方面，"和而不同"还主张对由于文化差异性而引起的文化冲突应通过不同文化间的平等对话和沟通来解决，在求同存异中达到"和"的目的。"和者也，天下之达道也，致中和，天地位焉，万物育焉。"因此"和而不同"的理念体现了中国传统文化中"兼容并包"的价值追求。

五是天人合一的精神。生命源于自然，自然是人的母本。这一事实注定了人永远是自然的一部分，永远摆脱不了对自然的依赖性，自然环境、生态状况是人存在与发展的自然价值和生存意义，破坏自然与生态环境就是毁灭人类自身。所以在人与天的关系上，中国古代思想家认为：天、地、人、物不是各自独立、相互对峙的系统，彼此之间有着不可分割的联系。人与宇宙万物浑然为一体，与天地同流，是一荣俱荣、一损俱损的亲善关系。"人与万物皆生于仁，本是一体。故人合下生来便能爱，便是亲亲，由亲亲而推之便能仁民，由仁民而推之便是爱物。故仁者以天地万物为一体。天地以生物为心，人亦以生物为心，本来的心便是仁，本来的人便是仁。"①强调天人协调，顺应而不是违背自然规律，认为"天地和合，生之大经也"。所以要"与天地合其德，与日月合其明，与四时合其序，与鬼神合其吉凶"②。总之，"和合"文化追求人类社会与自然"天人合一"的生态和谐境界。

中国传统文化在处理人与自然、人与社会、人与自身的关系方面有着极其丰富的内容和高超的智慧，"它以'观乎人文以化成天下'的把握世界的方式，突出了中国文化所特有的天人合一的宇宙观，知行合一的实用理性，直观体验式的思维方式，非功利性的价值尺度，从容中道的人生态度，尽善尽美的理想追求，贵合持中的人际关系，充满人性的人文关怀，重视天人关系和谐与现世人间性和人间秩序等重要内涵"③。这些从长期历史发展承传下来的中国丰富的传统民族文化具有强大的生命力，它不仅从深层次上构成了中华民族心理发展和历史传承的要素和共有的精神家园，使我们民族在思维方式、价值取向、伦理观念、审美情趣等方面渐趋认同，成为中华民族强大的向心力和凝聚力所在，而且对维护世界和平，创造共同繁荣的世界文明

---

① 刘宗周：《刘子全书》，华文书局 1968 年版，第 2569~2570 页。

② 《易传·文言》。

③ 王东莉：《道德人文关怀》，中国社会科学出版社 2005 年版，第 237 页。

秩序也有着极为重要的借鉴意义。

以中国传统文化的"和"为例。当今世界之所以冲突不断,其中一个重要的原因就是,世界一些大国在国际交往中秉承"和而同"的文化理念,认为世界不同文化的存在不利于世界的和平,所以它们恃强凌弱,以己之心度他国之腹,试图将自己的文化取代世界其他国家的文化,来维持自己文化的中心地位。因而遭到他国的强烈反对。中国传统文化认为,文化的多样性是世界的本来面目。在多元化的世界文明面前,世界各国唯有坚持"和而不同"的文化原则,通过跨文化对话进行和平的交往而非所谓文明的冲突,来解决某些分歧、摩擦与矛盾,增进互相理解与合作,才能实现世界不同文明共生共荣、和谐进步。对此,20世纪20年代英国著名哲学家罗素在《中国问题》一书中就曾明确地指出:"中国至高无上的伦理品质中的一些东西,现代世界极为需要,这些品质中,我认为'和'是第一位的"。这种品质"若能够被全世界采纳,地球肯定会比现在有更多的欢乐和祥和"①。

再比如中国传统文化的"天人合一"思想。当前,人类社会面临的一个共同问题,就是随着人类技术理性的日新月异,社会物质福祉不断提高的同时,对大自然的破坏程度也在与日俱增,严重危及了人类赖以生存的生态环境。造成这种情况的一个重要原因,就是西方社会在长期的发展过程中,一直以主客二分的文化理念来看待人与自然的关系,把自然生态当作是欲求欲夺的对象而肆意踩躏、掠夺,从而日趋加剧人与自然的对立和紧张。与西方文化不同,中华文化讲求从整体上把握事物,认为世上万物都是相依相存的。如果人类共同的地球家园遭到破坏,人类生存的共同危机也必然会到来。所以中国传统文化主张"人法地,地法天,天法道,道法自然",追求"天地与我并生,而万物与我为一"。显然,中国传统文化中的"天人合一"思想有助于治理环境污染,恢复生态平衡,解决资源贫乏等人类共同性实际问题。它不但为新时期中国社会经济协调发展提供深厚的哲理基础,同时也丰富了人类的文化宝库,有效地弥补了西方文化发展中的严重不足,有利于世界文化向着更完善的方向发展。史学家钱穆先生曾说:"西方之一型,于破碎中为分立,为并存,故常务于力的斗争……而东方之一型,于整块中为团聚,为相协,故常务于情的融和。"②综上所论,正如中国传统文化由于自身的局限而

---

① 〔英〕罗素:《中国问题》,秦悦译,上海学林出版社1996年版,第205页。

② 钱穆:《国史大纲》(上册),商务印书馆1996年版,第23页。

无法为中国现代化提供有力的思想支撑，迫切需要从西方文化中寻求解决问题的思路，以弥补中国传统文化的不足一样，中国传统文化中蕴涵着的人文精神、道德理性也是西方世界进入后现代社会所迫切需要的。

2.对待中国传统文化的立场方法

中华传统文化中所积淀着的其他民族文化所没有的精髓，不但在中华大地上显示了独特的魅力和光彩，而且还充分展现了超越时代，超越国界的深远影响。而这恰是构建和提升中国文化软实力的根基，也是吸引和影响其他国家的力量源泉。"优秀传统文化凝聚着中华民族自强不息的精神追求和历久弥新的精神财富，是发展社会主义先进文化的深厚基础，是建设中华民族共有精神家园的重要支撑。"[①]

当然，中国传统文化有积极、优秀的文化成分，也有消极、糟粕的文化因素。这是由于中国传统文化是在小农经济为基础的封建社会中形成发展起来的。所以中国传统文化既包含着超越时代发展的，并对社会前进和发展起积极预见、引导作用的"精华"，又包含阻碍社会生产力发展的，过时的、落后的、消极的"糟粕"。比如：封建专制主义家长制、一言堂等宗法思想，长官意志、特权意识等"官本位"思想，故步自封、妄自尊大的保守传统等。正如有学者所言："传统文化在不同时代呈现不同的主流，但其本身又都有积极与消极的两面作用。积极的一面促进了政治的贤明和经济的发展；消极的一面套上沉重的枷锁，阻碍生产力的发展。"[②]

面对中国传统文化自身和发展的二重性，不加批判地继承本民族的传统文化，拒绝接受新文化和任何外来文化的"守旧主义"和"封闭主义"是不行的，抱残守缺、固守传统只会使原有鲜活的精神源泉日渐枯竭。同样，一味推崇外来文化，根本否定传统文化的"民族虚无主义"也是错误的。全盘肯定、完全西化，只能使民族文化失去根基，走向灭亡。因为文化的发展是一个历史的连续体，任何文化都是在既有传统文化基础上产生和发展起来的。当代中国先进文化也不能建立在虚无缥缈之上，它只能在中华民族优良传统的文化基础上产生。毛泽东曾经指出："我们是马克思主义的历史主义者，我们不应当割断历史。从孔夫子到孙中山，我们应当给以总结，承继这一份珍贵的遗产。"[③]"中国

---

① 余远富：《十七大以来中国共产党对马克思主义文化观的创新与发展》，《扬州大学学报》（人文社会科学版）2012年第5期。

② 邓克敏：《传统文化与现代社会发展》，《河南社会科学》1998年第2期。

③ 《毛泽东选集》（第二卷），人民出版社1991年版，第534页。

在长期的封建社会中,创造了灿烂的古代文化。清理古代文化的发展过程,剔除其封建性的糟粕,吸收其民主性的精华,是发展民族新文化提高民族自信心的必要条件;但是决不能无批判地兼收并蓄。必须将古代封建统治阶级的一切腐朽的东西和古代优秀的人民文化即多少带有民主性和革命性的东西区别开来。"①胡锦涛在党的十七大报告中进一步强调,对待传统文化应该"取其精华,去其糟粕"②。总之,对待中国传统文化,正确的方法是,在客观、理性地认识传统文化的基础上,坚持批判继承、古为今用的原则,取其精华,去其糟粕。我们必须站在现代性、时代性的高度,坚持辩证唯物主义和历史唯物主义的立场、观点、方法,实事求是地审视、剖析、鉴别民族文化,凡适应现代社会和市场经济发展需要的,要大胆地认同和继承,并结合时代精神,运用马克思主义的科学方法,对其进行重新诠释,"更主动地赋予传统以新的生命力和存在形式"③,以使其古为今用;凡是不适应现代社会与经济发展要求的,应坚决地抛弃。只有批判地继承中国传统文化,在继承中创新中国文化,积极推进优秀传统文化的现代性转化,才能凸显中华文化独具魅力的特色,从而不断提高中华文化的国际认同度和影响力、感召力。

(二)吸纳世界先进文化,增强世界对中国文化的认同力

通过文化创新建设中国社会主义先进文化,既要立足于当代中国社会发展实践,坚守中国优秀传统文化,又要有全球视野和眼光,在不同文化的交流中,择善而从,始终保持中华文化的开放性、包容性。

1.人类文化发展的一个规律

文化是一个民族、一个国家在改造客观物质世界的社会实践中逐步形成的知识体系、价值观念、生存方式等构成的观念的复合体,是一个国家的民族精神和智慧的长期积淀和凝聚。保持民族文化的独立性和完整系统性对于以民族国家为主要政治存在形式的区域的共同体来说具有极其重要的意义,它对于维护民族的凝聚力和自信心以及国家的统一和稳定是不可缺少的。

---

① 《毛泽东选集》(第二卷),人民出版社1991年版,第707~708页。

② 胡锦涛:《高举中国特色社会主义伟大旗帜为夺取全面建设小康社会新胜利而奋斗——在中国共产党第十七次全国代表大会上的报告》,人民出版社2007年版,第35页。

③ 〔美〕阿历克斯·英格尔斯:《人的现代化——心理·思想·态度·行为》,殷陆君译,四川人民出版社1985年版,第60页。

　　保持文化的民族性并不意味着对民族文化的孤芳自赏，与世隔绝。相反，民族的文化只有在与世界各民族、国家文化的互相交流、相互融合，甚至发生冲突中，才能得以完善和发展。这是因为世界上各民族既有共同的文化方面，又有各自独具特色的文化，所以才能在历史发展中自立于世界民族之林。同时，每个民族的文化都有各自的缺点，各民族文化只有在相互交流中取长补短，才能不断地发展和完善自己。"没有哪个民族是完整的，因此所有民族都设法补充自己。一个民族发展的程度越高，它就越有必要补充自己，因而也就越有活力。"①著名人类学家 F.博厄斯认为："人类的历史证明，一个社会集团，其文化的进步往往取决于他是否有机会吸取邻近集团的经验。一个社会集团所有的种种发现可以传给其他社会集团；彼此交流的愈多样化，相互学习的机会也就愈多。文化最原始的部落就是那些长期与世隔绝的部落。"②因此，民族文化存在和发展的生命力在于它的开放性。民族文化如果游离于人类文化发展轨道之外，那么只能导致民族文化的不断衰亡或窒息。

　　任何一种文化都是在与他文化的交流、选择、吸收、创新中发展壮大的。不同地区和不同国家的文化互相开放，互相交流，相互吸收，同时又在这个过程中整合与分化，这是各文明形态发展必不可少的条件，也是各民族文化发展互动的一条基本规律。人类文明史证明，一个民族国家的文化愈是具有包容性和整合力，它就愈是丰富博大、历久弥新。从西方历史来看，长达千余年的希腊罗马文明是西欧乃至全部西方文明之源，它奠定了西方文明中科学理性与人文精神的传统。然而它并非是自我封闭、绝缘地演进的。它和当时的东方（近东与北非）文明虽颇有差异，却正是在同早先已获丰富成果的后者的跨文化交往中吸取其文明的成果，从而激发了希腊、罗马民族的灵感，也融会了东西方诸多地区民族的智慧，最终创造出辉煌灿烂的希腊罗马文化。希腊古典哲学的形成与发展也得益于西亚和埃及的科学与宗教思想，特别是埃及、巴比伦的天文学、数学方面的突出成就和神话，对希腊哲学与宗教的起源有重要的启迪作用。比如中国的指南针、印刷术和火药很早就传到欧洲，为欧洲文明的崛起提供了技术条件。马克思说："火药、罗盘针、印刷术——这是预兆资产阶级社会到来的三项伟大发明。火药把骑士阶层炸得粉碎，罗盘针打开了世界市场并建立了殖民地，而印刷术则变成了新教的工

---

　　① 《社会主义核心价值观与中华战略文化》，时事出版社 2010 年版，第 253 页。

　　② 〔美〕斯塔夫里阿诺斯：《全球通史——1500 年以前的世界》，吴象婴、梁赤民译，上海社会科学院出版社 1998 年版，第 6 页。

具,并且一般地说,变成科学复兴的手段,变成制造精神发展的必要前提的最强大的推动力。"①

不同文化之间的相互学习和借鉴是激发文化活力的必要条件。不同时期、不同层面上的文化交流,每次都是对己文化和异文化的超越,使文化得以发展,并超越自身。恰如英国哲学家罗素所说:"不同文化之间的交流过去已被多次证明是人类文明发展的里程碑。希腊学习埃及,罗马借鉴希腊,阿拉伯参照罗马帝国,中世纪的欧洲又模仿阿拉伯,文艺复兴时期的欧洲则仿效拜占庭帝国。欧洲历史上曾出现过数次大规模的文化借鉴热潮,而几乎每次热潮都促使一种文化得以兴盛,同时推动了欧洲文化的发展。"②布罗代尔也明确指出:"在各种文明中, 西方恰好利用了它汇集着无数文化潮流的优越地位。千百年来,它从各个方向吸取营养,甚至向已死的文明借鉴,这才使它后来光芒普照,风行全球。"③

从中国历史来说,中国号称世界四大文明古国之一,其文化之所以没有像埃及、巴比伦那样发生中断,是因为其无限的生命力源之于它的包容性和开放性。特别是汉代以来,在中国和印度的跨文化交往中,印度佛教与佛学在中国知识界和民众中广为传播,并形成多个具有中国特色的佛教与佛学流派(如天台宗、法相宗、华严宗、禅宗等),它们和中国传统的儒学、道家又互有渗透、吸取,深刻地影响了中国哲学与文化传统的演进。唐朝之后,中华文明和伊斯兰文明也有和谐、成功的跨文化交往,一些本来属于外域的东西,都逐渐成为中华"本土"文化传统的重要组成部分。也就是说,悠久灿烂的中华文明在不同的历史阶段也是通过多种形式的跨文化交往, 以兼容并包的博大胸怀,吸纳了外部世界的不同优秀文明成果,经过不断充实、丰富才得以发展的。正如毛泽东所指出的:"我们这个民族,从来就是接受外国的先进经验和优秀文化的。在封建时代,唐朝兴盛的时候,我国曾经和印度发生密切的关系。我们的唐三藏法师,万里长征去取经,比较后代学外国困难得多。有人证明,我们现在用的乐器大部分是西域来的,就是从新疆以西的地区来的。我们这个民族,从来不拒绝接受别的民族的优良传统。在帝国主义压迫我们的时候, 特别是中日战争我国失败到辛亥革命那一段时间……我们的

---

① 《马克思恩格斯全集》(第 47 卷),人民出版社 1979 年版,第 427 页。

② 〔英〕伯特兰·罗素:《中西文化之比较——一个自由人的崇拜》,时代文艺出版社 1988 年版,第 8 页。

③ 〔法〕费尔南·布罗代尔:《文明史》,肖昶译,广西师范大学出版社 2003 年版,第 157 页。

先辈(在座的也有)很热诚地参加学习西方的活动,许多留学生到日本、到西洋去。那一次学习,对我们国家的进步是有很大的帮助的,特别是在自然科学方面,现在还给我们留下了很大一批自然科学工作者,一批宝贵的遗产。"①

中国文化和世界文明发展的历史都说明,任何一个文明要想取得长足进展,获得持久的生命力,必须借鉴人类先进的文明成果,"每一个富有生命力的民族,都能够在同域外文化交流中取长补短,不断充实和发展自己,文化的开放性就表现在这里"②。仅仅依靠一种文化就能生存的时代已经一去不复返了。不同文化只有相互借鉴、相互交流、取长补短,才能获得共同进步。文化封闭只能导致僵化、停滞和落后,带来民族的危机。

2.中国先进文化建设必须要加大文化的开放性

中国目前正处于一个剧烈的文化转型时期,不仅面临着马克思主义文化与非马克思主义文化的矛盾和冲突,还存在着"同主流文化相对抗的反向文化、以及落后腐朽文化以外,还有大量处于从属补充地位的大众文化形式和具有潜在文化竞争力的亚文化"③。国际上,则面对着社会主义文化与资本主义文化的严峻斗争。在这种情况下,社会主义文化要发展成为中国的主导文化,国际上要占据文化竞争的主动性,固然要大力弘扬民族文化,正如江泽民同志指出的:"发展先进文化,必须继承和发扬一切优秀文化,必须充分体现时代精神和创新精神,必须具有世界眼光,增强感召力。中华民族的优秀文化传统,党和人民从五四运动以来形成的革命文化传统,人类社会创造的一切先进文明成果,我们都要积极继承和发扬。"④但是我们也必须清醒地看到,发展先进文化绝不是靠单纯弘扬传统文化所能奏效的,它要求我们必须以博大的胸怀、开放的姿态,博采众长,积极借鉴世界各国的优秀文明成果,使其熔铸于本民族文化建设之中,本民族文化才能保持勃勃生机。在当代特别是要加强与资本主义文化的交流,大胆吸收和借鉴当今世界资本主义一切反映现代社会化生产规律的先进经营方式、管理方法。"古往今来每个民族都在某些方面优越于其他民族。"⑤因此,"中国要发展、要进步、要富

---

① 《毛泽东文集》(第六卷),人民出版社 1999 年版,第 264 页。

② 丁宗和:《东西方文化交融的道路与选择》,四川人民出版社 1993 年版,第 2 页。

③ 陈晓梅:《论当前文化建设中应把握好的十大关系》,《扬州大学学报》(人文社会科学版) 2012 年第 1 期。

④ 《江泽民文选》(第三卷),人民出版社 2006 年版,第 278 页。

⑤ 《马克思恩格斯全集》(第 2 卷),人民出版社 1957 年版,第 194 页。

强,就必须对外开放,加强与世界各国的经济、科技、文化的交流和合作,吸收和借鉴一切先进的东西。封闭就要落后,落后就要挨打。能否不断了解世界,能否不断学习世界上一切先进的东西,能否不断跟上世界发展的潮流,是关系一个国家、一个民族兴衰成败的大问题"①。西方文化中包含的科学精神、民主思想、法治观念、人权理论,以及自由意识、公共意识、市场意识等,正是中国传统文化所缺失的,也恰是中国构建社会主义先进文化所必需的。

马克思曾把汲取"资本主义制度的一切肯定的成果"视为落后的俄国农村公社"跨越资本主义卡夫丁峡谷"的重要条件之一。列宁也曾尖锐地批判了俄国"无产阶级文化派",指出建构和发展社会主义文化不能脱离以往的人类文明的发展(包括资本主义社会所创造的文明)。列宁说:"无产阶级文化并不是从天上掉下来的, 也不是那些自命为无产阶级文化专家的人杜撰出来的"②,而是在吸收和创造了两千多年来的人类思想和文化发展中一切有价值的东西的基础上产生的。"马克思主义这一革命无产阶级的思想体系赢得了世界历史性的意义,是因为它并没有抛弃资产阶级时代最宝贵的成就, 相反却吸收和改造了两千多年来人类思想和文化发展中一切有价值的东西。只有在这个基础上,按照这个方向,在无产阶级专政(这是无产阶级反对一切剥削的最后的斗争)的实际经验的鼓舞下继续进行工作,才能认为是发展真正的无产阶级文化。"③所以"必须取得资本主义遗留下来的全部文化,并且用它来建设社会主义。必须取得全部科学、技术、知识和艺术"④。必须最大限度地利用大资本主义所达到的技术和文化成就。如果不学会利用资产阶级文化,社会主义就不可能实现。之所以如此,原因就在于只有资本主义制度的一切肯定的经济和广义的文化成果才能为社会主义社会奠定牢固的基础。"我们不能设想,除了以庞大的资本主义文化所取得的一切经验为基础的社会主义以外,还有别的社会主义。"⑤邓小平也指出:"资本主义已经有了八百年历史,各国人民在资本主义制度下所发展的科学和技术,所积累的各种有益的知识和经验,都是我们必须继承和学习的。我们要有计划、有选择地引进资本主义国家的先进技术和其他对我们有益的东西。""只有

---

①　《江泽民文选》(第三卷),人民出版社 2006 年版,第 127 页。

②　《列宁全集》(第 39 卷),人民出版社 1986 年版,第 299 页。

③　同上,第 332 页。

④　《列宁全集》(第 36 卷),人民出版社 1985 年版,第 48 页。

⑤　《马克思主义文化学》,中国文化书院 1987 年版,第 21 页。

以更加开放的心态学习人类一切文明成果，才能更好地完成文化现代化的过程，中华文化的传承和发扬才更有保障。"①

因此，在全球化的时代背景下，发展民族文化需要有全球视野和世界眼光。中国必须以海纳百川的胸襟着眼于世界文化发展的前沿，积极、科学地吸纳、借鉴和融合中西文明的有益成果，"要坚持以我为主、为我所用的原则，开展多种形式的对外文化交流，博采各国文化之长"②。"必须以更加开阔的视野、更加博大的胸怀对待外来文化，积极参与国际文化交流合作，学习借鉴一切有利于我国文化改革发展的有益经验和优秀成果。"③只有置身于世界文化发展潮流之中，不断地积极汲取世界各民族文化中的养分，才能不断克服自身的狭隘性、局限性，不断丰富中国社会主义文化内涵，并建构起具有时代特色和鲜明民族风格、民族气派的中国特色社会主义文化，不断增强同其他非社会主义文化抗衡的竞争力；也才能在自身文化的不断变革和扬弃中生长出与世界文明潮流相吻合的文化，立于世界文化的潮头。反之，如果我们一味地闭关锁国、唯我独大独尊，不但会白白丧失文化全球化这一大好时机，而且会越来越远离世界先进文化前进的总方向。总之，一个民族、一个国家的文化只有既是民族的又是"世界"的，才能产生强大的国际影响力。这是因为，文化越是民族的，越能焕发自身文化所特有的魅力，越能引起世界的关注；越是世界的，其普遍性的内容就越有吸引力和感召力，在不同文化相互激荡、彼此碰撞中越能被世界其他国家所认可和接受。这是扩大中华文化影响力的基础。

当然，在文化全方位对外开放的同时，我们要特别警惕两种倾向：一种是"文化保守主义"或曰"文化民族主义"，另一种是"文化激进主义"。前者或出于盲目的民族文化优越感，或出于对外来文化的恐惧感，或出于维护文化整体性、纯洁性的动机，以"国粹"和传统文化价值的守护者自居，抗拒不同文化之间的交流；后者则无原则地全盘接受外来文化，将原有的传统文化统统丢弃。

显然，无论是"文化保守主义"，还是"文化激进主义"，秉持的都是"文化中心主义"。前者坚持的是中国文化中心主义，后者坚持的则是西方文化中心主义。无论是"西方中心"论，还是"华夏中心"说都不是正常、健康、理性的

---

① 俞新天：《强大的无形力量》，上海人民出版社 2007 年版，第 319~320 页。

② 《江泽民文选》（第三卷），人民出版社 2006 年版，第 35 页。

③ 胡锦涛：《坚定不移走中国特色社会文化发展道路努力建设社会主义文化强国》，《求是》2012 年第 1 期。

心态。无疑,这两种倾向都是极为有害的,都不利于发挥民族文化在国际交流中的作用。中国传统文化与西方文化作为性质和特点截然不同的两种文化体系,各具千秋,不可相互替代。

因此,当代中国文化和中国人精神家园的重建,既不能走复古的道路,也不能走西化从而否定传统的道路,而应当在传统文化与当代文化、外来文化之间保持一种必要的张力。这就要求我们,在高扬文化建设的主体意识,以开放性的视野,积极、科学地吸纳、借鉴和融合中西文明的有益成果,强化和锤炼中国文化的民族性的同时,必须抛弃盲目的"不是东风压倒西风,就是西风压到东风"、"不是你死就是我活"的任何"中心主义"的思想,破除中西对立、"体用两元"的僵化思维方式。对古今中外的文化体系的内容和形式应根据中国当今社会发展的客观要求和世界文化发展的趋势,兼采中西、古今,经过综合创新,不断发展与时俱进的中国社会主义文化。这样才能构建一个既有民族特色又有现代气息的社会主义新文化,才可望实现对本土传统文化和世界外来文化的双重超越。诚如孙中山先生所说,中国文化应"发扬吾固有之文化,且吸收世界之文化而光大之,以期与诸民族并驱于世界"①。

(三)创新文化,建设中国先进文化,引领世界文化走向

任何先进文化的形成都离不开对本国优秀民族文化传统的传承和对外来先进文明成果的吸纳。任何文化只有在传承和开放中才能发展。但这仅是文化进步的一个条件。文化要永续发展,还要不断地创新。古今中外文化发展的历史表明,推进一个民族文化的根本发展,基础在继承,关键在创新。创新是文化的生命,是先进文化建设的实质所在。

1.文化的生命力在于创新

文化是创造性的精神劳动。文化创新是民族兴衰发展的关键,是文化的生命之源和发展的不竭动力。一个民族、一个国家要在空前激烈的文化竞争中占据文化发展的制高点,就必须与时俱进,摆脱陈旧束缚,破除文化迷信,创造出符合时代发展需要的先进文化来。只有创新的文化,才是反映时代精神、体现时代发展方向的文化。如果不站在科学文化的制高点上不断创新,我们的文化就可能落后于时代,失去自己的先进性。胡锦涛指出:"历史和现实都告诉我们,只有创新型的国家才能实现繁荣富强,只有创新型的民族才

---

① 《孙中山全集》(第7卷),中华书局1981年版,第60页。

能兴旺发达,只有创新型的政党才能永葆先进性。"①"一个没有文化底蕴的民族,一个不能不断进行文化创新的民族,是很难发展起来的,也是很难自立于世界民族之林的。"②

文化的生命力就在于创新。在文化全球化进程中,发展中国家的文化之所以处于劣势,固然有其经济落后等方面的原因,但文化创新能力不强也是制约其文化发展的一个重要因素。而欧美发达国家之所以能够长期领世界文明风气之先长达 200 余年之久,如上所说,与其强大的文化创新力是密不可分的。在当今世界,一个国家能否和在多大程度上激活全民族的文化创造活力,直接规定和影响着该国家文化软实力形成和提高的可能性,决定着一个国家在世界民族之林中的生存状态。从一定意义上讲,没有全民族文化创造活力的充分激发,就没有国家文化软实力的普遍提升。

如第四章中所言,与美国等发达国家相比,中国在文化方面的辐射力、影响力仍显落后。其中,文化创新能力不强,是制约中国文化发展的一个主要因素。正是因为当代中国的文化创新能力低下,所以当前中国文化呈现给世界的多是太极拳、少林功夫、唐装汉服、中华美食等浅层文化符号,而非具有世界普遍意义、反映时代精神的深层文化价值的内容产品。正如俄罗斯学者亚历山大·卢金所说,中国虽有物质基础,但软实力有限,因为实力需要有价值观的吸引力。③这既与中国是世界大国的文化身份相背离,也与中国在当今世界上发挥作用的地位不相符合。

文化创新关系着中国社会主义的前途和命运。如果中国的文化没有创新,就必然面临着被西方文化同化的风险,必定直接影响国家、民族的团结、稳定和凝聚力,影响国家的未来发展。

2.文化创新的价值取向

文化乃国脉所系,是一个国家一个民族全部智慧和文明的集中体现。文化兴,则国家兴;文化衰,则国家衰。因此,"我们必须把增强民族创新能力提到关系中华民族兴衰存亡的高度来认识"④。

要推进中国特色社会主义文化大发展大繁荣,始终保持中国特色社会主义文化的先进性,就要不断推动中华民族的文化创新。只有依据时代的发

---

① 《十七大以来重要文献选编》(上),中央文献出版社 2009 年版,第 233 页。
② 《胡锦涛〈牢固树立社会主义荣辱观〉学习读本》,人民出版社 2006 年版,第 2 页。
③ 转引自俞新天:《中国价值观的世界意义》,《国际问题研究》2013 年第 4 期。
④ 《江泽民在全国教育工作会议上的讲话》,《光明日报》1999 年 6 月 16 日。

展变化,不断推进中国特色社会主义文化的创新,才能始终反映先进文化的发展趋势,引领时代发展的前进方向。正如胡锦涛指出:"文化是最需要创新的领域,只有把握时代脉搏、反映时代精神、贴近现实生活、引领人民思想的文化,才能始终赢得人民,才能始终成为社会进步的先导。"①

在当下,要创造既代表先进文化发展的方向又体现人民群众根本利益的先进文化,必须"立足于改革开放和现代化建设的实践,着眼于世界文化发展的前沿,发扬民族文化的优秀传统,吸取世界各民族的长处,在内容上和形式上积极创新,不断增强中国特色社会主义文化的吸引力和感召力"②。

(1)文化创新要立足于社会实践。在马克思主义哲学看来,认识来源于实践。实践不仅是人和自然之间的物质变换过程,更是人的意识产生和发展的基础。在生产实践中,生产劳动不但创造了人本身,还创造了人的意识、语言和思想,因而,文化作为一种观念性的存在,它是在人们的实践活动中生成与发展的,是对人们现实生活的反映。正如马克思所说:"每一历史时期的观念和思想也可以极其简单地由这一时期的经济的生活条件以及由这些条件决定的社会关系和政治关系来说明。"③因此,在人的实践的基础上生成与发展的文化,其创新就不能脱离社会历史条件去盲求和杜撰,而必须依据实践的发展提出某种文化观念。正如列宁在批评"无产阶级文化派"时所指出的,"无产阶级文化并不是从天上掉下来的,也不是那些自命为无产阶级文化专家的人杜撰出来的。如果硬说是这样,那完全是一派胡言。无产阶级文化应当是人类在资本主义社会、地主社会和官僚社会压迫下创造出来的全部知识合乎逻辑的发展"④。只有植根于今天的人民群众的实践活动,结合新的实践发展的要求,结合人民群众精神文化生活的需求,在文化上不断打开新视野,开拓新境界,积极进行文化创新,清醒认识和把握世界历史发展的大趋势,才能确立先进文化的发展方向,并"给予伟大影响和作用于一定的社会的政治和经济",从而推动人类社会的发展和进步。

文化在本质上是实践的,是对人的实践的反映和实践的产物。正如人的实践的能力与水平是一个不断积累与进步的过程一样,人类社会的文化生

---

① 《论文化建设——要论述摘编》,学习出版社、中央文献出版社2012年版,第105页。
② 《江泽民文选》(第三卷),人民出版社2006年版,第559页。
③ 《马克思恩格斯选集》(第三卷),人民出版社1995年版,第335页。
④ 《列宁选集》(第四卷),人民出版社1995年版,第285页。

成与发展也是一个不断积累与进步的过程。一定历史时代的社会存在状况及实践条件决定着这一时代的思维内容、形式和思维的方式方法。文化创新是一个无止境的建构过程。"墨守成规、一成不变、停滞不前势必被历史,被人民所抛弃。"①

(2)文化创新要凸现人民群众的利益需要。文化本来是人类为了满足自身生存和发展的需要而持续创造出来的一个人工世界。因此文化与生俱来蕴涵着为人的价值取向。这种为人的价值需要包括的内涵是极其丰富的。有的人把这种需要划分为物质性(自然性)需要(如生理需要)和社会性需要(如人的劳动需要)、实践需要和交往需要。美国心理学家马斯洛将人的需求分为五个层次,由低向高分别是:生理需要,安全与保障,爱与归属,尊重和发展需要。他指出,人们在物质需要和基础性安全需要得到满足之后,就会转向自我认同、自我实现等精神文化需求。马克思认为,需要是人自身发展的最本质、最原始的规定,是人的一切活动的原动力。人类的一切活动无非是要使自己的需求得到满足。人类的一切对象化活动无非是要使自己的需要对象化、现实化。总之,对人来说,"他们的需要即他们的本性"②。恩格斯则把人的需求概括为生存需求、享受资料和发展资料。他认为,"生产很快就造成这样的局面:所谓生存斗争不再围绕着生存资料进行,而要围绕着享受资料和发展资料进行"③。但是由于人是物质和精神的统一体,所以要对人的这种多层性的需求要进行概括的话,我们可以把其分为物质需要和精神文化需要两种基本需要。马克思在其《1844 年经济学哲学手稿》一文中,就非常鲜明地把人类社会的生活分为"肉体生活"和"精神生活"两部分,并认为物质资料的生产主要是满足人类肉体生活的需要,而社会精神产品的生产则主要是满足精神生活的需要。这实际上就是说,除了物质需求之外,人还有丰富的精神文化需求。作为"有意识的存在物",精神文化需求是人的本性和内在规定性,是人不同于动物的根本标志。"人是唯一能够由于劳动而摆脱纯粹的动物状态的动物。"④

人的需要在不同的时代有不同的内容。在人类发展的早期,人的最基本的生存需要的满足主要限于物质需要。受物质贫困和饥饿生存条件的驱使,

---

① 刘伟胜:《文化霸权》,河北人民出版社 2002 年版,第 144 页。

② 《马克思恩格斯全集》(第 3 卷),人民出版社 1960 年版,第 514 页。

③ 《马克思恩格斯选集》(第四卷),人民出版社 1995 年版,第 372 页。

④ 《马克思恩格斯全集》(第 20 卷),人民出版社 1971 年版,第 535~536 页。

人类不得不终日为满足基本物质生存而奔波、劳作,几乎谈不上对精神文化生活的追求。但是随着人类物质生产力水平的不断提高物质生活条件的改善和生活水平的不断提高,在人类告别物质资料极为匮乏的时代后,人们便开始超越对低级的基本生存的物质需要,而进入对文化精神等更高层次的需要上来。精神文化生活在人们社会生活中的地位越来越突出。因而关注人的精神文化世界,不断满足人的精神文化需求,已成为人类社会发展的重要问题之一。

按照国际通论,人均国内生产总值达到 3000 美元是文化消费高涨的临界点,人们消费结构会发生明显变化,即精神文化消费比重会不断增加,物质消费比重逐渐减少,人均国内生产总值达到 4000 美元时则是爆发期。当今人类社会已进入工业和后工业社会。因此,人民群众在精神文化需求方面明显呈现出有别于过往的新特点和新要求。人们不仅对文化产品的质量、水平要求提高了,而且还要求提供的精神文化产品必须反映社会生活的变化,提供更多类型的文化品种、类型和艺术格调。

新时期的文化创新要坚持"以人为本"的价值导向,以满足人民精神文化需求为出发点和落脚点,力争"创作更多反映人民主体地位和现实生活、群众喜闻乐见的优秀精神文化产品",让百姓充分享受丰富多彩的文化盛宴,努力促进人的自由、全面、健康的发展。唯此,才能感染人民群众,最终掌握广大群众。诚如有学者所指出的:"一个民族的文化创造能力比较强,意味着这个民族比较有能力为其他民族的更好生活做出贡献。这样的民族因此就比较容易赢得其他民族在观念上的尊重、情感上的亲近、行动上的支持。"①

(3)文化创新要体现时代性要求。文化是一个民族、一个国家在特定时空条件下创造出来的精神产物,所以任何文化发展是时间性和空间性的统一。从时间性上讲,任何文化的形成和发展都有它们固有的历史时间,具有传统性与现代性之分;从空间性上看,任何文化都有其地域为依托的载体,具有民族性与世界性之别。

不同民族、地域的文化差异,不仅仅是文化空间和性质上的差异,同时也是文化时间和文化时代上的差异。在时代推移中展现的不同发展程度的民族和地域文化,从根本上说是时代性的差异。

这是因为"每个人都是他那个时代的产儿","任何真正的哲学都是自己

---

① 童世骏:《文化软实力》,重庆出版社 2008 年版,第 15~16 页。

时代精神的精华"。①因此作为一定时代的产物,任何文化都要受时代的深刻影响和制约,是对时代问题的一种抽象性思考和反映,因而不同时代的文化具有不同的内容和形式,都体现着特殊的时代精神。恩格斯说:"每一时代的理论思维,从而我们时代的理论思维,都是一个历史的产物,它在不同时代具有完全不同的形式,同时具有完全不同的内容。"②文化"不仅从内部即就其内容来说,而且从外部即就其表现来说,都要和自己时代的现实世界接触并相互作用"③。因此,在不同的历史阶段,在不同的文化主体身上,文化的实现方式和表现有不同的特征,会打上时代的、民族的、个性的烙印。所以特定时代产生的文化兼有先进与落后之分。先进文化必须充分反映时代的变化,一定要与时代同行、同步。只有反映时代精神、代表社会进步潮流的文化才是具有先进性的文化。反之,不与时俱进,不实现自身文化价值观的现代化、时代化,就难以同外来的文化实现对接和对话,因而也就必然被时代的发展潮流所遗弃。可以说,任何落后于时代发展要求的文化建设都是没有生机和活力的,是没有发展前途的。

而文化要与时俱进,就必须回答时代提出的问题,问题是时代的呼声。正如马克思所指出的:"问题就是公开的、无畏的、左右一切个人的时代声音。问题就是时代的口号,它是表现自己精神状态的最实际的呼声。"④任何文化必须以一定的历史课题作为自己的关注对象或以一定的历史、社会条件为基础。唯物辩证法告诉我们,世界上一切事物无不处于不断运动、变化和发展的状态中。当代中国社会主义的先进文化也不是一个凝固不变、封闭、僵化的体系。中国的社会主义文化创新要随着时代的步伐而前进,随着实践的发展而发展。只有立足于时代,准确把握时代的主题,积极回应时代的挑战,明确回答时代问题的文化创新,才能创造出符合时代化发展需要的文化内容和表现形式。

(4)文化创新必须以为人们提供精神引导为导向。众所周知,文化是人类在改造自然和社会的物质实践活动中,为实现从必然王国向自由王国的历史跨越而不断创造出来的精神结晶。因此,从本质意义上讲,人类文化及其创造就是人类文化主体不断摆脱和超越自然和社会奴役、束缚而实现自

---

① 《马克思恩格斯全集》(第1卷),人民出版社1956年版,第120~121页。

② 《马克思恩格斯选集》(第四卷),人民出版社1995年版,第284页。

③ 《马克思恩格斯全集》(第1卷),人民出版社1956年版,第121页。

④ 《马克思恩格斯全集》(第40卷),人民出版社1982年版,第289~290页。

我解放、自由发展的过程。因此,文化的根本价值体现为人的自由。而所谓自由,用马克思的话说,就是"不仅包括我靠什么生存,而且也包括我怎样生存,不仅包括我实现着自由,而且也包括我在自由地实现自由"①。也就是说,人的自由发展主要体现在对自然的自由和对社会的自由两个方面。而这两方面自由的全面实现,又取决于文化对自然和社会必然的认识和掌握程度。"自由就在于根据对自然界的必然性的认识来支配我们自己和外部自然。"②自由是对必然的认识和对客观世界的改造。即是说,人的自由的实现是以文化对客观自然必然性与社会规律的认识和遵循为前提和条件的。真正的自由是建立在文化对客观规律的完全掌握的基础上的。正如恩格斯所说,文化上的每一个进步,都是迈向自由的第一步。因为文化是人类在掌握和驾驭自然规律和社会规律的过程中创造出来的。人类文化越先进,人类对先进文化成果的运用越自觉,他们获得自由的工具也就越先进,条件也就越充分,程度也就越大。文化与人的自由发展成正比关系。但客观事实是,人通过自己的实践"人化"出一个文化的世界,这个文化世界也反过来作用于人类自身,使自己的本质得到文化的熏陶,人类为进一步掌握和驾驭自然规律和社会规律提供工具、创造条件的同时,却日益陷入历史必然性的束缚之中。因为文化一经产生,它就在不断地创造、传承和累积中形成了一个独立的体系,变成了一个"客观的"存在,具有了与人相对立的"实体"的性质。这个文化的"实体",对于个人和某一时代的人来说,是一个外在的力量,在未来的发展中又会变成人提升自身能力的羁绊。

人类创造文化,其根本目的是为了更自由地生存。所以作为社会历史的主体,克服和扬弃主体性的异化状态,达到自觉的高级阶段,完成自身的超越,将历史必然性置于自己的掌握之中,使人成为世界的真正主人,即成为与"自己的社会结合的主人,从而也就成为自然界的主人,成为自身的主人",成为"自由的人"。③一方面,需要对自己的生存发展方式进行深刻反思和批判,需要对人类掌握世界的两种方式(观念的和实践的)作自觉的、合理的调整和更新;另一方面,必须对自然的必然性和社会历史的必然性进行自

---

① 《马克思恩格斯全集》(第1卷),人民出版社1956年版,第770页。
② 《马克思恩格斯选集》(第三卷),人民出版社1995年版,第456页。
③ 同上,第760页。

觉的把握和超越。"未来必须从现在的土壤中生长出来。"①"但是,这个自由王国只有建立在必然王国的基础上,才能繁荣起来。"②人类只有自觉能动地认识和把握客观世界,并从其中发现客观规律,并以此为根据,才能生成能动的、可持续的文化创造。而这既是文化建设的根本目的,也是先进文化的价值体现。因为文化是人立足于现实而又力求超越现实的存在方式。文化不仅创造了人,还赋予了人类不断改造客观世界、超越自己的精神追求。正是这种对真、善、美的追求把人类与其他动物从根本上区别开来,并提供给人类一种超越现实的力量和动力,完成着文化对自然的超越,文化人对自我的超越。所以真正意义上的先进文化,就在于它在不断反思和阐释以往的成绩的基础上,能够对主体精神进行自觉的高层次的建构,通过为新的全社会成员提供所普遍认同的价值体系和行为准则,为那些一直羁绊人类社会发展的问题提供正确的答案,为人类摆脱必然的束缚,走向自由发展理想的彼岸指明方向。也就是说,能够在人类文明发展进程中,为人类未来发展寻找终极意义上的安身立命之地、提供精神寄托之所的文化,才是先进文化。

综上所述,不断创造出与当今时代发展潮流相适应的新型文化,是一个国家、一个民族在文化多元竞争的世界里始终占据文化的制高点的根本保证。新时期"我们的文化建设不能割断历史,对民族传统文化要取其精华、去其糟粕,并结合时代的特点加以发展,推陈出新,使它不断发扬光大"③。中国的文化创造只有在发扬民族文化的优秀传统、汲取世界各民族的长处的基础上,立足于改革开放和现代化建设的实践,着眼于世界文化发展的前沿,不断在内容和形式上积极创新,才能增强中国特色社会主义文化的吸引力和感召力,中华文化才能成为被世界其他文化尊重与推崇、学习并效仿的样板,才能增强对西方文化的反渗透能力,在长远和根本上促进中国社会主义文化的大发展大繁荣,也才能从根本上推动中国对外文化交流的可持续发展。

---

① 参见〔美〕大卫·雷·格里芬:《后现代精神》,王成兵译,中央编译出版社 1998 年版,第 6~5 页。
② 《马克思恩格斯全集》(第 25 卷),人民出版社 1974 年版,第 927 页。
③ 《江泽民文选》(第一卷),人民出版社 2006 年版,第 159~160 页。

第五章
中国物理空间的对外文化交流战略

文化是国家发展、民族振兴的重要支点。加强国际文化交流,增强国家文化的国际影响力是文化全球化提出的新要求。在政治与经济的交流合作需要文化的强力支撑的时代,要扩大、增强一国文化的国际辐射力、影响力,仅仅依靠富有世界感召力、亲和力的先进文化是不够的,还需要一定的投送技巧和传播能力。

传播力决定影响力。中国要在国际舞台上弘扬中华优秀文化,把中华文化传播到世界的各个角落,进而使中国的民族文化由世界文化的边缘走向中心,必须依仗形式多样、方法丰富的文化交流手段。因此,大力推动中华文化走向世界,不断扩大多渠道、多形式、多层次的对外文化交流与合作,以提升中国文化的世界影响力,已成为当前进一步推进中国文化建设必须面对的一个紧要问题。

一、世界发达国家文化交流的经验镜鉴

它山之石,可以攻玉。中华文化源远流长、博大精深,是中华民族不断发展壮大的精神源泉,为人类文明进步作出了不可磨灭的重大贡献。然而同西方发达国家相比,中国文化交流的经验相对欠缺,一直没有形成与其国际地位相称的文化软实力。而西方发达国家文化交流起步较早,形成了较为完善的对外文化交流体系。借鉴并学习发达国家这方面的先进经验,对进一步推进中国新时期的对外文化交流具有重要的现实意义。

(一)积极在海外推广语言教育

语言是人类心灵沟通的桥梁。通晓对方的语言,是读懂对方心灵、相互

理解信任的基础,也是实现国家对外政治、经济、文化利益的手段。①世界主要发达国家都十分重视本国语言的国际推广,并把语言输出作为传播自己的文化和价值观,使本国的文化在世界多语言和多文化的格局中占据重要地位。美国一直重视英语的推广,并把语言和文化的国际推广提升到国家安全的高度。美国国际外交咨询委员会在《21世纪的国际外交》中明确指出:"对外交流和培训对美国的对外关系有着直接的和多重的影响,是其最有价值的工具之一。""对世界文明以及语言的忽视将导致我们作为世界领导人的地位受到威胁"。②

美国新闻总署的主要任务之一就是在海外推广英语,包括编写海外英语教材,举办英语教师培训班等。1995年,美国新闻总署署长约瑟夫·杜菲说,美国新闻总署的核心目标就是"用外国文化所能够信赖和接受的语言解释和宣传美国的诸政策……了解、告知和影响外国公众,以增进美国的国家利益"③。除政府致力于推广英语之外,一些大财团,如洛克菲勒基金会、福特基金会、卡耐基基金会等也大力赞助开发海外英语教学资源,对英语的国际推广起到重要作用。这种借语言传播而进行的文化渗透,其目的是让第三世界崇美忘本,将美国的特殊地位制度化,将美国文明置于无可置疑的中心地位。美国未来学家阿尔文·托夫勒曾说过:"英语是在……数十个领域内通用的世界性语言,全球各地数以亿计的人口至少能在某种程度上掌握英语,从而使得美国的思想、作风、发明和产品能够畅通无阻地走向世界。"④

法国政府认为,要振兴法国,首先必须从复兴法语做起。法语在法兰西民族的形成过程中发挥过重要作用,是共和国的认同符号。同时语言也是文化的载体和交流的工具,"是最好的黏合剂",所以法国人认为,讲法语者必然容易认同法国的文化和思想观念、认同法国,这有助于提高法国的国际影响力。所以法国始终将推广法语视为谋求大国地位和国际影响力的重要手段,曾多次强调要确保"推广法语"在对外文化活动中的优先地位。如前任总统希拉克就反复重申,法语的国际地位直接关系到法国能否重新跻身世界强国之列。⑤法

①　张帆、王红梅:《文化的力量:德国歌德学院的历史和启示》,《比较教育研究》2006年第11期。

②　Richard J. Payne. *The Clash with Distant Cultures: Values, Interests, and Force in American Foreign Policy.* State University of New York Press, 1995. P. 78.

③　王岳川、胡淼森:《文化战略》,复旦大学出版社2010年版,第93页。

④　〔美〕阿尔文·托夫勒:《权力的转移》,刘江等译,中共中央党校出版社1991年版,第465页。

⑤　苏旭:《法国促进世界文化多元化的努力》,见郑秉文、马胜利主编:《走近法兰西》,中国社会科学出版社2005年版,第400页。

语联盟是目前世界上最大的语言国际推广机构,创建时间超过一百年,目前有海外分支机构 1140 余个。

不断向世界推广英语,传播英国文化,一直是英国文化外交的首要任务。仅 2010—2011 年,英国文化委员会在世界各地设立的 109 个英语教学中心就为 29.4 万人提供了英语学习课程,并为全球的英语学习者提供了 130 万课时的课程培训。[①]这不仅保证了英国教学年输出超过 100 亿英镑的利润,更造就了英语在全球不断蔓延的优势——全球有近 4 亿人以英语为母语,还有 7 亿人不同程度地使用英语,而且这一数字还在不断激增,据英国文化委员会的研究,预计 2015 年全球将有 20 亿人学习英语。[②]

在对外文化交流中,日本政府也把推广日语看作是向世界传播日本文化、扩大日本文化影响力的一个重要手段。政府不仅建立了日语中心,还出资大力在海外推进日语教育,海外学习日语的人数突飞猛进。据统计,1990年海外的日语学习人数为 98 万人,1998 年猛增到 209 万人。学习日语人数的扩大促进了日本文化在世界范围内的传播,增强了文化的影响力和感召力,提升了日本的文化软实力。

以语言教授为起点,进而通过语言弘扬自己国家和民族文化的国家,除了英国外,还有法国、德国、西班牙、亚洲的韩国和印度。德国的歌德学院始建于 1951 年,历经 60 年发展,现在有 140 余所,平均每三年增加一所。西班牙的塞万提斯学院始建于 1991 年,至今已有 30 余所,外加 6 所塞万提斯课堂。这些在海外语言推广机构所担负的共同使命是提高本国文化的影响力和说服力,增加本国软实力的辐射范围。

(二)大力发展文化产业

按照联合国教科文组织的定义,文化产业就是按照工业标准,生产、再生产、储存以及分配文化产品和服务的一系列活动。文化产业作为一种新的经济形态,被业界称为朝阳产业、无烟产业。从文化产业的属性来看,文化产

---

① British Council, "annual report 2010/11", http://www.britishcouncil.org/new/PageFiles/13001/2010 –11%20Annual Report2.pdf, p.7,2011–12–14.

② 《英国财政大臣布朗到中国推销英语教育》,《新闻晨报》,http://news.sina.com.cn/a/2005–02–23/01535172520sshtml, 2011–12–23。

业具有商品和社会意识形态双重属性。因此,文化产业的输出过程,即是文化产品的消费过程,也是通过文化产品输出文化实现软实力影响力的过程。正如费斯克所说:"在文化经济中,流通过程并非货币的周转,而是意义和快感的传播。"①正是因为认识到了文化产业的这一重要作用,近年来世界各国越来越重视文化产业的发展,并借此纷纷提升和扩张自己的文化软实力。

美国作为世界最大的经济体,也是文化产业发展最发达的国家。美国凭借自身强大的经济、科技等硬实力,使美国的文化产业能够在对外输出文化产品的过程中,不断传播美国的价值观念和生活方式,从而成为全球化时代主流意识形态的塑造者。②在西方发达国家,文化产业在国内生产总值中的比重都普遍高于10%,而美国则高达25%以上,在其国内产业结构中仅次于军事工业,位居第二。目前,美国已控制世界上75%的电视节目和60%以上的广播节目的生产与制作播出,美国电影占世界电影市场票房收入的2/3,美国文化占网上资源的80%~90%。这些不但为美国创造了大量的就业机会,带来了巨大的经济效益,更是展示了美国无与伦比的世界文化影响力和渗透力。正如有学者所说:"在美国,文化产业是支柱产业,并在各个领域都居于全球领先地位:电影、图书、音乐、动画、游戏、体育、主题公园和其他衍生产品的开发与销售,成为美国力量的象征。文化软实力,既给美国创造了源源不断的经济效益,更实现了美国观念和价值的对外强力渗透。美国的魅力,在很大程度上不是靠美国的军事、美国的武力来形成的,而是靠美国的文化、美国的精神和美国人的办事方式、行动原则来形成的,而这,恰恰是通过文化及其产业化传播来成就的。"③

同美国一样,英国也把发展文化产业、重塑英国在世界上的强者形象,作为提升英国综合国力的关键一步。从1997年起英国就把发展创意文化产业作为国家战略,大力鼓励和提倡人的创造力在英国经济发展中的贡献。经过十几年的发展,文化创意产业已成长为英国仅次于金融服务的第二大产业,不但创造出超过7%的国内生产总值,且增速快于其他产业。④英国现已成为仅次于美国的世界第二大创意产品生产国。文化产业不但成为推动英

① 〔美〕约翰·费斯克:《理解大众文化》,王晓珏、宋伟杰译,中央编译出版社,2001年版,第89页。
② 杨明辉:《美国文化产业与对外文化战略》,《世界经济与政治论坛》2006年第5期。
③ 唐晋主编:《论剑:崛起进程中的中国式软实力》(壹),人民出版社2008年版,第59页。
④ 《各国文化产业化探析》,中国经济网,http://www.ce.xwzxshgjgdxw201111/07/t20111107_228820238.shtml.

国经济增长的巨大引擎和解决就业的重要平台，同时也大大提升了英国的文化软实力和国家形象。

法国在文化产业的发展上，主要是举国之力作好对重大文化产业品牌项目的扶持和经营。法国政府采取了各种措施鼓励发展文化产业,在制定相应法律、法规为文化产业发展提供软环境保障的同时,政府还主导兴建了大量的文化基础设施,为文化产业发展提供硬环境的支撑。[①]

日本也把文化产业视为一种创造价值、增加财富、输出文化的创造性产业,积极扶植文化产业发展。1996 年 ,日本政府公布实施《21 世纪文化立国方略》,提出要从经济大国转变为文化输出大国;2001 年制订了《信息技术基本法》和《文化艺术振兴基本法》;2003 年制订观光立国计划,计划到 2010年让到日本旅游的外国客人达到 1000 万人;2007 年又提出文化产业发展战略,并成立了"知识财富战略本部",将音乐、电影、动漫等文化产业与技术、IT 业、名牌产品等并列为国民经济的基础产业,将动漫等文化产业确定为国家重要支柱产业,并出台了一系列配套政策,通过推行工业化大生产、建立文化产品产业链、扩大文化产品出口等,积极引导、推动文化产业发展。

另外,世界其他国家,如韩国也把文化产业作为增强国家文化软实力的重要途径,积极调动国内各方力量发展壮大本国文化产业,抢占世界文化市场的一席之地,增强其国际竞争力和世界影响力。

(三)积极发展大众文化

伴随着消费主义而兴起的大众文化是在现代工业和市场经济条件下,借用现代传媒进行传播,以都市大众为消费对象,以满足大众精神文化享受为直接目的的一种集娱乐性、消费性和广泛传播性为一体的文化形态。它是"一种由居于从属地位的人们为了从那些资源中获得自己的利益而创造出来的,⋯⋯大众文化是从内部和底层创造出来的,而不是像大众文化理论家所认为的那样是从外部和上层强加的"[②]。因此,大众文化是由大众参与,为大众而存在的。与精英文化不同,大众文化具有辐射面广、通俗易懂和贴近生活的传播特性。一方面,大众文化突破了传统的精英文化"英雄叙事"的叙

---

① 沈壮海主编:《软文化 真实力》,人民出版社 2008 年版,第 12 页。

② 〔英〕埃德蒙·柏克:《法国革命论》,何兆武、许振洲、彭刚等译,商务印书馆 1998 年版,第 2 页。

事模式,建构了"平凡叙事"的模式;另一方面,娱乐性、视觉冲击性和趣味性更强的大众文化或者消费文化因其能够将艺术审美和大众日常精神生活相结合,表达了大众对日常情感的需要,对美感和愉悦感的追求,对美好生活的向往,所以大众文化能够超越文化差别的障碍而逐渐拉近两者的距离。"它强调了艺术与日常生活之间界限的消解,高雅文化与大众通俗文化之间明确分野的消失,总体性风格混杂及戏谑式的符码混合"①,因而更能为国际文化受众所接纳,不易引起文化反感与意识形态的对立。

　　所以世界发达国家在对外文化输出过程中,都向大众文化借力,通过大力扶持大众文化产品来输出本国的文化,以达到突破国际文化传播的藩篱,扩大自己的世界文化影响力的战略目的。

　　美国一向重视运用电影、电视、流行音乐及因特网等大众文化媒介向世界,尤其是发展中国家传递其价值理念并以此赚取巨额商业利润。美国文化最强大和最具全球影响力的是大众文化。在大众文化发展过程中,美国及其产品商家非常善于利用文化新产品、新形式、新载体,用生动的、艺术的、灵活多样的方式,宣传其价值理念,努力适应和把握不同文化背景的受众和市场的需求。从最初的风靡全世界的《米老鼠与唐老鸭》《狮子王》等美国迪斯尼的动画片,到享誉全球的《飞屋环游记》《泰坦尼克号》《金色池塘》等美国大片,所宣扬的都是地道的美国文化精神。目前,美国的大众文化产品已超越了传统的工业品和农产品而成为美国最大的出口产品。美国就是通过大众文化将其文化价值观以潜在的形式传送到了他国民众的头脑中,不但赢得了市场,而且成功地输出了文化。所以美国学者约翰耶·马才在《世界的美国化》一文说:"美国真正的武器是好莱坞的电影业、麦迪逊大街的形象设计厂、马特尔公司和可口可乐公司的生产线。"②

　　相较于美国名目众多的大众文化产品席卷全球,不少国家更注重发展有特色的大众文化产品,来推介本国的文化,以提高国家的文化软实力。比如,日本更注意发展以青少年和家庭为主要消费对象的动漫文化。日本素有"动漫王国"之称。日本动漫充分展现了日本人不拘泥于传统、广泛吸取域外文化、创造新型文化的能力。在日本动漫中,具有东方价值观念和面孔的主人公往往生活在西方的世界里,他们被设计成唯美的"脱日化"形象:大大的眼

---

① 〔英〕M.费瑟斯通:《消费文化与后现代主义文化》,刘精明译,译林出版社2000年版,第94页。

② 周凯:《美国价值观传播的文化介质解析》,《当代传播》2011年第4期。

睛、金黄的头发、高而尖的鼻子、曲线夸张的身材,这种有意为之的"全球化"设计以及对人物、地域的"文化模糊"处理,使日本动漫为世界各地的民众所接受,展示出日本很"酷的国家魅力"。①动漫作为日本的第三大产业,产值占日本国内生产总值的百分之十以上。如今,全球60%以上的动漫产自日本,日本动漫占据了世界各电视台半数以上的动漫播放时间。为了扩大日本动漫在国外的影响力,日本外务省还不断从动漫制作商手中购买动画片播放版权,将这些动画片免费提供给发展中国家的电视台播放。这样做既向海外推广了日本的动漫文化,又极大地改善了国家的形象,增强了日本的国际影响力,真可谓是一举多得。再比如韩国的韩剧。韩国电视剧和电影之所以在亚洲观众中有很大的市场和文化影响力,就是由于韩剧在借鉴中国、日本等国家传统文化元素的基础上,通过大众写实的手法,借助喜剧表演的技巧,以人性化的方式,将东方特有的生活方式展现出来。它不仅反映了民众的生活,而且满足了平民、草根阶层的精神需要。正是这种将传统与现代文化生活恰当结合而形成的核心价值理念,使得韩剧这样的文化产品和品牌赢得了不同文化背景受众的喜爱和共鸣,从而风行世界,掀起了世界范围内的"韩流"风潮。

(四)借助非政府组织输出文化软实力

任何文化交流的根本目的都是为了实现对对象的文化支配,进而改造人们的大脑和心灵,达到"不战而胜"的战略目的。文化交流固然需要有物化的传播载体,但这其中人无疑是文化最直接和生动的载体。"真正的文化接触必须以见面和交谈、以人的联系为前提。"②从人际交流的属性来看,主要包括政府间文化交流和非政府组织间文化交流。虽然这这两种文化交流方式各有千秋,世界上有许多国家也非常注意将这两种交流方式并用,但相比于非政府组织,政府在对外交往中由于地位和角色的不对等和错位,其沟通和交流的效果往往不如民间社会之间借助非政府组织所进行的直接沟通。非国家行为体在开展国际文化交流、传播方面有着独特的优势,能够发挥政府部门难以替代的作用。

---

① 吴咏梅:《"哆啦A梦"让世界亲近日本》,《世界知识》2008年第16期。

② 〔法〕多洛:《国际文化关系》,孙恒译,上海人民出版社1987年版,第43~44页。

　　所以在当今全球文化态势中，许多发达国家主要是通过非政府组织来输出自己的文化软实力，以扩大本民族文化在世界各民族中的影响力。

　　美国在对外文化输出中，高度重视非政府组织的力量，注意调动和发挥民间力量来传播美国文化，为美国的全球战略服务。美国的非政府组织在美苏冷战时期曾为美国和平演化苏联立下汗马功劳。所以冷战结束后，美国政府进一步加强了与跨国公司、非政府组织、新媒体、个人等各类非国家行为体的联系与合作，极力通过它们向全世界推广美国的文化。而非政府组织为了配合美国的外交政策，或是联合一些国际非政府组织，通过跨国合作的社会化进程为美国软实力输出摇旗呐喊，或是充当美国政府文化输出的代理者、急先锋，将美国的价值观直接传送到对象国。以好莱坞为例，好莱坞的电影"成为美国新建立的全球实力的一大文化延伸"①。

　　虽然在大多数欧洲国家，对外文化交流活动的政策决策、相关的活动经费等主要是由政府机构，特别是负责执行国际传播政策和对外文化事务的机构负责与控制的。这一点与美国有着根本的不同。但对外文化交流的大量的国际传播活动实际上主要是由民间经营的所谓"第三部门"负责具体运作，有的甚至直接委托给宗教团体、公关公司、高等院校、文化协会和各类基金会等组织全权负责。我们以英国的英国文化委员会和德国的歌德学院为例，英国的英国文化委员会的幕后操纵者虽然是英国政府，但具体的对外文化交流事务则多交由英国文化协会负责组织实施，它完全可以自行其是，充分地发挥准政府外交的积极性。德国的歌德学院也同样如此。2007 年 8 月启动的"德中同行"系列活动虽然名义上由德国外交部主办，但实际上此次活动具体的项目策划和执行是由德国外交部委托独立的中立机构歌德学院和德国经济亚太委员会（APA）以及德国形象宣传与市场推广有限责任公司（Marketing für DeutschlandGmbH）共同进行的。在项目具体实施过程中，外交部仅负责审核批准活动的整体策略和部分理念，决定重大问题，并提供基本财政支持，歌德学院则承担了整个项目具体执行的领导工作，设立中央项目组负责领导、沟通及财政管理等工作，还负责与本国政府及中方的联络工作。②

---

　　①〔加〕马修·弗雷泽：《软实力——美国电影、流行乐、电视和快餐的全球统治》，刘满贵等译，新华出版社 2006 年版，第 33 页。

　　②　转引自蒋蓓、伍慧萍：《德国对华公共外交：以"德中同行"活动为例》，《欧洲研究》2011 年第 4 期。

二、进一步推进汉语言国际化推广的发展步伐

语言既是文化的载体,也是文化的积淀,因此汉语国际化的推广有利于中国文化的输出和中国国家文化软实力的增强。

(一)中国汉语言国际化推广发展概况

应该说,近些年来,中国在积极推广汉语国际化方面取得了重大突破。为推广汉语,中国早在 1987 年就成立了由国家十二个部委组成的"中国国家汉语国际推广领导小组",并在其下设立了国家汉办。1990 年,汉语水平考试(HSK)正式实施。2002 年 8 月,国家汉办举办了首届"汉语桥"世界大学生中文比赛。2004 年 4 月 15 日,教育部又正式启动"国际汉语教师中国志愿者计划",选拔培训合格的志愿者教师分赴海外从事全职汉语教学工作,以解决全球汉语教师紧缺问题。2004 年 5 月,以推动世界汉语教学为目的"汉语桥"工程启动。2004 年 11 月 21 日,又在海外成立了以教授汉语和传播中国文化为宗旨的非营利性公益机构——孔子学院(Confucius Institute)。同时,电视孔子学院、网络孔子学院也开通和成功运作。此外,中国政府还在海外设立了中国文化中心等机构。以孔子学院为例,截至 2013 年年底,全球已建立 440 所孔子学院和 646 个孔子课堂,分布在 120 个国家(地区)。(见表5—1)

表5—1 "孔子学院"的世界分布情况

地区	国家	数量	主要分布国家
亚洲	32	93	韩国、日本、泰国、哈萨克斯坦
欧洲	37	149	德国、俄罗斯、法国、英国
美洲	16	144	美国、加拿大、巴西、墨西哥
非洲	27	37	南非、埃及、尼日尼亚
大洋洲	3	17	澳大利亚、新西兰
总计	120	440	

资料来源:国家汉办 2014 年 3 月网站

作为中外文化交流的平台和重要"窗口",以孔子学院为代表的汉语言国际化推广在中国对外文化传播、交流过程中发挥了独特的作用。诚如中国

驻美国大使张业遂所言,孔子学院(课堂)深入社会,以其独特的参与性、互动性和广泛性,为中国与西方民众交往提供了重要的管道。①但不可否认,包括孔子学院在内的汉语言国际推广也存在着很多问题尚待解决。

第一,本土化程度差强人意。一是师资力量没有实现本土化。由于本土孔子学院的师资力量薄弱,所以目前孔子学院的教师主要从国内各高校选派。二是教学模式过于整齐划一。目前对外汉语教材多是以英美文化为背景的通用型汉语教材,许多语言和文化内容都不适合其他地区、国家的学习者。正如有学者所说:"与高涨的学习热情不适应的是,各国仍然普遍缺乏高水平的汉语师资队伍和适合本土使用的教材,国外一些愿意开设中文课程的学校甚至无师可寻。"②

第二,教学方式方法有待于进一步改进。要推进汉语言的国际化,一是教学内容亟待拓展。跨文化交流、传播的核心是文化。对外汉语国际化推广不仅是学习语言知识的过程,也是文化传播与交流的过程。因此,中国的海外汉语教育中语言的教育固然是必要的,但在规范的语言教学服务外,适当地介绍有关中国文化、社会以及政治生活等方面的信息,以使他人正确认知丰富多彩的中国文化更应成为今后中国语言推广的重要内容。二是教学方法需要进一步开拓。语言推广的方式方法多种多样,所以我们在汉语言国际推广过程中,不能只抓学校教育、课堂教学,而要紧紧结合其他传播途径,如视觉文化传播方式、新媒体等开展汉语教育与文化宣传。三是教学课程急需创新。我们现在编订的教材多半是在国内形成的,"教材的创新问题已经提出多年,教材也编出上千种,但无论是数量还是质量均不能完全满足世界上学习汉语的热切需求"③。

第三,开门办学的力度需要加大。目前中国海外汉语言文化的国际推广主要以政府为主导,以国内大学与国外大学与科研机构合作办学的方式进行的,这种交流方式虽然能够保证中方在人员派出层次、交流能力等方面的优势,但在与他国普通公众接触交流层面有所欠缺。目前,汉语言文化的国际推广还面临很多困难。一是政府的财政压力大。海外语言的推广需要充足

①　《孔子学院:向世界的一声问候》,《光明日报》2012年1月5日。

②　任杰:《第四届孔子学院大会开幕非母语汉语学习者超4千万》,〔EB/OL〕,http:Mgb. cr.i cn/27824/2009/12/11/3365s2702185. htm.

③　赵金铭:《从对外汉语教学到汉语国际推广(代序)》。见赵金铭总主编的对外汉语教学专题研究书系(22种),商务印书馆2006年版,第22页。

的资金作保障。由于中国目前没有建立一个广泛吸收社会资金、政府资助为辅的资金来源链条，致使孔子学院的办学经费严重不足。二是由于政府一手操办海外汉语言教育，没有充分发挥民间力量的办学优势，导致其因官方色彩过浓而受到所在国政府或相关机构的限制甚至抵制，使得孔子学院的建设在一些国家举步维艰。

（二）推进中国汉语言国际化推广的战略对策

当前，在全球化的语言和文化博弈中，要通过汉语的国际化推广，扩大中国文化的海外影响力，让世界更了解中国文化，必须从以下三方面做起。

1.加速汉语言国际化推广的本土化发展

本土化是海外文化交流、传播安身立命的根本所在。汉语言的国际推广一旦脱离了本土特定的文化语境，海外文化交流的生命力就将大打折扣。这是因为，汉语言国际推广的实质是一种跨国界的、跨民族的文化交流。由于不同的国家或地区人们的文化背景、历史传承是迥异的，所以他们在本国的文化氛围中形成的思维方式和表达方法截然不同。"一方水土养育一方人"。因此，要避免因文化背景的不同而使传播双方的沟通受到影响，中国就必须针对不同的文化背景，根据不同国家的具体情况，选择不同的推广方式，只有这样，才能积极、有序、稳妥地推进汉语的国际传播。

第一，加速海外本土化汉语教师的培养与培训力度。中国的快速发展带动了汉语学习的世界热潮。但是与蓬勃发展的世界汉语学习相比，汉语言教师却严重缺乏。据有关部门统计，目前全球汉语教师缺额达 100 万之多。这严重地影响了汉语的国际推广。任何一所大学的学生培养质量主要取决于该学校的师资水平。因此，中国既要进一步加强国内汉语言教师的培养，培养一大批既能熟练掌握汉语教学技巧又能够熟练运用外国语、熟悉他国文化及历史传统的人才，更要加大海外本土化汉语教师、志愿者的培训力度。正如国家汉办主任许琳在《汉语较快走向世界是件大好事》一文中提出的："要在海外推行汉语师资能力靠老师、培训和认定，对各国具备基本能力的教师及时给予培训和认定，与国外机构联合培养海外汉语教师，支持各国开设培养汉语师资的相关专业或课程。"[①]为此，一是要定期对现有的本土教师

---

① 许琳：《汉语较快走向世界是件大好事》，《语言文字应用》2006 年（增刊）。

队伍进行知识、文化培训,加快师资队伍的知识结构、能力结构和技能结构的更新,以适应快速发展的海外汉语言文化教育的需要,增强本土师资队伍自身发展的后劲。二是要扩大师生的国际交流程度,通过与境外大学进行人员培训互派、信息资料互赠等多种形式,开展国际合作项目和计划,逐步提高外籍教师与研究人员的汉语言文化水平,培养一大批既能熟练掌握汉语教学技巧又能够熟练运用汉语的本土化人才。

第二,教学内容和方法要加快本土化步伐。搞好汉语言的国际推广工作有助于中国对外文化交流的发展,因此,中国政府要加强对海外汉语教育的宏观政策指导,做好语言国际推广的整体安排和部署。在此基础上,立足本土,根据不同国家或地区的政治制度、价值观念、民族信仰、风俗习惯,选择适当的方式方法去传播汉语和中国文化。一是教学内容要突出本地特色。不同国家或地区教学对象的语言背景是有差异的,所以在实现汉语言教育国际化的过程中,应针对不同的文化受众制定符合当地教学特点的教学大纲和授课内容。二是教学方法要因地制宜。在对外汉语教学中,应坚持以人为本的理念,彻底摒弃"大一统"的教学模式,结合本国的政治经济文化背景,大力进行教学方法的改革,运用现代教育思想,采用适当、现代的教学方法和手段,从海外公众的思维方式与接受心理出发,选择适宜的内容进行传播。总之,在汉语言教育国际推广化过程中,应一切从本国实际出发,"我们要区别不同背景,注意不同需求,选择不同的推广模式,借助不同的推广外力,积极、有序、稳妥地推进汉语的国际传播"[①]。

2.多管齐下,构建多元化的汉语言国际推广管道

通过对外文化交流提升中国的软实力,是中国每一个公民应尽的职责和义务。加快汉语言的国际推广固然要充分发挥政府行政主导的作用,但也离不开其他社会力量的广泛参与与配合。只有充分调动政府和社会的多元力量共同参与的办学模式,才能从根本上推进汉语言推广的国际化进程。一是加快汉语言教育的国际化步伐,在充分发挥国内高等院校的重要作用的同时,让更多的中外双方的组织和力量参与到汉语言国际化推广的发展和运营中来,以加快中国汉语言国际化教育"走出去"的步伐,扩大中华文化的国际影响力。二是鼓励民间力量参与海外汉语言教育培训活动,鼓励、支持

---

① 林华东:《制约语言传播的几个因素——论汉语的国际推广》,《绍兴文理学院学报》2007年第3期。

社会力量以独立办学或在海外设立分校以及承办国家汉语言文化教育项目等形式,开展各种形式的海外汉语言文化教授、传播活动。

3.汉语言的国际推广要走内涵式发展道路

近些年来,中国汉语言的国际化推广发展迅速。以孔子学院为例,中国第一家海外孔子学院自 2004 年 11 月在韩国首都首尔正式挂牌始,在创办不到 10 年的时间里,已经在全球上百个国家和地区建立了数百所分支机构。无论是从数量上看,还是从规模上讲,都已经大大超越了设立近 60 年历史的德国歌德学院,这种"量"的快速扩张和布点,虽然为中国国际影响力的提高赢得了"加分",但是却没有产生与之相当的文化影响力。因此,中国的汉语言的国际推广既要注重"量"的扩张,更要关注"质"的发展。如果我们忽视了"质",那么无论汉语言的国际推广数量有多少,规模有多大,都不会带来我们期望中的效果,甚至可能适得其反。

第一,加强美欧等国和地区为重点的汉语言文化传播。在当今国际文化竞争的舞台上,由于美欧等西方发达国家经济基础雄厚,信息技术发达,在不对称、不均衡的国际文化信息交流中,国际社会的话语权和一个国家的国家形象实际上主要是通过世界发达国家美国、日本以及某些欧洲国家的话语建构而成的。国外受众对某个国家文化的认知和了解主要深受这些媒体的表达模式和叙事方式的左右和影响。

俗话说,纲举目张。在目前中国的财力和文化力量有限的情况下,应按照"有所为,有所不为"的原则,集中力量和媒介资源实施重点文化攻关,把对世界发达国家和地区的汉语言的国际推广置于对外文化交流工作的优先地位。因为这些国家和地区的市场影响力大,对本国国民观念的影响具有极大的"溢出效应",不但能够左右本国的舆论,还能够影响整个世界的文化走向和舆论生态。所以集中优势力量,重点搞好对发达国家的汉语言文化推广,就意味着抓住了事物的主要矛盾。不然的话,眉毛胡子一把抓,既分散精力,又浪费财力,其结果只能是事倍功半。

第二,实现语言教学与文化传输的有机结合。汉语言国际推广的根本目的在于,通过语言的学习,实现不同文化之间的交流,进而影响目标受众的思想和行为。如果说,语言教育是"表",是手段的话,那么文化传授则是"里",是目的。只有"表"的语言推广,而没有"里"的文化传授和交流,那么只能失去语言教育的本来意义,很难延续和发展。中国的汉语言国际推广虽然成绩显著,但在文化传播方面则不尽如人意。以孔子学院为例,孔子学院虽然是以中国古代著名思想家孔子的名字命名的，但正如有学者所说："在以孔子冠名的全球性中国文化的传播机构里，暂时只有孔子的名称或是塑像、画像，而没有能够反映孔子的思想和中国文化精髓的作品引入和推介。这或许会成为孔子学院传播中国文化的瓶颈。"①这不仅不能树立起中国积极的国家文化形象，而且长此以往，海外汉语言学者也会由于文化传授环节的缺失而失去中国语言学习的吸引力。因此，中国在今后汉语言的国际推广过程中，应在教授基础性的汉语语言之外，还应结合汉语的教学有意识、有针对性地加强中国传统文化和现代文化的传授，使文化受众在潜移默化中逐渐接受中华文化，使其在充分领略中华文化风采和独特魅力的同时，自觉充当中华文化的代言人和"文化大使"，以更好地传播中华文化。

三、发挥政府和民间文化交流的合力作用

提升文化软实力，不但有助于国际综合国力的增强，也有利于中华民族的伟大复兴。在当代，要通过对外文化交流，增强中华文化的国际影响力，不仅需要政府间的合作，同时还需要民间层次的文化交流。只有把政府间文化交流与民间文化交流结合起来，发挥各自优势，实现优势互补，才能从根本上提升中国的文化软实力。

（一）发挥政府和民间文化交流的合力作用是有效建构中国的文化交流的必然选择

发展对外文化交流，其目的不仅在于通过文化的融合，激发本国文化的活力，凝聚民心民力，还在于通过文化的融合，增进不同国家人民的了解，树立国家良好的国际形象。而要达到这样的文化效果，其中必不可少的一个条件，就是文化传播的信息具有高度的可靠性、可信性。可信性是有效的文化传播活动所需遵循的首要原则。这主要包括两方面的内容：一是内容的可信性。文化自身是否具有客观的真理性、现实的解释力从根本上决定着文化的可信性。二是传播者本人的可信性。只有传播者可信，文化交流和传播才有效，才能扩展文化的影响力。有效性与文化国际影响力之间成正比关系。

---

① 董璐：《孔子学院与歌德学院：不同理念下的跨文化传播》，《国际关系学院学报》2011年第4期。

1978 年改革开放以来，在国际文化交流方面，中国政府一直扮演着主要的甚至是关键性的角色。无论是孔子学院的开办，还是近些年在法国、俄罗斯、美国、德国、荷兰、瑞士、意大利等国举办的"文化年"、"文化季"、"文化月"、"文化周"、"文化节"、"艺术节"等活动，大多都是在政府的直接领导下运作的。中国政府在对外文化交流活动中的亲力亲为的确起到了集中资源办大事的作用，然而就文化交流的成果而言，中国官方管道下对外文化交流、传播的效果却不甚理想，与预期相差太大。其原因在于：

其一，政府的任何传播行为都可能被他人看成是一种宣传举动。"宣传"（propaganda）一词源自拉丁文"to Sow"，它本身是一个中性的词汇，意思是"必须被散布的事物"。哈罗德·D. 拉斯韦尔（Harold D. Lasswell）为宣传所下的定义是，"以消息、谣言、报道、图片和其他种种社会传播的方式来控制意见的做法"[①]，但是从第一次世界大战以后，propaganda 一词开始被认为是"不诚实、操纵性的和洗脑子的"[②]。二战结束之后，宣传一词先是由于被法西斯德国所滥用，后又与美苏意识形态对立与冲突冷战相参合，从而导致西方社会对宣传的进一步憎恶。英语中的 propa nda 一词终于演变成为不折不扣的贬义词。梅尔文·L. 德弗勒和埃弗雷特·E. 丹尼斯 1981 年在其著作《大众传播通论》中对"宣传"的定义是："以改变受众的信仰、态度和行为为目的的大众传播内容（不论是新闻报道、广告、戏剧还是别的形式）。"[③]所以在西方国家特别英美人眼中，政府的行为常常被视为一种意识形态宣传，而普遍被人们所不认同。对大部分西方民众而言，非政府组织的可信度最高，其次是媒体，最后才是政府。

显然，官方色彩过于浓厚的中国文化传播、交流媒体作为中国对外传播的主流媒体，也必然会被西方社会的受众认作是政府宣传而使得中国对外文化交流的被接受度大打折扣，从而影响文化交流、传播的公信力和效果。"道理很简单，过分的地域文化宣传和某一语言的推广可能直接或间接地导致接受国有意无意的抵制，更不用说我国在意识形态领域与很多国家尚有差异。"[④]

①　〔美〕E Werner J. Severn, James W. Tankard,Jr.Communication Theories: Origins, Methods and Uses inthe Mass Media.USA: Addison Wesley Longman,Inc. 2000 (5th edition). P.111.

②　〔美〕E.M.罗杰斯：《传播学史——一种传记式的方法》，殷晓蓉译，上海译文出版社 2002 年版，第 219 页。

③　〔美〕梅尔文·L.德弗勒、埃弗雷特·E.丹尼斯：《大众传播通论》，严建军等译，华夏出版社 1989 年版，第 29 页。

④　金立鑫：《试论汉语国际推广的国家战略和学科战略》，《华东师范大学学报》(哲学社会科学版)2006 年第 4 期。

其二,文化交流的根本目的都是以影响他国的文化价值为战略取向的,所以任何对外行为都离不开各国人民之间自觉、能动地文化互动。因为文化交流、传播,说到底是对内容的消费,所以同受众建立起长期的文化沟通、互动是实现文化双向交流的关键一环,否则文化传播过程便不复存在。文化交流是不同文化背景的人民之间的心灵沟通和对话。"传受双方是在个人经验背景下创造和理解信息的。因此,传受双方所拥有的共同经验越多——双方的经验领域越能重合,他们就越能更好地理解对方。"①

因此,在交流、传播过程中完全不考虑目标受众的文化差异和心理感受,只从本国的战略目的出发,按照自己的利益考虑去选取自己希望传递出的文化信息,其最大弊端就是把本来的双向文化交流变成单向的文化"独白",而失去文化受众合作与配合行为的"自说自话"的文化交流,很可能还会引起目标受众的排斥,带来与活动发起者意愿相悖的负面效果。

在长期的对外文化交流过程中,中国一贯秉持的是以我为中心的战略理念。这种不注意对传播对象的定位分析,一味地"以我为主"的文化交流模式,不仅把双向性的文化互动变成了单向灌输式的文化公关活动,而且可能在不同的文化环境中导致水土不服,不利于中国文化"软实力"的提升。

与政府文化交流活动存在的问题相反,民间文化交流恰恰能够起到政府文化交流所起不到的作用。这是因为:①民间外交没有明确的政治目的性。②民间外交具有灵活性。③民间外交不仅范围广泛,渠道众多,而且内容丰富,形式多样。④民间外交具有广泛性。民间外交领域宽、交际面广、影响大。总的说来,民间外交是一种多层次、多渠道、范围广泛、灵活多样的外交方式。②所以容易得到国际人士的接受,可以弥补官方对外文化交流、传播内容上的一些缺陷。尤其是在关系紧张的国家,民间外交比政府外交更有说服力,更富有实效,实现官方外交目标和国家整体利益。新中国成立60多年来,民间外交所从事的文化交流,为化解不同意识形态国家间的对立,以民促官,推动国家间关系的发展曾作出过重要贡献。例如享誉世界的中美"乒乓外交"就是明证。

总之,"民间力量因为不带有意识形态色彩和功利性,在商业活动、文

---

① 〔美〕E.Julia T.Wood.*Communication in Our Lives*.USA:Wadsworth Publishing,2008(5th edition).p.19.
② 王炳南:《寄希望于人民——民间外交工作的体会》,《世界知识》1980年第19期。

化交流、人际传播、友好往来等过程中,将中国人的价值观、文化传统自觉不自觉地传播给了海外受众,并很容易被其接受"①。正因如此,所以冷战结束以来, 蓬勃发展的民间外交日趋成为国际政治舞台上的一道独特的风景线。

(二)坚持政府主导与多元民间力量参与交流并举

如上所述,美、韩、日等国成功的经验表明,推动非国家行为体参与国家对外文化交流活动发展是增强软实力、提升国家影响力的关键环节。因此,大力鼓励和扶持非政府力量的发展, 为中国的对外文化交流提供多元化的管道,是新时代中国对外文化交流的重要选择。

与西方发达国家不同,由于中国传统上是一个中央集权的国家,中国的对外文化交流长期以来主要以政府间交流为主, 而民间力量和各类专业团体的交流力度远远不够。正如约瑟夫·奈所指出的,中国没有完善的文化市场与支撑组织, 没有好莱坞那样的文化产业, 没有与美国相媲美的大学教育, 特别是缺乏像美国那样为数众多的非政府组织所创造的丰富文化软实力。②因此,我国应在继续加强政府间文化交流的同时,还要充分发挥民间非政府组织对外文化交流的积极性。

1.继续推进政府文化交流

在当前,我国主要应从以下三方面着手。

(1)整合对外文化交流力量。作为国家上层建筑的重要构成部分,对外文化交流活动是一个由相互制约、相互作用、相互促进的多种要素、多个层面组成的有机系统工程。如果处理不当,协调不好,不但促进不了对外文化交流的深入开展,反而会适得其反,甚至会产生 1+1<2 的负面效应。

从中国来看, 目前从事文化交流的机构众多, 既包括国务院新闻办公室、外交部、文化部、宣传部、外联部等国家机构,也包括中央电视台、中国国际广播电台、新华社和人民日报海外部等大型的国家媒体,但是总体而言,文化力量分散,条块分割,部门分工模糊,且互不干预,各自为政。美国参议

---

① 转引自陈清华:《关于海外受众接受心理的外宣策略》,《江苏社会科学》2010 年第 4 期。

② Joserph S. Nye Jr.. The Rise of China's Soft Power. Op-Ed.*The Wall Street Journal Asia*. December 29,2005.

院外交关系委员会前主席卢格就曾指出："中国莫名其妙地将公共外交分散给了三个独立的政府机构：国务院新闻办公厅负责'软实力'、外交部负责正式的公共外交和教育部负责'汉办'。"①这种政出多门、多头管理的文化现象的存在不仅无助于传播效率的提高，也不利于中国对外文化的合作与交流的深入开展。尽管近年来，为顺应国际社会文化外交勃兴的现实，中国也成立了专门负责公共外交事务的专门机构——公共外交处，但它只是隶属于外交部的一个部门，行政级别低，权威性不强，难以对国家其他部门的文化交流工作起统筹领导作用。对此，应借鉴国外发达国家的成功经验，并结合中国的国情，尽快统合对外相关文化交流机构，成立一个灵活、高效的全国性对外文化交流领导机构，专门负责对外文化交流的管理与协调，为国家文化软实力的塑造与提升提供组织上的保障，否则，国家文化软实力塑造的效果将大打折扣。

（2）加快文化外交立法工作。改革开放以来，中国的文化外交虽然取得了令人瞩目的成就，但长期以来也存在着对外文化战略还不够系统、完整的缺陷，缺少"顶层"意义上的制度设计，甚至在对外文化交流、传播活动过程中还存在着零散的游击式或"突击式"的情况。这从总体上削弱了中国文化的世界影响力。加强文化外交立法，以健全、完善的制度为基础，既可以使文化外交沿着正确轨道前进并取得实效，也能确保文化外交长期坚持，持之以恒，有效地防止急躁冒进地发展文化外交的做法。当前，文化外交立法要切实做到目标体系明确，制度体系完善和运行体系健全。

（3）拓展对外文化交流形式。对外文化交流的形式多种多样。目前，中国的对外文化活动多以文艺表演、展览为主。中国前驻法大使吴建民在接受媒体采访时曾说过："中国人对文化有一个狭隘的理解，总以为文化就是唱歌、跳舞，搞点文艺活动。法国人理解的文化是大文化。这个大文化层面上的互动，带给双方的影响是深远的。"②法、日等国普遍重视利用多种文化手段来展示本国文化，宣传自己的价值观，扩大国家的世界影响力。如日本为通过文化输出实现其政治大国的战略目标，不但召开有关日本问题的国际学术

---

① 江玮：《公共外交协调机构酝酿起步》，(2011-03-10)21 世纪网，http://www.21cbh.com/HTML/2011-3-11/zOMDAwMDIyNTgzOQ.html.

② 葛军：《法国人在重新认识中国——吴建民谈怎样介绍中国》，《世界知识》2004 年第 4 期。

会议,举办各种形式的交流活动宣传日本政策、主张,还积极参与国际与区域组织的文化交流与援助活动。中国要提升自身的价值和文化的世界影响力,也必须借助文化外交、公共外交,通过艺术、媒体、教育、人文交流等多种形式向世界说明中国,以增进不同国家、不同民族之间的了解。

2.大力开展民间文化交流

民间外交是中国总体外交的重要组成部分。针对中国软实力建设过程中非政府组织对外文化交流参与较少的问题,中国要加大政策引导和投入,引导社会资本和人力投向民间交流,"继续广泛开展民间外交,扩大对外文化交流,增进人民之间的友谊,推动国家关系的发展"。

(1)为非政府社会组织的生存发展创造空间。随着国际关系民主化的发展,非政府、非官方的民间力量日益成为重要的国际文化交流、传播主体。同西方发达国家相比,中国的非政府组织目前还处于初步发展阶段。这与中国对非政府组织设立的门槛高、成立的条件控制严和成立后的监管严有很大关系。因而造成目前中国缺少真正意义上的非政府组织。即使有,也是政府办的有官方背景的"非政府组织"和"半营利组织"。这不仅影响了中国文化交流的国际公信力,同时也由于对民间力量的运用不够而引起国外的质疑,从而削弱了中国的软实力。国外普遍认为,在国际舞台上看不见中国非政府组织的身影,是中国软实力存在的盲点。例如中国与非洲国家之间的良好关系主要建立在政府关系之上,就没有非政府来进行社会的人民的沟通,这对中国的形象不利。①

在新形势下,要激发非政府组织和力量的活力,拓宽非政府组织的对外文化交流效应,中国政府就必须在法律规范和制度创新方面双管齐下,用一系列相互补充、相互促进的政策举措,开发中国民间对外文化交流的潜力和空间,使其成为政府文化交流的有力"帮手"和"推手"。一方面,要健全和完善相关的法律法规,为非政府组织的发展提供一个良好的法律环境;另一方面,要敞开非政府组织独立发展的空间,使其在一个具有包容力与开放的社会文化环境下健康成长。唯此,才能发挥政府和民间两种力量的共振效应,使非政府组织和力量更好地协助中国政府推进对外文化交流的深入开展。

(2)积极开展不同形式的民间交流。全面开展非政府性民间交流。第一,

---

① 〔新〕陆宜逸:《中国软实力的盲点》,《海峡时报》2007 年 7 月 9 日。

大力开展同国际非政府组织的文化交流与合作。作为联系政府和民众的中介，非政府组织社会力量具有信誉良好、专业化水平较高和非政治化等特色优势。利用自身民间性、灵活性和包容性的特点，大力发展与国外非政府组织的文化关系，既有利于为中国文化在世界的传播和发展提供一个方便的平台，也有助于"以民促官"，影响对方国家政府的外交政策，改变对方国家的政治文化生态，进而实现中国对外文化交流的目的。

第二，加强与包括联合国在内的政府间国际组织的文化交往。联合国是政府间多边外交的平台，也是非政府组织多边外交的舞台。近些年来，几乎所有的国际非政府组织都同联合国及其所属机构开展了密切的合作。联合国与非政府组织之间形成了紧密的"天然盟友"的关系。而在与联合国建立合作关系的各机构中，既见不到中国非政府组织的身影，也听不到其发出的声音，这严重削弱了中国的软实力。对此，中国要积极拓宽双方合作的渠道，丰富双方合作的内容。这样，才能在联合国的体系内影响联合国的决策或协议，充分发挥联合国以点促面的作用，推进中国的文化交流，扩大中华文化的世界影响力。

3.要调动公民文化交流的积极性

国家之间的交往归根到底是人与人之间的交往。根据现代传播学的效果分析，人际间的传播对人态度的影响和改变远远大于大众媒体所产生的影响。正如美国"公民外交"运动发起人之一谢里·李·米勒所说的："公民外交这个概念的意思是，每位公民在每次与外国人握手时都有责任和义务帮助塑造美国的外交关系。无论你是坐在外籍同学身旁的学生、在国外比赛的运动员、迎接外宾的官员、摇滚明星，还是海外商务代表，你都是一名公民外交家。"[①]现在中国每年有 1200 万人次出国，而到中国来的外国人也有 2400万人次。[②]其中，中国出国留学人员也已经超过百万。每一个走出国门的中国人都是中国的名片与民间外交使节。公民通过面对面的文化与思想的直接交流，不但能够消除外国民众对中国的错误认识，使外国民众了解中国人民热爱和平的文化传统和和平发展的外交政策，而且还能够拉近双方人民之间的感情，在一定程度上推动两国政治经济关系的友好发展。

---

① 张胜军:《新世纪中国民间外交研究:问题、理论和意义》,《国际观察》2008 年第 5 期。
② 高飞:《加强软实力建设——提升中国的国际影响力》,《当代世界》2012 年第 4 期。

四、借助第三管道，推销中华文化

国际经验表明，一个国家要成功实施对外文化交流，既要发挥政府的主导作用，也离不开民间力量的有力协作和配合。要在新形势下增进中国政治上的影响力、经济上的竞争力、形象上的亲和力、道义上的感召力，在充分调动国内智库、媒体、公众等其他非政府行为体的主观能动性和作用的同时，还注意培育包括国外非政府组织等在内的第三意义世界力量，发挥其文化桥梁纽带作用，促进中外文化交流的深入发展。

（一）当今世界已进入一个全民外交的时代

现代国际政治的形成是以《威斯特伐利亚条约》的签定而揭开历史序幕的，由此也奠定了主权国家主导国际关系发展走向的基础。可以说，长期以来，国家间的政治关系几乎构成了国际关系的全部内容。

包括外交在内的国内国际政治完全由国家独家把持，"舍此别无分店"的垄断状况，在二战后尤其是冷战结束以来，随着非政府组织、跨国公司和个人等非官方的跨国行为体和次国家行为体在国际政治中的作用和影响的日益增强，而受到了严重挑战。世界政治从此出现了从以"民族国家"为基本单位的无政府体系向多权力中心国际体系过渡的趋势。也就是说，一切政治事务由主权国家特别是中央政府一手独占的特权，遭到了世界权力分布"去中心化"（decentralized）趋势的强大挑战。当前，人类社会政治的发展趋向全球化，建立了联合国这样的全球性治理机构和各种区域性的治理机构，在世界各国以政府机构为主体的政治组织形式得到加强，并与国际社会在政治影响上形成互动之势的同时，另一类社会治理的组织形式，即非政府组织（NGOs），包括国际社会中和各民族国家内部的非政府组织亦飞快地生长起来，它主要包括体育机构、医疗卫生组织、工会组织、党派联盟、政治组织、环卫组织、研究机构、慈善机构、宗教团体及各种专业协会与组织等。这其中又以非政府组织最具代表性。非政府组织概念是一个舶来品。按照联合国经社理事会 1952 年在其决议中对非政府组织下的定义是："凡不是根据政府间协议建立的国际组织均可被看作非政府组织。"经历漫长的历史发展，从 20世纪 70 年代开始，国际非政府组织进入迅速壮大时期。目前，形形色色的非政府组织已经多达 4 万个,联合国前秘书长安南说过,我们生活的时代里,国家不再是主宰国际事务的唯一角色。参与者包括非政府组织、国家议会、私营公司、大众媒体、大学、知识分子、艺术家以及认为自己是人类大家庭一部分的每个男人和女人。在相当长的时间里,国家被视为国际体系内最根本、最重要,甚至是唯一的行为体,政府间国际组织的出现及其在国际政治中主体资格的认定,打破了一直由国家独享国际体系行为体的局面。国际体系内从此有了"国家行为体"与"非国家行为体"之分。

非政府组织的兴起为国际政治发展注入了一股全新的力量。正如莱斯特·M. 萨拉蒙教授在 20 世纪 90 年代中期所指出的:"历史将证明这场革命对 20 世纪后期世界的重要性丝毫不亚于民族国家的兴起对于 19 世纪后期的世界的重要性。"[①]在当代,非政府组织不仅对传统"国家中心论"的国际政治理论范式形成冲击,而且在动员社会舆论,表达社会各方的利益诉求,增进国际社会的交流和了解,推动国际关系民主化方面发挥了积极作用。

非政府国际组织的涌现和崛起,意味着任何政府在制定国内和国际政策时,都必须认真倾听他们的意见和见解,以获得更多公众的支持。由此,彻底改变了主权国家主导国内国际一切公共事务的一统天下格局,打破了外交为国家垄断的局面,迫使政治家和外交决策层不得不与其他社会行为体分享某些外交权力,从而使外交工作逐步走向公开化、透明化和大众化,同时也使得国际政治和外交工作的多元化特征更加明显。国家外交政策中权力的"去中心化"(Decentralized)已成为国际社会不可阻挡的发展趋势。

也就是说,在当今国际政治的舞台上,非政府力量同政府、企业一样,成为推动世界政治发展的不可缺少的重要力量。正如奥巴马的顶级技术顾问和希拉里的高级创新顾问亚历克·罗斯所说:"21 世纪的外交已远远超出了政府与政府之间的活动,而应成为政府与人民、人民与政府之间的活动,最终演变成为人民与人民并与政府间的交流这种模式。"[②]

---

① 参见何增科:《公民社会与第三部门》,社会科学文献出版社 2000 年版,第 243 页。
② 檀有志:《网络外交:美国公共外交的一件新式武器》,《国际论坛》2010 年第 1 期。

(二)借助第三管道,推销中华优秀文化

冷战结束后,国际舞台上的非国家行为主体日趋增多并日渐活跃,是国际关系发展、变化的一个重要特点。在当前,中国的对外文化关系发展固然要积极吸引国内人民的广泛参与,但也要更多地利用在华的外国人,特别是中国文化研究学者、留学生、访华学者作为中华文化的代言人,为中国作注解,以矫正视听。这对提高中国文化软实力发挥着不可替代的作用。因为他们的宣传、演说相比起中国人来其准确性和说服力往往能得到人们更多的信赖。奈曾说:"美国最有说服力的发言人不是美国人,而是了解美国优劣的当地代言人。"[①]此话可谓一语中的。

1.国外非政府性组织

非政府主体是指"除统治集团中的执政集团外的一切力量,既包括广大人民群众,也包括统治集团、统治阶级中的非执政力量,是指一切不能代表国家,不能以国家和政府名义处理外交事务的政党、集团、组织、企业、学校、团体以及有影响的个人等"[②]。非政府主体具有力量宏大、群众基础雄厚等优势。在当代国际关系民主化蓬勃发展的大背景下,非政府主体不但对国家政府外交决策起着越来越大的影响, 而且还能够利用传统的组织手段和新的通信技术来充分发挥其世界影响力。新形势下,中国不仅要加强同政府主体的文化交往,还要大力发展同其他国家的非政府主体如政党、议会之间的文化交流。通过同这些文化主体的科学、技术、文化、教育、体育等方面的交流与合作,促进中外人民之间的心灵沟通和友谊合作,为中国的和平发展创造良好的软环境。

2.海外留学生

留学生的交流是对外文化交流的重要组成部分,有助于国家文化软实力的提高。马修·弗雷泽曾这样评述美国的留学生交流:"软实力也包括有助于输出美国模式的艺术交流和学术机构的安排——比如巡回展览和学者交流项目。如果外国学生在美国攻读学业,他们学成回国的时候,已经在美国

---

①　〔美〕约瑟夫·奈:《谁与争锋:变化中的美国力量本质》,吴晓辉等译,东方出版社,2005年版,第28页。

②　叶自成:《新中国外交思想:从毛泽东到邓小平》,北京大学出版社2001年版,第405~407页。

深深经历了美国价值观、生活态度和思维方式的浸染。"①

自新中国成立开始,留学生教育作为中国高等教育的组成部分,就一直受到党和国家的高度重视。新中国成立60多年以来,中国累计接收来华留学生146万人次。2010年有来自194个国家的26.5万余名各类来华留学人员,分别在全国620所高等学校、科研院所和其他教学机构中学习。留学生即是一个国家文化的学习者,同时也是一个国家文化的传播者。加强留学生教育和交流既可以推动中外之间的文化交流与合作,又能促进国家公共外交,可谓一举两得。所以全国政协外事委员会副主任韩方明在《南方日报》上发表文章强调,要在外国留学生中间通过公共外交的手段大力培养"知华派",让绝大多数外国留学生能够形成对中国文化的喜爱,使他们也成为中国国家形象的宣传员。

为此,国家要把培养海外留学生上升到提高国家软实力的战略高度,加强来华留学生的教育力度。一方面吸引更多的外国留学生到中国来学习,有意识地借助高等院校、科研机构的力量,通过更紧密更深层的国际学术文化交流与合作,培养"知华"的外国留学生。另一方面进一步扩大外国留学生规模。增加中国政府奖学金数量,重点资助发展中国家学生,优化来华留学人员结构。只有这样,才能充分发挥海外留学生数量多、分布广的优势,推进中国的对外文化交流。

3.国际友人

国际友人身份特殊,他们有着不同于常人的天时地利与人和之优势。一方面,他们一般在当地有一定的社会地位,有较大的社交圈子和影响力;另一方面,他们对中国文化的研究比较客观、理性,不易受意识形态的束缚,因此其对中华文化的认识更客观、公正,更具信服力,更易影响主流社会,甚至影响所在国对外政策的制定。他们不仅在促进政府间开展文化交流方面能够发挥积极作用,而且在促进更广泛的民间文化互动方面能够起到桥梁纽带作用。例如被认为是美国汉学研究的代表人物——费正清,之所以在美国、中国乃至世界家喻户晓,固然与其被美国权威杂志《外交》列入20世纪最伟大的书《美国与中国》(The United States and China)有关,但更重要的恰如有些学者所说,因为他是美国人,而不是中国人。

---

① 〔加〕马修·弗雷泽:《软实力:美国电影、流行乐、电视和快餐的全球统治》,刘满贵等译,新华出版社2005年版,第4页。

武林高手常言借力发功可"四两拨千斤"。充分发挥这些国际友好人士的作用，最大限度地开发这些"软资源"和"软资本"，对全面展示中国的文化风貌，提升国家的国际形象有着极为重要的现实意义。

4.海外侨胞

华侨华人长期生活在海外，海外华人来自不同的国家和地区，宗教信仰和社会背景各不相同，但是"同文同种"是华人的共识，海外华文教育被视为"留根工程"和"海外希望工程"。①由于他们了解中国，其观点也较为客观公正，所以海外侨胞是中华文化的重要承载者和传播者，是在海外展现中国形象的重要窗口和促进国际理解的最好的"民间大使"。正如有学者所说："与住在国民众联系广泛，熟悉中外文化，熟悉海外文化市场的运作模式和发展趋势，在推动中华文化走出去中具有独特优势，担负着重要使命。海外侨胞把我们的价值观念、社会制度、发展模式真实地展示出来，提升整个国家的吸引力和感召力，提升整个中华民族积极正面的形象。"②

因此，中国必须加强与海外华侨华人社会的联系与合作，依托和发挥海外侨胞的平台、桥梁和纽带作用，特别是华文媒体向华侨和侨居国人民大力宣传和介绍中华文化，使住在国政府和人民更加认识和了解当代中国文化，从而使中华文化在与当地主流文化的不断交融中不断扩大自身的影响力。因为有数据表明，目前海外华文媒体在绝对数量和分布广度上并不弱于英文媒体。目前仍在出版的印刷媒体有 500 多种，其中固定出版的日报有 100 多家，华语广播电台 70 多家。若能利用他们的力量和管道，吸引他们参与到传播中华文化的行列中来，定能收到事半功倍之效。

五、积极搭建以文化产业和文化外贸为载体的国际文化交流平台

提高中华文化国际影响力，不仅需要深厚的文化支撑、先进的制度保障，还需要建立全方位、多层次、有效果的文化传播新载体。文化影响力的载体是文化产品与服务，因此大力发展文化产业与文化外贸是扩大中国文化影响力的重要举措。

---

①　郭熙：《华语研究录》，商务印书馆 2012 年版，第 95 页。

②　刘敬师：《浅谈日本侨团的几个特点》，《侨务工作研究》2012 年第 41 期。

（一）大力发展文化产业

发展文化产业是提升国家软实力的战略制高点。有些学者甚至认为，"在21世纪，各国的胜负决定于文化产业。"

发展文化产业既是社会主义市场经济条件下满足人民多样化精神文化需求的重要途径，又是增强国家文化软实力、扩大中华文化影响力的重要手段。1978年改革开放之后，中国培育与发展文化产业的自觉性就在不断提高。2009年国务院制定的《文化产业振兴规划》，首次将发展文化产业上升到国家战略："文化产业是市场经济条件下繁荣发展社会主义文化的重要载体，是满足人民群众多样化、多层次、多方面精神文化需求的重要途径"。党的十七大报告再次明确指出："要大力发展中国文化产业，繁荣文化市场，增强国际竞争力。"2011年10月，中共十七届六中全会审议通过《关于深化文化体制改革、推动社会主义文化大发展大繁荣若干重大问题的决定》，提出了文化兴国的战略，对大力发展国民经济支柱性文化产业作出新的部署。

在这些政策措施的促进下，近些年来，中国文化产业的迅速发展众所瞩目，影视、演艺、动漫、出版、网络新媒体、旅游文化产业已渐成规模。然而从横向比较来看，中国文化产业对国民经济的贡献还远不如美国、日本、欧洲，尤其是在一流的文化产品和品牌的缔造方面还有一些差距。从中国文化软实力研究中心等机构联合发布的《文化软实力蓝皮书：中国文化软实力研究报告（2010）》来看，中国文化产业只占世界文化市场份额的3%，在文化产业对国民经济的贡献方面，中国仅为2.6%，这一比例远低于美国的25%、英国的11%。近些年来，中国的文化消费市场上充斥着大量外来文化，严重影响了中国的国家文化安全。

面对如此严峻形势，迫切要求中国尽快提升自己的文化产业整体实力，通过不断生产出具有全球竞争力的文化产品，将博大精深的中华文化推广到世界各地，不断扩大中华文化在国际文化市场的份额和世界影响力。

1.推进中国文化产业集群化、规模化发展

按照美国哈佛大学教授迈克尔·波特（Porter，1998）的观点，产业集群（Cluster Industries）是在某一特定领域中（通常以一个主导产业为核心），大量产业联系密切的企业以及相关支撑机构（包括研究机构）在空间上集聚，通过协同作用，形成强劲、持续竞争优势的现象。产业集群包括了一批对竞争起重要作用的、相互联系的产业和其他实体。因此，产业集群的形成和发展将伴随着产业规模的扩大而不断扩张，不断扩张的产业规模又反过来促进产业集群的发展和壮大，从而对文化产业竞争力的提升发挥着重要的作用。

欧美等西方发达国家，为增强自身的实力和产品的竞争力，普遍进行了文化产业重组。美国的文化产业之所以成为美国主要的出口产业之一，就与他们打造规模巨大的文化产业如美国华纳公司这样的"航空母舰"有直接关系。中国的文化产业起步较晚，文化企业虽然数量众多，但从规模化、集约化的发展上看，中国文化产业普遍存在着链条松散、总量规模小、集约化程度不高，总体上竞争力不强等问题。特别是相比文化产业发达国家，占经济增加值比重高、有国际影响力的大型文化企业的数量更是廖若晨星。这严重制约了中国文化产业的繁荣发展。其结果是在当今激烈的国际竞争中很难抵挡外国文化产品和文化资本的冲击。

文化产业集群的发展事关一个国家的核心竞争优势。面对国外大跨国集团、公司的强势竞争，中国要以提高文化产业规模化、集约化为目标和方向，进一步加大对文化产业的横向和纵向重组力度。一是要打破地区、部门、所有制界限，对文化资源重新进行整合，提高集约化经营水平和产业集中度，通过做大做强一批大型文化企业集团发挥产业集群效应。

二要大力发展文化产业战略联盟。文化产业战略联盟是指由两个或两个以上文化企业，为了共同的战略目标而达成的长期合作安排，通过共享资源改进他们的竞争地位和绩效。战略联盟可以通过充分利用合作各方的资金、技术、管理、市场资源，实现文化企业间的优势互补，进而降低成本，壮大实力，提升国际竞争力。当前，中国要以市场为导向，以资本和业务为纽带，鼓励依托有实力的文化企业，运用联合、重组、兼并、上市等方式建立资源共享的跨行业联盟，着力打造在全国乃至在全世界有重要影响力的文化产业集团，从而实现企业规模经营和资源优化配置，以提高中国文化企业在国际市场的竞争力和文化产品在国际市场上的占有率。

2.推进中国文化产业的国际化发展

缺乏国际化发展的意识，缺乏文化产业国际化发展的规划，是目前制约中国文化产业的国际化发展的重要原因。因此，提高中华文化的国际影响力，不仅要积极建设好中国自己的文化产业，而且要不断扩展产业国际化发展的空间，通过走国际化发展道路，为中国文化走出去创造机会。

一是建设海外文化产业集聚区。中国目前尚未出现较为成熟的海外文化产业集聚区，因此也可借鉴类似经贸合作区、工业园的成功模式，直接在海外建立文化产业基地。充分利用国外较低的发展要素成本、丰富的文化资源，或是相对宽松的文化市场机制等有利于文化产业发展的各种外部条件，推动各层次文化企业走出去，发展壮大中国的文化产业。

二是发展外向型文化企业。国家要实行积极的外贸和财政政策，以及适度宽松的货币政策，鼓励、扶持文化咨询、演艺、影视制作等机构和企业走出国门，通过到海外设立分公司或办事机构等方式，寻求国际化发展。特别是要支持重点主流媒体在海外设立分支机构，并将之做大做强。唯此，才能达到既规避文化壁垒，又开拓国际文化市场的双重目的。

三是加强与境外媒体的交流与合作。经验不足、不熟悉国外文化投资环境等是中国文化企业走向海外面临的现实障碍。要鼓励、支持国内市场稳定且发展潜力较大的文化企业根据自身实力，通过委托代理、直接投资或注资海外文化企业、建设合资文化项目等方式，拓展国际文化市场，进行国际文化产业的合作与竞争。

3.推进中国文化产业的跨越化发展

运用高新技术，发展文化产业，创造文化产品是当今国际文化市场竞争的新潮流。美国文化产业的突出特点就在于充分利用科技优势，科技含量高，尤其是在大众传播媒介领域、电子排版、网络传输、地球通信卫星等高新技术方面更是处于全球领先的地位。

可以说科技创新是文化产品的生命，对一个国家文化产业的发展具有决定性的意义。科技含量不高，产品附加值低，科技在中国文化产业中的运用程度低，是中国文化产品竞争力不强的一个重要原因。加快科技创新，不断提高文化产品的科技含量，对加快中国文化产业的跨越式发展，扩大中华民族文化的国际影响力至关重要。

为此，一是要用高新技术和适用技术改造传统文化产业。当前，在信息技术全球化浪潮的推动下，世界进入了文化与技术两轮相互驱动、共同发展的大规模"产业弥合"时期。高新技术的勃兴改变了传统的大众生产和传播方式，为新闻出版、广播电视等产业的发展插上了腾飞的双翅，开辟了广阔的文化新天地。中国要将传统文化宣传媒介与现代信息传播媒介有机结合起来，运用先进传播技术改造传统的文化传播模式，推进图书及报刊出版、广播影视制作技术升级，不断丰富中华文化的生产方式与表现形式，增强中华文化产品的表现力,提高中华文化的生产传播效率。

二是培植开发新兴文化产业。以往中国的文化产业主要由传统的出版发行、影视制作、广告会展、演艺娱乐等行业构成。高新技术特别是数字信息技术的飞速发展带来的不仅是一次技术上的革命,也是一场文化观念上的重大革新。大量高新技术在文化领域的广泛推广应用,不但实现了文化内容的表现形式多样化,革新了文化传播的速度,而且还不断创造出新的文化业态如动漫、网络游戏、数字出版等。中国要利用现代文化传播技术,依靠高新技术积极培育新兴产业和业态,大力开发具有世界先进技术水准,自主知识产权和民族特色的高科技文化产品。这样,既能够给人们提供多样化的高层次、高质量的文化产品,增强文中国化产品的感染力和传播力,还有利于加快中国文化走出去的步伐,不断提高国家文化软实力,提高中华文化的国际影响力和竞争力。

4.推进中国文化产业的多样性发展

如前所讲,按照国际一般理论,当人均国内生产总值超过 3000 美元时,居民消费将由生存型、温饱型向小康型、享受型转变。这一时期,不但人们的文化需求快速增长,文化消费需求日益旺盛,而且对高品质、多样化和个性化的健康有益的文化产品的期盼也日益增强。

面对如此广阔的文化市场空间,中国应把为国外广大人民提供多层次、多样化的文化产品和服务作为今后文化产业发展的重点方向。通过生产出适销对路的产品和提供多元化的文化服务来满足他们不断增长的精神文化需要,从而将中华民族优秀文化传递给他们,为提升中国的文化软实力奠定良好的基础。

一是加大文化产业之间联姻的力度。文化产业作为经济全球化时代的新兴产业,不但是一个国家文化产品生产、流通、消费的重要手段和载体,而且还是一个庞大的产业系统,具有较高的产业关联度。其在创造自身经济价值的同时,还能带动相关文化产业的发展,如广播影视产业将带动音像、影像、游戏软件、通信设备、广告展览等产品及服务市场;文化娱乐业将推动旅游、餐饮、交通、服装业、美容业的发展。在文化、经济日益一体化,各国人民休闲娱乐活动和交往日趋增多的时代背景下,大力发展多样性的文化产业,并融中国优秀文化元素于其中,无疑将大大拓展中国文化走向国际竞技舞台的空间,为中国对外文化交流的加速发展提供新的机遇。

二是积极参与或主办大型国际性书展、文化论坛等活动,提升我国的文化影响力。要借助国外著名的文化博览会、文化产品交易会、艺术节、书展等平台，积极向国际文化市场推介中国文化产品和服务，向世人宣传中华文化，展现中国整体的文化实力和国家形象。

三是进一步扩大国外商业性文化展演、展映活动。利用各类文艺院团借中国文化节出海参演等形式，全面展示中华文化，向世界弘扬传播中华民族优秀传统文化与主流文化，彰显中华民族文化复兴的宏伟气魄与充满活力的精神风貌。[①]

(二)以文化贸易带动文化出口

所谓文化贸易，是指国际贸易中的一种特殊的与知识产权有关的文化产品和文化服务的贸易活动。在当今世界，一个国家的对外文化贸易既是"输出文化"的有效手段和工具，又是一国扩大民族影响、提升国际地位的主要手段。同时还是衡量该国家文化软实力强弱的重要尺度，反映着该国文化被他国人民认同和接受的程度。美国前总统里根曾经直言不讳地说，政府要大力推动美国电影走向世界，因为好莱坞的电影走到哪里就把美国的价值观念和商业利益带到哪里。所以世界许多国家都积极发展文化贸易，力图通过文化产品的国际贸易与往来将自身蕴含的价值观念、文化传统展示给世界，以增强国家文化软实力，提升自己的文化影响力。

推动中华文化通过商业形式走向世界市场，是推进中国文化"走出去"的重要战略举措。为贯彻落实这一战略，2005年文化部等部门联合下发了《关于促进商业演出展览文化产品出口的通知》《国家商业演出展览文化产品出口目录管理办法》等文件。2006年又制定并相继实施了《中国对外文化贸易"十一五"发展规划》等促进文化产品和服务出境的相关政策、法规，所有这些，都为新时期中国大力发展对外文化贸易创造了良好的制度环境和法律条件。

但是我们也应该清醒地看到，中国的文化贸易远远落后于国家对外贸易的总体增幅，中国文化产品的出口还是一个十分薄弱的环节，与世界经济贸易大国的地位严重不符。对此，我们应该做到：

---

① 张晓明、胡惠林、章建刚：《2009年中国文化产业发展报告》，社会科学文献出版社2009年版，第125页。

1.通过经贸合作促进国际文化交流

当今世界经济文化一体化趋势日益明显。两者相互交融、互相影响。"一方面,经济贸易合作发展为双方的文化交流与合作奠定了坚实的基础;另一方面,加强文化交流与合作又是深化和开拓经济贸易合作的必由之路,两方面的合作互相促进,互为基础。"①中国要借助经贸合作带动文化交流,一是要不断提升传统制造业的文化内涵,用制造业的出口来拉动中国文化出口。二是以中华文字、绘画、书法、瓷器、武术等传统大众文化为传播媒介,用多渠道、多形式、多层次的综合联动方式,向西方大众普及中华文化。三是以中国饮食文化、中医药、茶叶、服装为媒介,推动中华产品出口。这既是中华文化与西方文化最根本的不同之处,也是中华文化最具魅力和感召力的地方。四是要充分利用"友好省州"、"姊妹城市"等对外关系的重要平台和渠道,在双方的经贸合作与交流中传播、推介中华文化。

2.打造文化精品,创造文化名牌

名牌战略是国际贸易的杀手锏,文化贸易也不例外。一个小小的卡通形象米老鼠为美国带来了超过一千亿美元的巨大利润,世界范围的文化领域内电影有美国的好莱坞,戏剧有百老汇戏剧产业园区、日本的四季剧团,媒介集团有德国的贝塔斯曼,这些名牌企业、名牌工程、名牌产品以及产生的名人效应带来了丰厚的利润。反观中国,目前在世界上能够叫得响的品牌寥若晨星。品牌的缺失是制约中国文化贸易发展的一个瓶颈,也是当前中国文化贸易中存在的一个严峻的现实。"中国的软实力中文化的吸引力还相对较弱。相比较于美国的电影、音乐和其他文化产品,中国没有一个突出的享誉世界的文化品牌。世界许多国家对中国的印象还很模糊并充满错觉。"②

文化精品作为时代精神的正确反映,是一个国家文化发展水平的重要标志。③中国要提高中国文化产品出口的品质,就要牢固树立精品意识,在文化产品的创作生产上大力实施"文化精品战略",着力打造一批集思想性、艺术性和观赏性为一体的文化产品来,努力"形成一批对外文化交流的文化品牌,不断扩大我国文化产业的国际文化市场份额,逐步改变文化产品出口严重逆差的局面"④。

①　曹云华:《论中国—东盟关系的可持续发展》,《和平与发展》2009 年第 1 期。

②　王永章:《实现文化产业跨越式发展》,《人民日报》2007 年 11 月 29 日。

③　杨立新:《论文化精品的生产和发展》,《中共长春市委党校学报》2006 年第 3 期。

④　孙家正:《提高推动中华文化走向世界的能力》,《求是》2006 年第 1 期。

3.文化出口方式要体现灵活性,展现差异性

文化贸易是以内容和知识为要素的,因此深度挖掘可贸易文化内容,多元发掘艺术产品的附加值,创造具有高附加值的文化产品和服务,是发展中国对外文化贸易的必由之路。一是要大力发展特色文化产品。一个国家民族文化的影响力,首先来自于这种文化的吸引力,而这种吸引力往往来自于该文化的差异性、异质性。中华文化博大精深,蕴藏着丰富的内容和深刻的精髓,这些精髓正是中华文化的特色所在。在国际文化贸易中,中国一是要充分依托自己丰富的文化资源优势,大力彰显中国文化的多面个性和特征,凸显中华文化的独特魅力和特色,通过着力打造以特色文化为主要内容的文化产品,扩大世界主流文化市场,提高中华文化的影响力和世界感召力。

二是要以世界化的形式包装中国文化产品。世界文化虽然是多样的,但也存在着超越民族国家文化差异的最具人类共通性的文化语言。在生产、制造文化产品时,中国要尽力借助国外文化受众熟悉的文化产品形式,更多地选择利用世界认可的文化元素,贴近这些国家人们的审美趣味和欣赏习惯,这样,才能拉近与消费者的距离,增加与他们的亲切感,才能有效地将文化产品转化成为中国文化的软实力,促进世界各国人民对中华民族的文化认同。

三是要采取不同的文化产品输出方式。文化产品都是精神产品。由于文化差异和文化认知程度的不同,受众对他国文化产品的接受程度是截然不同的。如果不注意对国际文化细分市场的充分认识和把握,切实做到有的放矢,就会增加文化折扣,大大影响文化交流的效果。因此在对外文化贸易过程中,中国要根据自身的优势和国外市场的消费特点,优先选择文化相似性高、贸易折扣度较低的文化产品作为中国文化出口的主打产品,参与国际文化市场的竞争。

4.要平衡文化贸易出口结构

如上一章所说,文化贸易结构不平衡是目前中国对外文化交流中面临的一大严峻挑战。这在一定程度上削弱了中国文化的世界影响力和感召力,也极大地妨碍了国际社会对中国和平发展的认同感。

优化文化贸易结构,推动贸易结构向合理化方向发展,一是平衡文化输出的硬软件结构。中国应将主要力量和资源投放到"核心层"的软文化产品的建设上来,通过科学、合理地配置资源,改变产业内部结构此消彼长的不均衡状况,实现三者之间的协调发展。

二是要优化文化内容结构。针对当前中国的文化输出内容中以中国传统古典文化为主,而真正体现引领世界未来变革导向的现代性文化成分相对较少的现实,中国在构建社会主义主流文化的同时,要采取多种方法,通过各种形式输出能够展示中国与时代变化同步、与人类发展共进的创新性文化产品和服务,以充分展示当代中国开放、文明的文化形象,改变"半部论语治天下"的不利局面,提高文化产品的感染力、传播力和市场占有率。

六、大力发展对外文化人才队伍

文化是软实力的核心要素。而人才则是文化软实力的关键。贝克尔认为:"人力资本的重要性一直在增加,不仅仅是在 20 世纪,而且在过去的 25 年当中更为突出。""只有进行人力资源开发,才能取得经济的增长和社会的发展。"在当代,人才是一个主权国家发展的第一资源。

(一)人才资源是对外文化交流的第一资源

在人类社会发展进程中,人才是社会文明进步、人民富裕幸福、国家繁荣昌盛的重要推动力量。"人是生产力中最活跃的因素,人力资源是第一资源。"①同时亦是对外文化交流的第一资源。

1.人才是中国发展文化等新型战略性产业的需要

战略性新兴产业是以重大技术突破和重大发展需求为基础,对经济社会全局和长远发展具有重大引领带动作用的知识技术密集、物质资源消耗少、成长潜力大、综合效益好的产业。②战略性新兴产业具有市场需求前景,具备资源能耗低、带动系数大、就业机会多、综合效益好等显著特征。对促进社会和谐发展、带动经济和科技进步、提升综合国力具有重要的促进作用。

中国要夺取知识经济时代的战略优势,就必须大力发展文化等新兴战略性产业,提升文化产业发展的层次。一方面,要积极利用高新技术改造传统文化产业,推动信息产业与文化产业的融合,促进传统文化产业从劳动密集型向技术密集型转变,从低附加值向高附加值转变,从粗放型向质量型转

---

① 江泽民:《论有中国特色的社会主义》(专题摘编),中央文献出版社 2002 年版,第 260 页。

② 《国务院关于加快培育和发展战略性新兴产业的决定》,http://www.gov.cn/zwgk/2010-10/18/content_1724848.htm.

变。另一方面,要大力发展新兴高新技术文化产业。只有以高新技术不断提升文化等新兴产业水平,才能实现文化产业的跨越式发展,使中华文化更好更快地走出去。

为此,就必须要培养和造就一支素质好、水平高、业务精的对外文化交流队伍,建立充满生机与活力的人才工作机制。这是因为,文化等新兴战略性产业是以知识密集型的人力资本为依托的。谁拥有一流的人力资源,谁就能够逐渐摆脱传统的"比较优势"理念和现状,逐步加入到"竞争优势"的行列之中,从而取得长足、稳定和健康的发展。

2.人才是解放和发展文化生产力的需要

文化生产力是指创作和制造文化产品及提供文化服务的社会能力,是社会生产力的重要组成部分。马克思指出,人类的物质生产、精神(知识、思想、理论、观念等)生产、个人生命的生产和再生产,是人类生存和发展的基本形式、普遍形式。"从历史的最初时期起,从第一批人出现时,三者就同时存在着,而且就是现在也还在历史上起着作用。"[1]按照马克思的相关论述,在物质生产中创造物质产品的能力,形成了物质生产力;在精神生产中创造精神产品的能力,形成了精神生产力,也就是文化生产力。人类社会的需要是多方面的,就像经济社会的发展需要物质生产力的发展一样,文化的发展和服务的满足同样需要文化生产力的发展。物质生产力和文化生产力是相互交融、共为一体的。但是在人类社会发展的最初阶段,精神生产是作为"隐形"或辅助因素,与人们的物质活动直接交织在一起,本身并不具有独立的存在形式。但是随着文化在当前这个时代在经济社会发展进程中的作用越来越突出,现代生产力由传统的"物质要素主导型"转向"知识智力要素主导型",凝聚在物质生产力中的知识、科技、管理等文化因素也逐渐由辅助地位上升到主导地位。一方面,文化不断地向经济和生产活动渗透,给经济的发展提供了强大的智力支持和精神动力。另一方面,随着物质生活水平的提高,人们对以自由、休闲、幸福和享受为符号特征的精神文化需求日渐旺盛,人们对精神文化多样性的需求越来越高。消费不再仅仅是解决温饱问题,而是逐渐成为某种文化宣言。当代形态的生产力,"已经从自然生产力、农业生产力、工业生产力,进入到了一个高智能型的文化生产力时代"[2]。1998 年,联合

<hr />

① 《马克思恩格斯选集》(第一卷),人民出版社 1972 年版,第 34 页。

② 殷庆威:《对生产力发展阶段和历史类型的文化阐释》,《青岛科技大学学报》(社会科学版) 2002 年第 4 期。

国教科文组织在斯德哥尔摩召开的"文化政策促进发展"的政府间会议上通过的《文化政策促进发展行动计划》中指出，"发展可以最终以文化概念来定义，文化的繁荣是发展的最高目标"①。因此，未来世界的竞争无疑将是文化生产力的竞争。

人才和智力是文化生产力中最重要的要素，要加快其发展步伐，必须有高素质的人力资源来支撑，造就大批的文化人才。

(二)中国对外文化人才发展存在的问题

加强对外文化人才队伍建设，充分发挥其在建设国家文化软实力中的作用，是发展文化生产力、促进社会主义文化大发展大繁荣的要求，也是增强中华文化国际影响力的主要途径。

1978年改革开放以来，党中央从国家发展的战略高度陆续出台了《关于进一步加强高技能人才工作的意见》《中央人才工作协调小组关于实施海外高层次人才引进计划的意见》(简称"千人计划")《国家中长期人才发展规划纲要(2010—2020)》等与人才相关的政策文件，大力建设各类人才队伍。

在此基础上，党的十七大进一步确立了实施人才强国战略在实现全面建设小康社会宏伟目标中的决定地位，明确人才是我国经济社会发展的第一资源。党的十八大报告则从加快人才发展体制机制改革和政策创新，形成激发人才创造活力、具有国际竞争力的人才制度优势等方面，提出了加快确立人才优先发展战略布局，造就规模宏大、素质优良的人才队伍，推动我国由人才大国迈向人才强国的要求。

尽管中国在对外人才培养、对外人才队伍建设方面取得了一系列重大成就，但是从中国当前对外人才建设的整体水平上看，形势仍不容乐观。

1.人才结构不合理

中国人才队伍庞大，但从总体上看，文化人力资源的质量却不尽如人意。一方面文化产业从业人员的素质参差不齐，学历偏低，知识结构欠缺；另一方面队伍结构严重失衡。目前中国的文化人才队伍中，高层次人才和领军人物比较缺乏，既懂文化又懂政策、懂经济、懂经营的复合型人才明显不足。

---

①　联合国教科文组织：《文化政策促进发展行动计划》，1news1sina1com1cn/c/2004-10-121。

2.人才使用不当

中国虽然在文化产业的生产、管理与贸易方面造就培养了一批人才,但由于配置不合理,导致很多人才感到"英雄无用武之地",没有充分发挥自己的潜能,造成大量人才浪费。

3.国际化人才奇缺

国际人才一般是指能适应国际交往和发展的需要,具有国际意识、国际交往能力以及国际一流的知识结构,在全球化竞争中善于把握机遇和争取主动的高层次人才。[①]国际化人才既要有厚实的专业知识,又要有广博的知识面,同时要保持宽广的视野,能熟练运用外语,不断加强对不同文化的理解,具有跨文化交流的能力。

但从目前中国人才队伍的情况看,中国不但普遍缺乏文化创意的经营管理人才,更缺乏有创意、达到国际水平的专业人才。特别是缺少一批既了解中华文化,又了解世界文化市场,善于市场策划和运作的国际文化经纪人。这严重制约了中国文化走向世界。

(三)大力培养对外文化交流人才的路径选择

当今世界是人才竞争的世界。中国作为崛起中的大国,要在文化竞争中占据优势地位,必须把培养从事对外文化交流人才队伍的建设作为发展国家文化 软实力的核心,纳入中华文化文化建设战略的总体布局中,这样,中国的对外文化交流工作才会更上一层楼,中华文化走出去才有坚实的人才支撑。

1.健全和完善文化人才的培养体系

如上所言,发展对外文化交流离不开文化资源,但更取决于文化人才这一决定性要素。当前,要培养适应市场需要的、高层次的文化人才,首先,要加大高校文化专业人才培养力度。为社会经济发展培养专门人才队伍,是发达国家的普遍做法。如为了推动文化产业人才的成长,日本的很多高校和职业技术院校就专门开设了动漫制作、游戏设计、尖端艺术表现、数码艺术、艺术学科等相关的文化产业专业。韩国则通过设立首尔游戏学院、网络信息学院、全州文化产业大学、传统义化学校,或在相关学校设立文化产业相关专业等方式,为产业发展培养高级专门人才。高等院校肩负着人才培养、服务社会的职责和使

---

①　华英:《人才国际化与国际化人才的培养》,《福建农林大学学报》(哲学社会科学版)2003年第6期。

命,是提高国家文化软实力的重要阵地。中国应借鉴国外成功的经验,根据文化发展的需要,鼓励高等学校或培训中心等教育机构在专业设置、人才培训等环节上多下工夫,从源头上做好对外文化人才的培养和输送工作。

一是立足于现有高校资源,在资金和社会实践、人才吸纳等方面积极支持各高校根据市场需要开设文化产业领域相关专业,加快学科建设和人才培养步伐。

二是加强与国外文化教育机构联合培养文化人才。中国要成功地实施对外文化交流,就必须造就一批既了解国外文化历史又熟悉国际文化交流现状,既懂得国际文化贸易规则又具备良好外语知识的复合型人才。打通人才的国际培养管道,加强人才国外培训,是达致这一目标的有效途径。因此,要通过与国外高校和教育机构联办、合作办学等方式,培养国际化的文化交流与文化贸易人才。另外,还可以通过出国培训、业务交流、赴外研修等方式,定期定批将文化产业人才送往国外文化教育机构和企业培训。

三是产学研一体化培养文化人才。如上所说,在文化人才方面,中国面临的一个最大挑战是人才过剩和人才短缺并存。人才过剩是说中国虽然培养了许多人才,但真正能够胜任文化交流工作的少之又少;人才短缺主要是指文化市场急需的文化专业人才缺乏。这其中一个很重要的原因,就是学与用脱节、"两张皮",最终导致一些人没事做,一些事没人做。采用产学研合作办学的模式培养国际化人才,是为了更好地满足社会的需要,从根本上解决学校教与社会需求脱节的问题,缩小学校和社会对人才培养与需求之间的差距。[①]为此,要加强产学研合作,鼓励在有条件的大型文化企业,或设立博士后、科研工作站,或建立文化产业人才培训基地或培训中心等形式,培养各类操作型以及技能型、实用型人才,缓解文化产业人才短缺的状况。

2.加快文化人才引进步伐

文化人才的培养固然要依托自身的力量,但也离不开国外文化人才的支持。充分利用国内和国际两种资源,重点引进一批文化人才,在更高起点上提升文化软实力对中国经济发展的带动力,有着极为重要的意义。一方面,可以缩短文化人才的培养周期。培养具有国际竞争力的高素质的文化人才,是中国面向新世纪、参与激烈的国际软实力竞争的需要。但这需要一个

---

① 陈艳:《试论高等学校国际化人才的培养》,《经济师》2006年第5期。

漫长的历史周期。引进人才可以在极端的时间内解决中国目前急需的文化专业人才不足问题。另一方面，不熟悉国际文化市场，没有国际市场运作方面的经验，是目前困扰中国人才发展的一个重要瓶颈。而外来人才，特别是一些高素养的国际化人才，不但拥有厚实的专业知识，能熟练运用外语，而且对国际文化市场有丰富的洞察力和超人的文化的理解力，他们能够利用娴熟的文化营销市场，凭借不同凡响的跨文化交流能力，成功地进行文化输出。因此，加强国际国内人才交流，从国际上引进创新人才、策划人才、外向型人才，聚集有利于文化产业发展的经纪人、职业经理人，为中国文化产业的可持续发展积蓄人力资本，占领世界文化产业发展的人才高地。①

3.优化文化人才培养、成长的环境

人才是在国际文化竞争中致胜的根本，但文化人才的成长、培育离不开一个健康、有序的文化环境。当前，中国要深化对外文化交流，必须努力创造一个让优秀人才脱颖而出的良好社会环境。第一，建立和完善人才激励机制。要充分激发文化人才创业的积极性、主动性，就需要关照他们的利益追求。为此就要进一步强化利益导向机制，优化和完善分配、激励、保障制度和文化生产、创作成果等要素参与分配的办法。通过物质的、精神的激励政策，逐步建立秩序规范、激发活力、注重公平的薪酬制度，最大限度地发挥文化产业人才的创造才能。第二，要建立以公开、竞争、择优为导向，有利于优秀人才脱颖而出，充分施展才能的选拔任用机制。第三，坚持市场导向，完善人才流动与配置机制。要进一步发挥市场在人才资源配置中的基础性作用，建立完善人才服务体系，形成促进人才合理流动的机制。

七、改革文化体制，为对外文化交流提供有力的制度保障

文化体制改革事关中国社会主义文化的发展繁荣，决定着中国对外文化交流事业的成败，因此，适应国际文化竞争的需要和提高中国文化的国际竞争力的要求，中国必须加快和深化文化体制改革的步伐和进程，这样才能从根本上解放被旧体制束缚的文化生产力，最终实现建设社会主义文化强国的战略目标。

---

① 唐任伍、赵莉：《文化产业——21世纪的潜能产业》，贵州人民出版社2004年版，第282页。

（一）制度具有根本性、长期性的作用

所谓制度,按照早期制度学派的创始人凡勃伦的定义,"制度实质上就是个人或社会对有关的某些关系或某些作用的一般思想习惯;而生活方式所由构成的是,在某一时期或社会发展的某一阶段通行的制度的综合,因此,从心理学方面说,可以概括地把它说成是一种流行的精神态度或一种流行的生活理论"[①]。新制度学派的代表人物诺斯认为:"制度就是人为设计的各种约束,它建构了人类的交往行为。制度是由正式约束(如规则、法律、宪法)、非正式约束(如行为规范、习俗、自愿遵守的行为准则) 以及他们的实施特点构成的。他们共同确定了社会的尤其是经济的激励结构。"[②]

马克思主义认为:"人在本质上是一切社会关系的总和。"费尔巴哈也指出:"只有社会的人才是人。"[③]社会性的交往实践是物质生产活动的前提,也是文化生产与服务的前提。这当中,利益关系则是推动人类社会物质生产实践和文化生产实践的根本动力。由于人在社会交往中的利益关系是截然不同的, 所以为了使人们不同的利益冲突引发的社会矛盾不危机整个社会的秩序,就必须使自发的个人意志、个人利益与自觉的社会意志、共同利益之间形成某种具有约束力的默契,以便成为个人、集体及社会的共同预期。"作为人类社会交往的前提, 人类要通过一定的方式来界定各种社会实体的权利(可以做什么)、权力(能够做什么)和义务(必须做什么或不可以做什么),从而协调不同社会实体之间的相互利益关系。"[④]这就是制度。因此可以说,制度是为了适应人类的社会交往而产生的。它对于维护人际交往、社会文明的发展具有重要的价值。

(1)制度具有惩罚功效。制度是在人类社会交往中形成的大家共同遵守的办事规程或行动准则,具有指导性、规范性和程序性等特性。诺斯曾指出:"制度是个社会的游戏规则,更规范的讲,它们是为人们的相互关系而人为

①　〔意〕阿·莫拉维亚:《关于长篇小说的评论.小说的艺术》,社会科学文献出版社 1999 年版,第 139 页。

②　安·德·戈德马尔:《小说是让人发现事物的模糊性——昆德拉访谈录(1984 年 2 月).小说的艺术》,张玲等译,社会科学文献出版社 1999 年版,第 31 页。

③　《费尔巴哈哲学著作选集》(上卷),商务印书馆 1984 年版,第 571 页。

④　《马克思恩格斯全集》(第 42 卷),人民出版社 1957 年版,第 96~97 页。

设定的一些制约。"①它告诉人们能够和可以去做什么,不能和禁止去做什么。不该做的做了,应施以什么样的惩罚。所以,制度一方面消除了社会交往中的不确定性和机会主义行为,增强了交往中的可预期性;另一方面,制度减少了协调人类活动的成本和代价。

(2)制度具有激励作用。制度除了具有约束、惩罚和协调个人行动的作用外,还有着重大的激励功能。诺斯指出:有效率的组织需要在制度上做出安排和确立所有权,以便造成一种刺激,将个人的经济努力变成私人收益率,接近社会收益率。②制度既包括权利和义务的明晰,也包括活动空间和范围的确定。也就是说,任何先进的制度能够有效地界定自由主体之间、个人与社会之间的界线,因而为个人权利的有效运用和才干的充分发挥开辟了广阔而自由的空间,进而使社会稳定有序而又充满活力。

在全球化迅猛发展的时代背景下,制度在综合国力竞争中的地位越来越凸显。当今世界,综合国力的竞争除了传统的疆域、财富、人口等影响国家竞争力的因素外,创新能力越来越起到决定性的作用。创新分为技术创新和制度创新。而技术创新又取决于制度创新。制度"构成了我们的生活水平、我们的安全感和共同体的真正基础"③。任何社会、国家的转型都必须通过制度的变迁、创新来实现。联合国在 1995 年对增长与发展的关系进行的重新定义中就鲜明地指出:发展是指一个社会在制度、管理、生活质量、财富分配等"品质"上的进步;一个社会可以有经济增长,却并不一定意味着其社会发展。制度在社会发展中的作用得到了国际社会的广泛认同。

制度的作用是两面的。根据迈克尔·波特的钻石理论,竞争优势的产生"需要创造一个良好的经营环境和支持性制度"④。经济贸易的发展是这样,对外文化贸易的发展亦是这样。

(二)制约中国对外文化发展的体制因素

大力推进中国的对外文化交流是中国和平发展的必然要求。目前影响

---

① 〔美〕道格拉斯·诺斯:《制度、制度变迁与经济绩效》,杭行译,三联书店 1994 年版,第 3 页。

② 〔美〕D.诺斯等:《西方世界的兴起》,厉以平、蔡磊译,华夏出版社 1999 年版,第 1 页。

③ 〔德〕柯武刚、史漫飞:《制度经济学——社会秩序与公共政策》,韩朝华译,商务印书馆 2000 年版,第 4 页。

④ 〔美〕麦克尔·波特:《国家竞争优势》,李明轩、邱如美译,华夏出版社 2003 年版,第 2 页。

中国对外文化交流的因素很多,但从制度方面看,最根本的问题是文化体制问题。

1.文化产业的管理体制尚未完全理顺,影响了文化产品出口的市场竞争力

长期以来,中国实行的是"全能主义"政府。表现在文化领域,就是政府不仅管文化,而且还亲自办文化。这种政事、政企不分,管办不分的文化管理体制,一是损害了文化企业的主动性。在传统的高度集中的文化管理体制下,由于企业的一切文化生产、销售活动都听命于政府,文化企业的发展受到上级主管部门的干预与束缚过多,所以,导致文化市场主体缺乏开拓市场的意识和动力,进而影响到中国文化产品在国外文化市场上的竞争力。二是造成了文化市场的"条块"分割。和其他曾经深受计划经济体制影响的产业一样,中国传统的文化体制也是按照"条块"(即以地方和行业一纵一横)的模式运行的,因而不但分割了有机联系的文化市场,使文化资源得不到最大程度的利用,从而创造更大的价值,而且还造成资源分散,低水平重复建设,导致资源的巨大浪费和效益低下。

不仅如此,与政府文化管理"越位"并存的是"缺位"。主要表现为:一是重事前审批,轻事后监管,致使审批后的监管常处于自流放任状态。二是为文化"走出去"提供辅导和信息咨询等服务职能缺位,未能有效地帮助境外文化经营企业进行市场评估、风险评估、投资指导等。总之,在传统文化体制下,部门权力的过分集中和自上而下的运行方式,"不可避免地造成了政府职能交叉、多头管理、缺位与越位并存等诸多问题,也不利于我国对外文化合作与交流。越位方面的表现是,政府过多地干预文化市场的微观运行;缺位是在文化产品的质量、价格、资本准入、市场执法等方面,政府监管不到位"[①]。这种管理部门的职能混淆和角色错位,不但超越了政府自身应该行使的职能范围,插手了一些不该由政府管或管不好的事情,从而出现政府失灵现象,同时也严重干扰了文化市场的健康发展,造成了市场失灵现象的发生,最终束缚了文化生产力的发展。

2.文化的投融资体制不健全,影响了文化的可持续发展

对外文化交流的根本目的是通过文化输出提升国家文化软实力,实现文化"化人"。由于文化的交流是一种心灵的沟通,所以要达到上述目的,就

---

① 齐勇锋:《文化体制改革难点探析》,《中国经贸导刊》2007年第5期。

要讲求"风物长宜放眼量"，做好打持久战的心理准备。过于心切、急于求成，难免会揠苗助长甚至适得其反。"软力量的众多重要资源均非政府所能掌控，其效果极大地依赖于受方的接受度，此外，软力量往往通过塑造政策环境间接地运作，有时要花数年的时间才能产生预期结果。"①因此，要持久性地推进中国对外文化交流的可持续发展，就离不开政府的引导和财政资金的强有力扶持。长期以来，中国文化企业普遍存在着发展资金不足、来源分散以及投资多头管理等问题，严重制约了对外文化交流的发展。以中国对外传播机构来说，其资金来源一般有两种：一是国家拨款，二是媒介母体的资助和支持。"中国国际广播电台英语台的资金靠国家拨款，而 CCTV-9 则基本靠央视资助，《人民日报》(海外版)依附于《人民日报》母体支持，地方性的广播电视媒体则主要得益于本属传媒集团的投入"②。近些年来，虽然国家各级财政加大了对文化发展的投入，但是从现阶段政府对文化的支持强度来看，与文化发展的要求还不相适应，甚至落后于文化发展的需求。政府对文化产业的财政拨款在财政支出中的比重一直维持在 0.5% 以下，这与建立文化产业的战略地位是不相称的。此其一。其二，文化产业的其他投融资渠道不畅。文化产业具有轻资产、高风险、收益难以预期等特点，因此多渠道、多元化的投融资对文化产业的长期健康发展至关重要。但是在实际运作中，由于文化产业与资本市场之间信息不畅，相互缺乏了解，所以融资难问题一直是长期困扰文化产业快速发展的瓶颈问题。以文化产业中的中小型企业为例，在发展的初期阶段，中小企业最需要的是资金的支持，但由于政府对中小企业融资的准入限制过高，使其既得不到财政拨款的支持也无从得到充足的社会发展资金。"巧手难为无米之炊"，资金缺乏和融资困难使得一些开展国际文化传播事业的企业和媒介心有余而力不足，严重挫伤了其投身海外文化发展的积极性。

3.对外文化交流发展的相关政策法规不够健全和完善

要通过对外文化交流扩大中华文化的世界影响力，固然必须从更新观念、培育文化市场主体、发挥政府的调控作用入手，但也要求有能促进本国文化贸易国际化的法律和政策与之相配套。改革开放以来，尽管政府对对外文化发展给予了很多的政策和法规、法律的支持，但总体上来看，目前我

---

① 〔美〕约瑟夫·奈：《软力量——世界政坛成功之道》，吴晓辉等译，东方出版社 2005 年版，第110 页。

② 郭可：《我国英语广电媒体发展趋势及战略思考》，《对外传播》2004 年第 5 期。

国的文化及文化产业政策法规还存在着不到位、不健全等问题。尤其是文化产业创新的政策保障机制还有待完善。正如文化部部长蔡武指出："与文化及其产业发展的需要相比,文化政策法规体系还不够健全,推动公共文化服务体系建设、促进文化产业发展、深化文化体制改革等的政策法规还不完善、不配套。部分政策法规的前瞻性、科学性和可操作性不强,一些政策法规的执行和落实还不到位。"①具体来说,一方面,虽然中国加入世界贸易组织多年, 但目前尚缺乏一批与世界贸易组织的基本原则和要求相一致、能够支持文化产品和服务"走出去"的法律法规体系,如文艺演出法、电影法等,严重影响了文化产业发展乃至文化产品的出口。另一方面,尽管国家制定和出台了一系列支持文化产品和服务出口的优惠政策,但在文化市场开拓、技术创新、文化产品出口的优惠等方面还没有健全、完善的政策做保证,从而影响了文化产品出口的积极性,制约了中国对外文化交流的快速发展。

(三)进一步改革文化体制,解放和发展文化生产力

在时代的高起点上,推动文化体制机制的不断创新,是解放和发展文化生产力,繁荣社会主义文化的必由之路,也是扩大中华文化国际影响力的关键所在。正如胡锦涛 2010 年 7 月 23 日在主持中央政治局第二十二次集体学习时所说:"深入推进文化体制改革, 促进文化事业全面繁荣和文化产业快速发展,关系全面建设小康社会奋斗目标的实现,关系中国特色社会主义事业总体布局,关系中华民族伟大复兴。"②

1. 深化以市场为导向的文化管理体制改革

创新文化体制对推进中国对外文化交流至关重要,为此应做到:

第一,按大文化管理要求进行改革。当前,政府职能由管理型向服务型转变是世界各国政府行政体制改革的发展方向。要在遵循市场经济规律的前提下正确处理政府与市场的关系, 合理界定政府与市场的边界,要按照"政企分开"和"政资分开"原则,逐步改变政府既当裁判员又当运动员,既是管理者又是经营者的双重角色错位现象。通过对现行的政府管理体制、管理

---

① 蔡武:《社会主义文化发展的战略构想》,《中共中央党校学报》2010 年第 1 期。

② 胡锦涛:《推动社会主义文化大发展大繁荣》。新华网:http://news.xinhuanet.com/politics/2010-07/23/c_12367399.htm. 2010 年 7 月 23 日。

职能以及行政流程进行必要的改革、调整与再造,逐步使政府由直接经营管理职能更多地转变到为文化发展提供优质服务、政策调节、市场监管和公共服务的职能上来。

第二,加快培育文化市场。一是要加快推进经营性文化单位的转企改制。要通过改革把经营性文化产业完全推向市场,着力打造一批具有完全自主知识产权、具有较强国际竞争力的文化产品和文化服务贸易企业。二是要培育现代文化市场体系。成熟的现代文化市场体系包括文化产品市场、文化服务市场、文化要素市场等。文化市场是文化产业不可或缺的重要组成部分,是文化产业迅速发展的必备条件。因此,要在政府宏观政策的指导下,充分发挥市场这只"无形力量的手"的作用,逐步健全能够促进各类文化产品和文化要素的自由流动的文化市场,实现文化资源的优化配置。三是要建立多元化的文化市场主体。企业是连接资源和市场的最好桥梁。中国的文化要"走出去",必须依靠文化企业通过市场运作的方式才能实现。因此要适应社会主义市场经济对新型文化市场主体的多元化需求,进一步深化所有制改革,逐步降低民间文化企业的市场准入门坎,支持一批有实力、熟悉国际文化市场的非公文化企业参与国际文化市场的竞争,逐步构建以公有制为主体,多种经济成分多种经营方式共存的、统一开放竞争有序的文化市场体系。

2.进一步健全和拓展文化贸易和服务投融资渠道,为文化发展提供充足的资金保障

对外文化贸易和服务的发展离不开财政资金的大量投入。当今世界,各主要发达国家为扩大本国文化产品和服务贸易在国际文化市场的份额,不遗余力地为发展本国的文化产业提供强有力的资金支持。例如,英国政府对音乐产业给予倾斜性的税收政策支持,对唱片销售征收 17.5% 的增值税,对于音乐出版物则不收增值税。中国要想保证对外文化交流的永恒发展,必须拓宽投资、融资渠道,逐步完善政府投入与社会投入相结合、内资与外资相结合的多元化投融资机制。

第一,加大国家文化产业预算。完善公共财政制度,健全政府投入机制,是推动文化软实力发展的基础所在。所以要充分发挥财政投入对中国文化软实力发展的支撑作用,不断加大财政投入,把发展对外文化贸易和服务纳入公共财政经常性支出预算,为对外文化出口和服务提供有力的保障。当前,特别是对具有自主知识产权的文化品牌和重点文化工程要给以特别关

注和财政支持,推动优势文化企业和重点文化项目做大做强。

第二,进一步改进投入方式,采取政府采购、项目补贴、信贷、贷款贴息、税收减免等经济杠杆鼓励各类文化企业参与对外文化服务和出口。

第三,设立专项基金扶持相关文化产业的发展。鼓励建立多种类型的文化发展基金,如文艺振兴基金、文化产业振兴基金、信息化促进基金、广播发展基金、电影振兴基金、出版基金等,以保障文化贸易的顺利发展。

第四,建立多元化的资金支持机制。为有效弥补政府投资资金不足的问题,国家在加大资金投入的同时,就要消除民间资本和外来资本进入文化领域的体制性障碍,吸引、鼓励民营资本和海外力量及资金、通过证券市场融资向文化产业领域流动,形成多元化的融资渠道,促进中国文化产品走向国内外市场,增强中华文化发展活力。

第五,建立文化出口产品风险机制。当前全球经济形势不容乐观,这也给中国文化企业走出去增添了风险和挑战。中国要鼓励文化企业走出去,就要积极借鉴国外先进经验,设立专门用于文化创新的风险投资基金,诸如文化产业出口风险基金等,或引导保险公司为这些创业的高新技术企业制定专门的针对性的商业保险,帮助这些企业分散、化解风险,为文化出口和贸易发展保驾护航。

3.进一步调整和完善推进对外文化交流的政策法规

对外文化产品和服务的发展离不开完善而稳定的政策法律体系的支持,当下,要进一步推进中国的对外文化发展。

第一,要逐步完善文化知识产权政策和相应的法律法规的建设。21世纪是以版权制度为支撑的文化创意时代。知识产权保护不力,是目前中国文化企业缺乏自主创新能力和盗版侵权行为屡禁不止的重要原因。因此完善知识产权保护制度,加强对文化知识产权的保护,是应对国际文化挑战,增强文化企业的核心竞争力的当务之急。

第二,健全文化资源的发掘和保护力度。各民族、各国家丰富的文化资源是开展对外文化交流的重要依托。博大精深的中华文化既丰富了中国人民的精神生活,也为当今中国积极开展文化外交留下了取之不尽、用之不竭的宝贵资源。然而由于长期以来中国社会没有认识到文化存在的商业价值,致使一些具有明显市场优势和民族特色的文化资源,如民间传说、文学作品、文物古迹、旅游等都没有得到很好的开放和发掘,甚至许多有待发掘的文化资源也由于中国缺少有力的法律保护而被外国公司抢先开发、利用,成为它们开拓国际文化市场、赚取经济利益的利器。如中国著名的古典文学《三国演义》《西游记》《水浒传》被日本、韩国公司改编成电影、电视、动漫,甚至是网络游戏。在中国家喻户晓的《花木兰》则被美国迪斯尼公司拍摄了动画片《花木兰》,不仅狂赚了 3 亿美元收入,更是将其变成了美国的文化品牌。因此,面对世界一些文化大国对中国文化遗产资源的肆意抢夺和恶性开发,中国要积极推动文化立法进程,用完善的法律制度规范和调整文化传播和交流活动,切实防止国家文化遗产和文化资源的流失。

第三,加快构建符合世界贸易组织要求的文化市场管理制度。加入世界贸易组织对中国的影响是双面的,即机遇与风险并存。但令人遗憾的是,在应对国际文化交流风险方面,中国长期以来缺乏像一些西方大国那样完善、成熟的文化预警和防范机制,文化制度设计存在着巨大的"真空"。所以,我们要结合中国对外文化发展的实际需要,在不违背世界贸易组织相关规定的前提下,制定、完善文化交流方面的政策和法律法规,特别是对境外输华文化产品和文化服务实行一定的市场准入制度和额度限制措施,进一步加大对国外输华文化产品的审查力度和管控强度,严防对国外文化产品的无序引进。这样,才能将文化全球化进程由于文化交流而带来的西方腐朽性文化可能对中国民族文化发展构成的危害降到最低程度,最大限度地维护国家文化安全和民族文化认同。

八、优化国际文化秩序,创造良好的国际文化交流环境

中国的国际文化交流是在开放的全球主义的文化生态中进行的。世界文化生态环境不但直接关系着一个国家的文化生存,还广泛地影响着社会的文化行为。因此,要建立一个不同文化共存共荣的国际文化交流环境,营造一个较为公平、民主的世界文化生态环境是必不可少的。早在 20 世纪 50年代,来斯特·皮尔逊就发出警告:"(人类已经进入)一个不同文明必须学会在和平交往中共同生活的时代,相互学习、研究彼此的历史、理想、艺术和文化,丰富彼此生活。否则,在这个拥挤不堪的狭小世界,就会出现误解、紧张和灾难。"①

---

① Lester Pearson:*Democracyin World Politics*.Princeton:Princeton University Press, 1995. pp83–84.

（一）美国的文化霸权秩序威胁世界的和平发展

国际文化秩序是主权国家、国际组织和跨国文化公司等国际行为主体基于文化国力，按照一定的利益原则，经过交流、合作、互动所形成的力量格局和交往机制。国际机制作为国际关系中不可或缺的公共物品(publicgoods)，具有"制约和调节国际社会角色行为"，"一方面鼓励国际行为者的履约行为，另一方面通过禁止确定的行动来约束国家的行为"。①

在当代国际关系体系中，制度因素和文化因素等诸多非物质因素，在扩大共识和形成国际准则方面日益起着重要作用。因此，只要把本国的文化价值观念"嵌入"到国际机制中去，实际上也就掌控了国际文化关系秩序和格局的主导权。

由于世界经济政治发展的不平衡性，所以在现有的国际关系格局中，美国凭借强大的综合国力，垄断了国际关系秩序的主导权。由于国际机制是国际文化关系秩序的基础，因此为实现单极霸权的图谋，美国一贯重视在国际上制定有形和无形的行为规则和制度，力图主导、操纵现有国际组织，按照美国的利益建立、控制、修改国际机制。可以说，美国在国际机制的建立、诠释和修改方面拥有不容置疑的重要权力，成为影响国际机制作用发挥的最大因素。"美国至高无上的地位就这样地制造出一个新的国际秩序。这个新的国际秩序不仅在国外重复了美国体系本身的许多特点，而且使这些特点固定了下来。"②

美国文化霸权秩序的存在一是严重威胁了世界文化的多样性。世界文化的多样性不仅是一个客观存在，也是促进世界文明发展进步的重要动力。"人们所创造并寄居其间的文化传统不仅有着各自的内在丰富多样性，而且相互间各具千秋、难以归一。但多样差异和多元互竞本身并不是人类文明的灾难和悲剧，相反，正是因为这些差异多样和多元互竞，构成了人类文明的真正源泉和动力，创造出了人类的伟大文化和伟大人类。"③文化多样性的减

① Keohane R, Nye J. *Power and Interdependence Revisited.* International Organization, Autumn, 1987.

② 〔美〕兹比格纽·布热津斯基：《大棋局》，中国国际问题研究所译，上海人民出版社1998年，第38页。

③ 万俊人：《"致中和"：文化对话与文化互镜》，《跨文化对话》（第一辑），上海文化出版社1998年版，第112~121页。

少将不可避免地导致世界文化生态百花园的失衡。正如胡锦涛所指出的："文明多样性是人类社会的基本特征,也是人类文明进步的重要动力。在人类历史上,各种文明都以自己的方式为人类文明进步作出积极贡献。存在差异,各种文明才能相互借鉴,共同提高;强求一律,只能导致人类文明失去动力、僵化衰落。"①因此,维护文化的多样性,"保持其他族群的生活方式与文化特性,就如保护濒临绝灭的稀有种属一样,是为了人类全体文化的永续存在而保存"②。而秉持单边主义的美国则企图通过控制国际机制的手段和方法,用西方普遍主义的文化模式来改造所有非西方国家特殊主义的文化和历史传统,最终实现世界的"美国化"。这不仅无助于世界文化的共同繁荣,反而会湮灭世界文化的多样性,从而导致人类文明失去动力,僵化衰落。

二是不利于和谐世界的构建。和谐世界一个是"民主的世界,和睦的世界,公正的世界,包容的世界"。在当代,各种文化只有互相宽容而非彼此排斥,才不会发生对抗与冲突。现行的各种国际机制主要是西方国家,特别是在美国的主导下建立的,主要反映了美国等西方国家的利益和意志,而没有充分反映出广大发展中国家参与国际机制决策的权利和诉求。因此,在美国霸权主导下的国际文化国际制度、秩序呈现出极大的不公正性、不合理性。它不仅严重威胁到包括中国在内的世界各国的文化主权和文化的生存与发展,同时还诱发剧烈的国际动荡和冲突。"在国际文化贸易中,美国凭借优势地位推行的文化战略,加深文化全球化在不同领域之间的紧张关系,导致以美国为主的西方资本主义国家的文化价值体系强势扩张同广大发展中国家的文化价值体系独立发展的矛盾,导致以美国消费主义为核心的大众流行文化同世界各民族文化的矛盾"③。

(二)塑造新型国际文化秩序的战略选择

国际文化关系中的交流与合作是国际文化秩序的重要属性。其发展离不开公平、公正的国际关系秩序的环境作保障。当前,要建立一个有利于不同文化共生的"和而不同"的国际文化新秩序,中国需要从以下三方面着手。

① 胡锦涛:《努力建设持久和平、共同繁荣的和谐世界》,《人民日报》2005-09-16(1)。

② 费孝通、李亦园:《中国文化与新世纪的社会学人类学——费孝通、李亦园对话录》,北京大学学报(哲社版)1998年第6期。

③ 韩源:《中国国家文化安全形势评析》,《当代世界与社会主义》2004年第4期。

1.积极参与国际文化机制规范的建构

一定的制度以一定的文化为背景。由于国际机制创建的本身是在一定的文化价值观指导下进行的，因此在多大程度上参与和主导国际机制的创建，既是一国国际地位的反映，更重要的是反映该国在国际事务中影响国际关系的能力。这是因为国际文化规范是国际文化秩序的基础。国际机制通过建立国际行为准则，规范和制约国家的国际行为。"如果一个国家能塑造国际规则并使之与本国的利益和价值观相一致，其行为在别国的眼中就更具合法性。如果一个国家借助机构和规则来鼓励别的国家按照它所喜欢的方式来行事或者自制，那么它就用不着太多昂贵的胡萝卜和大棒。"[①]在当今世界，国际关系发生的一个重大变化，就是国际社会已由传统意义上的意识形态竞争转向国际机制的争夺。掌握国际机制的制定权、参与权与解释权，就能左右国际关系秩序的发展方向。

中国是合理、公平、公正的国际关系秩序的提出者和坚定的维护者、捍卫者。作为安理会五大常任理事国之一，要承担起推动构建国际文化新秩序的重要责任，就必须积极参与国际机制的修改、完善与创新。这既是提高中国文化软实力的必由之路，也是和平发展成为世界大国的需要。这是因为，"真正的世界大国，不论历史上或现实中，都很在意自己在国际上各种机制的参与性"[②]。因此，要赢得中国的国家话语权就必然有文化输出和文化规则的输出。中国只有转换自己以往的角色，由国际体系的反对者与旁观者变成积极的参与者和改造者，在进一步学会更好地利用国际文化规则，维护国家利益的同时，更多地参与国际文化规范、规则的制定和修改，并提出进一步完善国际机制的合理化建议，才能将自己维护世界文化共同发展繁荣的文化诉求嵌入到国际机制中去，并转化为他国自觉的文化行为，从而阻止不利于中国国家战略利益实现的国际游戏规则的生成，完全、彻底地改变中国是国际文化机制和文化秩序的长期的主要受害者而不是受益者的角色，并在文化制度层面上主动实现中国的国家文化安全。为此，第一，要坚决维护中国和平发展进程中日益增长的文化利益，推动了世界文化的大繁荣，同时要充分展现中国特色社会主义文化的魅力，增强其在世界上的公信力、说服力和感

---

① 〔美〕约瑟夫·奈:《美国定能领导世界吗?》，何小东、盖玉云译，军事译文出版社1992年版，第26页。

② 王逸舟:《全球政治和中国外交》，世界知识出版社2003年版，第279页。

召力。第二,提升自己在全球文化格局中的地位和作用,从而改变目前国际议题主要由西方发达国家提出和设置, 中国及发展中国家处于边缘状态的不利地位, 进而改善不平等的国际文化旧秩序, 促使全球文化秩序朝着平等、民主、繁荣与和谐的方向转化。

2.加强同法国、加拿大和俄罗斯等国家的文化合作

美国文化霸权主义的影响是全球性的, 即使同自己持同一文化价值的西方国家也难以幸免。针对美国文化的大肆扩张和泛滥对本国文化的可持续发展造成的挑战, 这些国家奋起斗争。前法国文化部长雅克·朗格指出:"美国娱乐业是金融上、文化上的帝国主义,这种帝国主义不再或者很少攫取别的领土,但却攫取别人的意识、思维方式和生活方式。"①法国为抵制和限制美国文化娱乐产品在法国的销售、传播,保护法国文化和文化产业,规定法国的电视和广播节目至少有 40%的时间要使用法语, 并明确规定法产商品的商标必须使用法文,同时法国还针对美国自由文化贸易的主张,先是在 1994 年的世界贸易组织乌拉圭回合谈判中提出了"文化例外"的主张,并被欧盟所采纳;后又提出了文化多样性的主张。与美国一墙之隔的加拿大则针对美国文化的入侵,首次提出了"文化主权论",并为此制订了文化限制措施。不但如此, 加拿大政府智囊团还提出:"通过鼓励讨论文化与贸易的关系,与那些同样关心文化主权的国家建立广泛的国际联盟;为保护文化多样性,要劝说其他国家把文化产品与其他商品和服务区别开来。"②此外,芬兰、意大利、西班牙等国也相继提出"全球文化地方化"的口号。中国虽然与欧盟、法国、加拿大等国在意识形态等文化价值观方面存在根本的利害冲突,某种情况下,欧盟、加拿大与美国甚至会结成同盟,共同对中国施压,但这并不意味着双方没有共同之处,中国与欧盟、法国和加拿大的共同命运决定了双方在文化领域的合作可能性和必要性。当前,中国应充分利用它们与美国的矛盾,在积极开展双边、多边文化交流与合作的同时,积极开展国际方面的有限合作,为实施中国文化走出去战略创造条件。

3.依托广大发展中国家,争取国际话语权

同中国一样,在世界文化格局中,广大第三世界国家也长期处于文化被动接受者的地位和处境中。正如有学者所说:"国际文化秩序主要由西方少

① 〔加〕马修·弗雷泽:《软实力:美国电影、流行乐、电视和快餐的全球统治》,刘满贵等译,新华出版社 2006 年版,第 65 页。

② 张玉国:《国家利益与文化政策》,广东人民出版社 2005 年版,第 221 页。

数发达国家主导,他们把握国际文化市场规则的制定权,维护对其有利的国际文化分工体系,削弱发展中国家发展文化产业和开拓文化市场的能力。"①以美国为首的西方国家凭借其强大的经济实力和先进的传播技术,对发展中国家进行了大规模的文化输出,不仅大肆侵占发展中国家的文化领土和市场,而且还利用其抢占的国际机制"制高点",居高临下,根据自己国家利益的需求和意愿,为发展中国家"量身定做"文化标准和制度,并将其安排强加给发展中国家,致使发展中国家的文化权益受到严重侵害,长期处于国际话语的边缘地位。"美国文化的强势传播边缘了其他国家的文化,加强了发展中国家对发达国家的文化依赖,制约了发展中国家本土文化的发展,是另一种意义上的文化殖民。"②

面对国际文化领域的强权政治,发展中国家的文化意识日趋觉醒。在国内加强了文化发展意识和保护意识;国际上,为捍卫本国文化的安全和复兴,广大发展中国家一改往昔单打独斗的做法,纷纷走联合自强之路。从20世纪70年代起,发展中国家就把建立"信息传播新秩序"与建立"国际经济新秩序"视为同等重要的问题,要求改变国际信息流通不平等、不均衡和不对称的现象。进入20世纪80年代以来,广大亚非拉发展中国家在广播、电视、新闻等方面进行了广泛的合作,建立了许多有影响的跨区域性合作组织,如"非洲国家广播电视组织"、"加勒比广播联盟"和"阿拉伯卫星组织"等。这些组织的建立,显著提高了它们在国际舞台上的地位,为广大发展组国家传播自己的声音,赢得国际话语权争得了战略主动,创造了条件。

紧紧依靠第三世界国家是中国国家对外战略的基本点,也是中国地缘文化战略的基础。新中国成立以来的很长一段时间,与广大发展中国家之间的战略合作,主要以经济援助和政治合作为基础,以反帝、反殖,实现民族独立、国家富强为目标。与双边和多边蓬勃发展的经济、政治合作形成鲜明对照的是,中国与它们的双边和多边文化领域的交往则相对较少。在新的历史新时期,文化软实力作用的凸显和文化霸权主义横行于世的现实,要求我们必须进一步拓展和丰富双边合作的内容,把"加强彼此的文化交往作为发展双边关系的'润滑剂'"③。中国应加强与发展中国家的双边和这些国际性组

①　石逢健、钮维敢:《文化全球化语境下中国文化安全国际空间的拓展》,《中共四川省委党校学报》2010年第1期。

②　陈阳:《全球传播》,北京大学出版社2009年版,第104页。

③　刘乃亚:《互利共赢:中非关系的本质属性》,《西亚非洲》2006年第8期。

织的多边文化交流和合作,在大力推进汉语教学,不断推广中华优秀文化的同时,把双边文化交流为主,逐步扩大、提升到多边层次,并使之常态化、机制化。另一方面,建立"世界信息和传播新秩序",努力争取国际文化交流、传播领域的话语权,是包括中国在内的发展中国家的共同期盼和人心所向。各国文化实力对比的结果就形成了世界文化关系格局和秩序。目前,要凭中国一己之力是很难与美国文化霸权主义相对抗的。因此,中国要在共存共荣的"和而不同"的原则指导下,加强同第三世界国家的文化合作,尤其是在国际文化机制制定过程中的沟通、协商,以集体的力量应对霸权政治,这样,既可以扩大中国文化的影响力,增强在国际社会的文化话语权,更好地维护自己正当的文化权益,又能够通过联合发展中国家的反文化强权力量,促进世界和地区的力量平衡和稳定,从而逐步改变世界文化版图上"北强南弱"的文化不均衡秩序,最终达到实现国际关系民主化的目标。

　　综上所述,良好、有序、和谐的国际文化交流秩序,是建立在民主、公平、公正的基础之上的。中国在文化全球化进程中,只有联合和动员一切主持正义,爱好和平、民主的国家,才能谋求建立新型的国际文化新秩序,从而为中国乃至世界不同文化的共生发展创造一个有利的国际文化生态环境。

第六章
中国网络空间的对外文化交流战略

自 20 世纪 80 年代人类社会进入信息时代以来，信息技术的普遍应用，特别是国际互联网的出现，给整个人类文明社会带来了广泛而深刻的革命性影响。它不但在现实物理空间之外催生了一个超越地域和时空的网络虚拟社会，创造了一种新的文化形态——网络文化，同时，还凭借畅通无阻的网络信息传播和表达的渠道，为不同文化形态间的交流与对话提供了一个前人无法想象的舞台，极大地促进了不同民族、不同国家的文化共享程度，丰富了人们的精神文化生活。

在当代，互联网"已经形成了一个新的思想文化阵地和思想政治斗争的场所"[①]。"谁掌握了信息，控制了网络，谁就拥有整个世界。"[②]所以当今世界各国都已将网络空间作为继现实物理空间之后的国际文化竞争的又一重要战场。

中国要想在世界不同文化的激烈博弈中赢得先机，就必须高度重视网络这一文化交流的新场域，并积极采取多种举措，在网络空间大力展示和传播中华文化，建构有利于中国和平发展的国际网络舆论环境。

一、网络文化交流的兴起

网络文化是信息技术与文化联姻的结果。作为一种与现实空间完全不同的虚拟空间和文化载体，网络不但改写了传统媒介的文化交流传播方式，而且日益发展成为社会文化重构的催化剂，"互联网及其催生的全球网络成为关于世界事务最为重要的信息源，它为国家、非政府组织、社会群体、公司

---

① 江泽民：《论科学技术》，中央文献出版社 2001 年版，第 180 页。
② 〔美〕阿尔温·托夫勒：《预测与前提》，栗旺、胜德、徐复译，国际文化出版公司 1984 年版，第22 页。

甚至个人提供了充分地交换观点的机会"①。

(一)网络世界的产生和发展

网络作为当今世界文化交流的重要平台和渠道，是随着现代信息技术的发展而产生的。

1.互联网的起源

因特网是 Internet 的中文译名。它最早缘起于美国国防部高级研究计划局 DARPA(Defense advanced Research Projects Agency)的前身 ARPA 建立的 ARPAnet。20 世纪 60 年代末,正处于美苏冷战时期的美国,为了使自己的计算机网络在受到苏联的袭击时不致全部瘫痪,便由美国国防部的高级研究计划局(Advanced Research Projects Agency,ARPA)建设了一个专门用于传输军事命令与控制信息的网络,叫作"阿帕网"(ARPAnet)。阿帕网于 1969 年正式启用,当时这个网络仅连接了位于洛杉矶的加州大学、位于圣芭芭拉的加州大学、斯坦福大学,以及位于盐湖城的犹他州州立大学的 4 台计算机主机,供科学家们进行计算机联网实验用。这就是因特网的前身。

2.互联网的发展

1972 年,ARPAnet 在首届计算机后台通信国际会议上首次与公众见面,并验证了分组交换技术的可行性,由此,ARPAnet 成为现代计算机网络诞生的标志。

到 70 年代,ARPAnet 虽然已经由几台发展到好几十个计算机网络,但由于每个网络只能在网络内部的计算机之间互联通信,而不能实现不同计算机网络之间的互联互通，于是 ARPA 发起了一项实现不同的计算机局域网互联的研究项目,这就是后人所称的"互联网"(internetwork)。

1974 年,在研究实现互联的过程中,美国开发出使任何厂家生产的计算机都能相互通信的 TCP/IP——著名的网际互联协议 IP 和传输控制协议 TCP。其中,IP 是基本的通信协议,TCP 是帮助 IP 实现可靠传输的协议。TCP/IP 这两个协议有一个共同的特点,就是开放性。TCP/IP 的规范和 Internet 的技术公开应用,使 Internet 成为一个开放的系统。

---

① Eytan Gilboa,"Searching for a Theory of Public Diplomacy",*Annals of the American Academy of Political and Social Science*,Vol.16 (Mar,2008) ,pp.55-77.

1982 年,美国 ARPA 接受了 TCP/IP,选定 Internet 为主要的计算机通信系统,并把其他的军用计算机网络都转换到 TCP/IP。1983 年,ARPAnet 分成两部分:一部分军用,称为 MILNET,用于军方的非机密通信;另一部分仍称 ARPAnet,供民用。此后,人们便把这个以 ARPAnet 为主干网的网际互联网称为 Internet。

3.互联网走向世界

1986 年,美国国家科学基金会 NSF(National Science Foundation) 将分布在美国各地的 5 个为科研教育服务的超级计算机中心互联,建立了基于 TCP/IP 协议簇的美国国家科学基金网 NSFnet,准许各大学、政府或私人科研机构的网络自由加入,可以通过 NSFNET 访问任何一个超级计算机中心的资源,用户之间也可以相互交换信息、发送和接收电子邮件。到了 1988 年,由 NSFnet 连接的计算机数就猛增到 5.6 万台,此后 NSFnet 每年更以 2 到 3 倍的惊人速度向前发展。这一成功使得 NSFnet 于 1990 年 6 月开始替代 ARPAnet 成为 Internet 的主干网。

Internet 的成功发展引起了 IBM、MCI、MERIT 三家公司的极大兴趣,于是 1992 年,它们联合组建了一个高级网络服务公司(ANS),建立了一个新的网络,叫作 ANSnet,成为 Internet 的另一个主干网。由于 ANSnet 归属 ANS 公司所有,所以 ANSne 的出现,标志着互联网的应用开始由科研和教育领域走向商业领域。1995 年 4 月 30 日,ANS 公司接管了 NSFNET,并在全美范围内组建了 T3 级的主干网,网络传输速率为 44.746Mbps。而此时 Internet 的骨干网已经覆盖了全球 91 个国家,主机已超过 400 万台。在最近几年,因特网更以惊人的速度向前发展,很快就达到了今天的规模。据统计,Internet 已连接 6 万多个网络,正式连接 86 个国家,电子信箱能通达 150 多个国家,有 480 多万台主机通过它连接在一起,用户有 2500 多万,每天的信息流量达到万亿比特(terrabyte)以上,每月的电子信件突破 10 亿封。 同时,Internet 的应用也渗透到了各个领域,从学术研究到股票交易、从学校教育到娱乐游戏、从联机信息检索到在线居家购物等,都有长足的进步。据资料显示,目前在 Internet 的域名分布中,.com(商业部门域名后缀)所占比例最大,为 41%;.edu(科教部门域名后缀)已退居二线,占有 30%分额。去年在 Internet 的成长中,商企业域名的增加占了其中的 75%。

信息技术的飞速发展,特别是互联网络的出现与普及,在不断缩短国与国、人与人之间时空距离,使我们生活的世界成为真正意义上的"地球村"的同时,也改变了传统的文化交流方式,为网络文化的产生和不同文化的传播提供了崭新的公共空间。

(二)网络文化交流:全新的文化交流形式

文化交流离不开传播技术的强大支撑。网络信息技术的快速发展极大地拓展了人的视野,改变着人们旧有的思维方式、价值观念、行为方式和认知模式,同时也加快了不同文化间交流的深度和广度,互联网日趋成为人们取得联系、实施文化交流的手段和工具。互联网在全球范围的方兴未艾,正在使软实力传播的载体经历一场革命性的变化。它颠覆了传统的文化交流方式、范围,使人类文化交流进入到一个全新的时代。

1.实现了文化的全球性交流

文化的交流需要借助于媒介手段和工具才能进行和互动。传统媒体出现之前,人们主要借助人际传播,实现文化信息的互换。文化间的对话、交流主要在区域的范围内进行着。信息网络技术的飞速发展大大突破了传统的民族或国家的疆界限制,大大延伸了人际交往、群体交往、组织交往的范围,使人们能够更加轻而易举地获得信息,从而为全球不同形态、模式的文化提供了广阔的交流和发展空间。

第一,网络本身就具有在全球传播信息的功能。网络创造了一个没有边界的赛博空间,在这个世界里,人们的相互登录和访问变得极为便利,大大提高了文化跨越国界交流的能力。正如有学者所说:"人的思想在穿越这些辽阔的现在可以接触的空间,不再留意边界,并无视垄断。"[1]据有关资料统计,目前在互联网世界,每分钟有 500 万个电子邮件被发送,每小时有 2500 个音频邮件被发送,每天至少有 3700 万用户登录互联网,有 8.3 亿个 web 网页被点击。可见,网络对文化传播的国际化、世界化提供了现实的技术条件。网络连接了全世界所有国家和地区。

第二,网络缩短了文化传播、交流的时空距离。网络具有开放性、自由性和可接触性的特点。互联网的兴起和数字技术革命的发展,不仅使不同国籍、民族与信仰的人可以借助无处不在的网络进行全方位、多层次多领域的

---

① 〔法〕洛特菲·马赫兹:《世界传播概览:媒体与新技术的挑战》,郭春林译,中国对外翻译出版公司 1997 年版,第 5 页。

任意交流,而且还大大缩短了世界上各个国家或地区的时空距离,降低了不同国家、不同民族和信仰的人们进行交流的成本,使信息发布和信息接收实现了双向意义上的全球化覆盖,从而使文化传播、交流成为真正意义上的全球化传播、交流。如果说在 20 世纪 60 年代,麦克卢汉提出"地球村"还只是一种梦想的话,那么正如美国传播学家莱文森所说,如今"因特网把地球村变成了货真价实的比喻。换言之,它把地球村从比喻变成了接近于现实的白描"。①互联网的发展为文化的传播提供了强有力的技术平台,不仅推动了世界各国的交流与合作,促进了不同文明的沟通与融合,而且也使千差万别、天遥地迥的行为主体之间的沟通与交流成为可能。目前,国际互联网已将全世界 240 多个国家和地区联结成网, 其覆盖面已超过拥有 180 多个成员国的联合国,在某种意义上已形成了"信息联合国"。

2.实现了文化交流主体的全球互动

在大众传播时代, 传统的文化传播媒介是由国际政治的主体国家把控的,既是说国家充当着文化信息"把关人"(gate keeping)的角色。一方面,国家尤其是新闻媒体在信息采集、信息发布和信息审查等方面享有高度的垄断性,它们通过议程设置和舆论引导等功能,向他国公众反复传播和输送特定议题以及价值观念。另一方面,国家或政府总会根据自己的立场选择有利于自己的文化信息向文化受众传送,所以,文化受众很难根据事件的是非作出自己独立的判断。由于政府往往能将重要的舆论掌握在自己手中,普通民众只能依赖于传统大众媒体,所以在第四次传播革命,即网络时代之前,民众只能作为"沉默的受众"存在着。人们文化信息的来源不仅受阻于把关人,而且自己的思想和行为也易受他们的控制和左右, 很难提出自己的观点而作出绝地反击。更不用说, 运用这些传播媒介实现与外国公众的文化交流了。文化传播者和文化受众处于严重的非对等的线性传播状态中。

网络媒体的出现打破了政府对文化信息的垄断和政治壁垒,网络传播、交流突破了大众传播由点到面单向的线性传播方式, 创造了全新的、平等的、没有强权和中心的、空前开放的信息空间,为不同文化的交融提供了便利的通道与平台。首先,实现了文化传播的"去中心化"。新媒体消灭了传统媒体的"议程设置"功能,"权力不再集中于机构(如国家)、组织(资本主义企

---

① 〔美〕保罗·莱文森:《数字麦克卢汉:信息化新纪元指南》,何道宽译,社会科学文献出版社2001 年版,第 97 页。

业)和符号的控制者(公司制媒体、教会)之手。它散布在财富、权力、信息与图像的全球网络中,在可变的几何学和非物质化的地理学系统中传播和嬗变"。①在这个公共领域和空间里,每个人都是信息一体化时代的"网中人"。在很多时候,他们既是信息的生产者、传播者,同时也是信息的消费者,从而每个人都可以个性地表达自己的观点,传播自己关注的信息,"在网络中,每个人都有可能不受政治、意识形态、技术、文字和逻辑能力、经济能力的严格限制,真正实现个人的表达自由和言论自由"②。从而"在大众传播史上第一次你将体验不必是有大资本的个人就能接触广大的视听群。因特网把所有人都变成了出版发行人"③,实现了真正意义上的信息传播的双向互动。"当大众媒介转换成去中心化的传播网络时,发送者变成了接受者,生产者变成了消费者,统治者变成了被统治者,这样,被用来理解第一媒介时代(播放型传播)的逻辑就被颠覆了。"④在网络传播中,传播者和受传者的界限和角色变得日趋模糊,由此人类社会进入到了"人人即媒体,人人参与大众传播"的时代。他们可以通过网络自由表达自己的观点和立场,并针对某些普遍性的社会事件和热点问题形成公共意见。正如尼葛洛庞蒂所说:"在网络上,每个人都可以是一个没有执照的电视台。"⑤可谓是"海阔凭鱼跃,天高任鸟飞"。

其次,实现了文化传播、交流的平等性。如上所说,在传统媒介时代,文化信息是由"把关人"把控,以单向、线性、垂直、大众化的传播模式和流程流动的。与之不同,网络搭建起来的虚拟社会消除了现实社会中既定的歧视和偏见,为人们提供了自由平等的交流文化信息的空间和平台。每个参与者,不论其肤色、种族、国籍是什么,年龄和性别又为何,都可以平等地进入其中,借助于 E-mail、聊天室、讨论区、在线网络调查、新闻跟帖、RSS 订阅、手机短信等多种新媒体工具,自由地冲浪,参与到各种思想文化的交流和探讨中去,从而影响国际舆论,推动自身所关心的社会问题议程,在一定程度上消除了只有大人物、权威、名人、领导才享有的那种宏大叙事"的权利"。"在'万维网'上,每个人都是宇宙的中心。在控制空间('虚拟现实')中,乡巴佬心

---

① 〔美〕曼纽尔·卡斯特:《认同的力量》,曹荣湘译,社会科学文献出版社 2006 年版,第 416 页。

② 叶琼丰:《时空隧道:网络时代话传播》,复旦大学出版社 2001 年版,第 125 页。

③ 〔美〕约翰·布洛克曼:《未来英雄——33 位网络时代精英预言未来文明的特质》,汪仲、邱家成、韩世芳译,海南出版社 1998 年版,第 108 页。

④ 〔美〕马克·波斯特:《第二媒介时代》,范静哗译,南京大学出版社 2000 年版,第 45 页。

⑤ 张海鹰、滕谦:《网络传播概论》,复旦大学出版社 2001 年版,第 35 页。

理消失了,这里没有'首都',没有长官,也没有国家和政府。"①也就是说,网络为人们提供了自由、平等、民主的文化交流和传播模式。不仅如此,网络还突破了传统社会沟通模式的一对一或一对多的局限,实现了多对多的网状沟通,扩大了沟通的范围,增强了对话的深度。

总之,由于网络文化的"去中心"和"去权威化",及其双向互动性,给人类多元文化的非线性、水平性交流提供了广阔的平台,使人类交往区域和交往能力相比过往获得质的提升和改变。

3.实现了文化传播方式的多样性

相对于传统媒体,网络技术的出现不但彻底改变了传统的单向性的交流模式,文化的交互性传播大大增加,同时还丰富了文化传播的载体和工具,使网络几乎具备了人类历史上几乎一切文化交流方面的功能。

(1)实现了文化的超文本传播。在超文本传播、交流出现之前,人类早期主要是借助以多介质平面媒介如文字符号、平面图像进行信息传播的,不仅大众传播媒介机构庞大、分工精细、程序繁杂、成本太高,需要庞大的运营资金支持,而且由于受版面、时段等频道报道空间的限制,信息的传递效率慢、滞后。正如肖恩·麦克布赖特等在其所著《多种声音,一个世界》一书中所指出的那样:"人类最初是发出一些原始的、来源于其身体结构的声音和姿势或手势,后来才逐渐创造一整套传递信息的手段:音乐和舞蹈、鼓声和火光等信号,图画和图形符号,包括象形符号和后来出现的表意符号。"②

网络媒体特别是全媒体的出现,在克服传统媒体的传送障碍,直接面向国际受众进行跨国界的传播的同时,还通过综合运用文字、音频和视频等多种传播形式,拓展了文化信息发布的广度和深度。所谓"全媒体是指综合运用文、图、声、光、电等各种表现形式,全方位、立体地展示传播内容,同时通过文字、声像、网络、通信等传播手段来传输信息的一种新的传播形态"。与传统媒体不同,新媒体主要是以图像为主导的后现代文化传播方式,视觉表达成为其突出的显性特征。马克·第亚尼在《非物质社会》一书中引用当代法国学者斯卡帝格利的话,对数字化进行了这样的描述:"一种声音或光线,均可以变成基本的数码系统,不仅可以储藏,而且可以输送,还可以随时复制,

---

① 沈国明等编:《国外社会科学前沿》,上海社会科学出版社 1998 年版,第 676 页。

② Macbride & Sean, *Many voices, one world: communication and society*, today and tomorrow, esco, 1984.

最后还可以发明和改造。如此一来,声音和视像、思想和行动,全部都数字化了。"[1]在这种超文本的文化传播模式下,文化受众有时只需借助既能传递声音、文字,又能传递数据、视像的全媒体,就可以在没有读懂对方国家文字的情况下,领略他国的文化风采。换言之,新媒体兼有报刊、广播、电视等传统媒体的优点。它以其形象直观的方式解读与表现文化。人们通过有声有色、图文并茂、声情并茂的全媒体,就可以实现不同文化的交流。总之,网络条件下交流方式的这种变革无限制地被放大了文化传播的社会化过程,为不同文化全天候、立体化的交流创造了前所未有的便利条件。

(2)新媒体技术催生了众多新媒体形态。在传统媒介时代,不同的文化要实现交流主要是通过语言和一些平面媒介如报纸、杂志来实现的。现代网络技术的发展不但实现了传统媒介的高技术化,而且还不断催生出更为先进的新型媒介诸如移动电视、手机电视、网络视频、IPTV、博客、播客和时下火热的微博、社交网站等。借助于各种智能网络和数字移动技术,普通公众用手机上网、看电视、听广播、随时随地拍摄事发现场,即时发布信息、披露事件真相乃至参与网络舆论互动等活动将越来越成为普遍之事。例如微博。微博对用户的发布状态没有过多的要求与限制,只需要一部手机就都可以在 4Λ(Anytime、Anyone、Anywhere、Anyway)的情境下完成信息发送,并实现即时、顺畅的沟通。

总上,网络媒介技术的发展正在不断降低人们文化传播的进入门槛,使文化信息传播从文本型发展到了超文本的音、像、文、图各种信息之间互相转移的多媒体时代。它不但使人们的沟通手段逐渐从话音走向数据,而且也使交流方式日趋从单一走向多样,从平面走向立体。

(三)实现了文化的高效性传播

互联网络的出现与应用,不但实现了文化信息"零距离"的即时传输,还大大加快了文化传输的高效率。

1.新媒体基于数字化和信息化,实现了文本、图片、音频和视频等信息资源、素材的有机结合

在传统媒体时代,文化交流主要是借助文化符号和语言符号进行传播

---

① 〔法〕马克·第亚尼:《非物质社会》,滕守尧译,四川人民出版社 1998 年版,第 441 页。

的。由于语言之间的差异，所以不同文化之间的交流不仅耗时费力，存在时间上的延迟，而且常常是不畅的。而在网络虚拟社会，虽然人们身居不同的世界，使用不同的方言，但由于网络利用统一的通信协议将信息转化为彼此可以交换的数字代码，"人类第一次可以用极为简洁的'0'和'1'编码技术实现对一切声音、文字、图像和数据的编码、解码，使各类信息的采集、处理、贮存和传输实现了标准化处理"①，所以人们只需借助于键盘符号，就可以在计算机系统之间，将自己潜在的网络意识以数字化的形式整合于同一界面，从而实现跨国的文化信息传递，实现了世界范围内的网络互联和信息资源共享。"在信息方式下，电子媒介交流以种种令人吃惊的新方式令图像和语言改观。任何现实主义文辞都难以匹敌新的传播情境"②。

2.网络的传播速度加快

网络传输的速度是以光速计量的。在网络空间中，由于网络传送既不受国家地理边界的限制，又省却了繁琐的身份认证，人们借助无形的比特流，通过电子媒介、电子通信、上网电脑等技术手段，就可以在短时间内建构起一个多维、发散的在线交流网络，实现文化的全球传播。卡斯特在描述美国的互联网发展速度中曾说："互联网展现了有史以来最快速的沟通媒介穿透率：在美国，收音机广播花了 30 年才涵盖 6000 万人；电视在 15 年内达到了这种传散水准；全球信息网发展之后，互联网只花了 3 年就达到了。"③

在马克思主义创始人看来，交往是人实现其本质的根本方式。没有交往、互动便没有社会。只有通过交往，人们才能互换和共享资源与知识，才能由民族文学变成世界文化。日益发展的数字化技术、网络技术、多媒体技术以及光纤通信及卫星通信等技术，不仅实现了文化的更新，大大刺激了精神交往的发展，而且还大大促进了文化交流的普遍发展，使马克思恩格斯所预言的世界交往体系成为真正的现实存在。第一，参与主体的普遍性。在网络世界，交往的主体不再仅限于国家，还有个人、组织和民族等各类非国家行为体。第二，参与范围的普遍性。普遍交往在政治、经济、军事、文化、科技等领域日益加深。第三，影响的普遍性。总之，现代网络传播技术的发展应用，其所形成的复杂庞大的互联传播网所带来的不仅是世界的时空距离的缩

①　United Nations World Summit on the Information Society—Draft Declaration of Principles.December,2003.http://www.pakpost.gov.pk/philately/stam,ps2003/world_summ it.html.

②　〔美〕马克·波斯特：《第二媒介时代》，范静晔等译，南京大学出版社 2005 年版，第 228 页。

③　〔美〕M·卡斯特：《网络社会的崛起》，夏铸九等译，社会科学文献出版社 2003 年版，第 437 页。

短,更是一场世界范围内的"传播文化大革命"。

二、当代美国的网络文化交流战略

增强国家文化软实力是世界各国参与国际社会竞争的重要动力。作为人类信息流通的一种新工具,互联网凭借计算机技术和通信技术的完美结合,不仅成功地把人类社会带入了数字化时代,实现了文化的互通与共享,而且还为国家文化软实力建设提供了技术支持。

法国学者弗雷德里克·马特尔声称:"世界文化大战已经爆发。这是一场各个国家通过传媒进行的旨在谋取信息控制权的战争。"①阿尔温·托夫勒在《权力的转移》中说:"世界已经离开了依靠金钱与暴力控制的时代,而未来世界政治的魔方,将控制在信息强权的人手里,他们会使用手中所掌握的网络控制权、信息发布权,利用强大的语言文化优势,达到暴力与金钱无法征服的目的。"罗马俱乐部成员、系统哲学家E.拉兹洛在1992年提交给罗马俱乐部的报告《决定命运的选择》中也着重指出:"在20世纪末和21世纪初,规定世界上权力与财富性质的游戏规则已经改变。……一个比黄金、货币和土地更灵活的无形的财富和权力的基础正在形成。这个新基础以思想、技术和通信占优势为标志,一句话,以'信息'为标志。"②伴随着信息技术的发展,以互联网为代表的新兴媒体的影响力日益增强,互联网已成为思想文化信息的集散地和社会舆论的放大器。

领导世界,使世界的历史"终结于"美国,是美国自文化立国以来的历史使命。对于这一点,在美国于1998年12月推出的《新世纪国家安全战略》中就毫不隐讳地声称:美国的目标是"领导全世界",决不允许任何国家或集团挑战其"领导地位"。美国学者亨廷顿也宣称:"美国当然是世界上在经济、军事、外交、意识形态等各个方面都处于主导地位的唯一国家。它具有在全球几乎任何地方促进其利益的手段和能力。"③而互联网现在就是他们的"手段和能力"之一。

自20世纪90年代中期互联网与信息技术在全球刚刚开始扩散的阶段

---

① 〔法〕弗雷德里克·马特尔:《主流:谁将打赢全球文化战争》,刘成富等译,商务印书馆2012年版,第366页。

② 〔美〕E.拉洛兹:《决定命运的选择》,李吟波等译,三联书店1997年版,第6页。

③ 转引自王有:《警惕网络帝国主义》,《焦点》2000年第52期。

起，站在世界数字技术前端的美国就较早地认识到新媒体政治传播的战略价值，开始探索运用信息技术塑造全球舆论环境，拓展美国影响，实现扩张美国国家利益的可能性。早在 2009 年 6 月，美国国防部长罗伯特·盖茨公开表示，社会化网络是美国的重要战略资产，通过互联网输送美国的价值观，远比派特工到目标国家或培养认同美国价值观的当地代理人更容易。里根政府时期曾任美国经济政策顾问委员会主席的沃尔特·赖斯顿在《外交事务》上发表的《比特、字节和外交》一文中认为："信息技术消除了时间差距和空间差距，因而自由思想能够像微生物一样，借助于电子网络毫无障碍地扩散到世界的各个角落。"①于是，美国等西方国家利用全球互联网战略资源的垄断性优势，将互联网作为推行其政治、经济、文化、外交、军事战略的重要工具，在积极实施物理空间文化渗透的同时，极力抢占网络信息传播控制权，力图掌握网络文化较量的主动权。他们将互联网视为推广美国价值观的重要工具和平台，利用 Twitter（推特）、YouTube（优兔）、Facebook（脸谱）等新型网络工具和"电邮订阅"等"翻墙"技术，从意识形态和社会文化角度对他国施加政治影响。正如有学者所说，在网络世界中，"文化霸权主义者会驾驶他的战车横冲直撞，对与他们异质文化横加鞭挞。他们会充分利用网络给他们带来的一切便利，到处去宣传自己的意识形态和文化风格，他们会毫不顾忌其他异质文化的特点，试图去'说服'别人放弃自己的文化信仰而接受他们的文化理念。当遇到阻碍的时候，西方文明会采取各种方法去'融解'它，同化它，直到摧毁它"②。为了利用网络向世界全天候、全方位地推销自己的价值标准、意识形态，美国采取了一系列措施。

（一）建立网络文化交流机构

作为互联网的发祥地和网络外交的先行者，美国设立有世界上最早的专职负责网络文化传播的网络外交办公室（Office of E-diplomacy）。早在 2003 年 10 月，时任国务卿的鲍威尔就在国务院信息资源管理局下设立了"电子外交办公室"，负责将美国务院外交官纳入信息技术决策过程，改善国务院内部及其与外部的沟通和协调方式，提升资讯管理等。2004 年，美国国

---

① 〔美〕沃尔特·赖斯顿：《比特、字节和外交（Bits, Bytes, and Diplo-macy）》，美国《外交事务》，1997 年 9—10 月号。

② 严耕、陆俊、孙伟平：《网络伦理》，北京出版社 1998 版，第 82 页。

务院就在其内部成立了一个名为"国际信息计划署（Bureauof International Information Programs）"的机构，用以推进美国信息的海外传播，并将美公共外交资源转移到其政府门户网站 usinfo.gov 上来。2006 年 2 月，时任美国国务卿的赖斯成立了"全球互联网自由工作组"，主要考虑关于互联网自由的对外政策。2009 年 5 月，又专门成立了网络安全办公室。

2011 年，在美国国务卿希拉里·克林顿主导下，美国国务院设立了所谓"网络事务协调员办公室"并制定了《网络空间国际战略》，加紧在网络空间领域建章立制，将"制度霸权"从现实的国际社会扩展到网络空间，力争夺取和保持"制网权"。

（二）标榜网络自由，为自由传播美国文化张目

文化软实力的影响来自于网络文化的自由流通。也就是说，只有在文化的自由流通中，才能建立起相对于他国的文化软实力影响。在互联网领域同样建立起自己文化的战略"高地"，以影响、左右他国的价值和行为取向向西方国家靠拢，是西方国家的共同目标。为此，近些年来，垄断互联网的西方强国煞费苦心地赋予互联网"开放、自由、平等"的"包装"，假借"开放、自由、平等"的名义，向非西方国家兜售、宣传其自身的所谓"普世文化"。特别是美国一直标榜自己为"网络自由卫士"，时常扛起"捍卫网络自由"的大旗，占据"道义"制高点，为"互联网外交"寻找理论根据。1997 年 7 月美国公布了一份《全球网络贸易框架》的报告，提出了"互联网络自由贸易区"的新概念。在这个概念框架里，传统的、受地域政治与地缘文化限制的贸易区不复存在，而是形成了一个没有边界、没有地域限制的自由贸易区。2010 年 1 月 21 日，希拉里在美国新闻博物馆发表了《互联网自由与全球言论自由的未来》的演讲，第一次提出"互联网自由"、"连接自由"概念。这是继美国前总统富兰克林·罗斯福提出的著名的"四大自由"，即言论自由（Freedom of Speech）、信仰 自由（Freedom of Worship）、免于匮乏的自由（Freedom from Want）和免于恐 惧的自由（Freedom from Fear）之后，美国提出的第五大"自由"。她说："政府不应阻止人民与互联网、与网站或与彼此连接，信息自由流动不受国家主权约束而具有普世性，是全世界值得大力倡导的价值观。"[①]宣称美国要确保新技

---

① 希拉里·克林顿：《互联网自由与全球言论自由的未来》，美国国务院国际信息局，http://www. america.gov/mgck.

术的"从善使用",使它们成为"21世纪外交方略的一部分"。①并宣布,"美国白宫将与企业界、学术界和非政府组织一起努力,利用信息技术的力量来促进互联网自由和美国外交目标的实现"②。

2011年2月15日,希拉里在华盛顿大学又发表了题为"互联网的是与非:网络世界的选择与挑战"的演讲,对美国"互联网自由"政策进行了全面而详尽的阐述:"我把网络上的表达自由、集会自由和结社自由共同称为相互联络的自由"。同时提出为保持一个能够给世界带来最大利益的处理互联网的三大原则:"自由与安全、透明度与保密性、言论自由与宽容,这些要素共同奠定了一个自由、开放、稳定的社会以及自由、开放、稳定的因特网,使普世人权得到尊重"。肯定互联网是"加速政治、社会和经济变革的巨大力量",强调"不受国家主权约束的信息自由流动"。

2011年5月16日和7月14日,美国政府相继出台了《网络空间国际战略》和《网络空间行动战略》两个互联网政策文件。《网络空间国际战略》则正式将"互联网自由"政策化。该报告提出,美国将"为民间社会行动者提供可靠、安全的言论自由和集会自由的平台,确保互联网终端到终端的互操作性对所有人开放","鼓励人们用数字媒体表达意见、分享信息、监督选举、揭露腐败、组织社会和政治运动,谴责那些反对使用数字媒体技术、引发骚乱、非法逮捕、威胁或采取暴力的行为"。

美国推行"网络自由"表面上看是为世界上所有的人们平等、自由连接、享用互联网打开方便的大门。但由于世界互联网的主导权牢牢掌控在美国人的手里,世界其他国家的"制网权"远逊于美国,所以美国的真实战略意图并不是去维护其他国家的"信息自由",而是以"自由"之名行网络渗透和改造之实,通过技术优势和垄断地位以及网络话语权,迫使其他国家向美国开放网络文化空间,为推广"民主、人权、自由"等西方价值观开道,以最终达到掌握网络文化主导权,从而建立起与现实的政治、经济、军事、文化中的领导和统治地位相一致的美国中心和网络政治经济文化模式。正像有的学者指出的那样:"美国提倡的新自由主义网络运动实际上是美国意识形态君临他国的代名词。"③

①　希拉里·克林顿:《互联网自由讲话》美国官方译文,2010年1月23日,http://www.199.com/EditText_view.action? textId =67582 & src =。

②　Internet Rights and Wrongs: Choices & Challengesin a Networked World[EB/OL].

③　王坚方:《网络帝国主义:价值裂变与和合思想的文化互动》,《现代哲学》2001年第4期。

(三)利用网络传播美国的文化

互联网的兴起和普及已成为一国政府与外国公众之间沟通的桥梁,成为展示本国文化与价值观的平台。

近年来,以美国为首的西方世界凭借其在互联网空间领域的技术优势和他们在网络空间所占据的话语霸权,大肆借助他们所认为的网络空间这个与太空、海洋并列的第三大全球公地,"加紧发展在网络空间的战略威慑力,推动相关国际规则的构建,确保美军在全球'公地'的自由进入和调动"①。不断借助网络新媒体工具和媒介,开展以输出美国为政治目标的"网络文化外交"。

当前,全球网络空间秩序处于极不平衡的状态,美国拥有绝对的优势,全球网络管理中所有重大决定仍由美国主导。全球互联网的全部网页中占81%的是英语,其他语种加起来不足20%;国际互联网上访问量最大的100个网站中,有94个在美国境内。正如尼葛洛庞帝在其《数字化生存》中说:"现在互联网络上绝大部分的信息的提供者是欧美国家,而且网络系统从硬件到软件到各种标准,都是由发达国家来制造和控制的,无形之中落后的、不发达的国家就受到种种的控制。"

(四)大力发展社交网络

"Web 2.0"技术的普遍运用带来了全球社交网络热潮。这是因为以web2.0为代表的新媒体平台具有受传一体化、去中心化、多节点情感互动等众多特点。所以它刚一问世便赢得了众多国家的青睐,而成为现阶段文化交流的一个全新平台。近年来,美国越来越重视新媒体,广泛利用"脸谱"、"优兔"、博客、"推特"、电子邮件、手机、短信、彩信、视频和图片分享网站及网络游戏等网络社交工具开展对外文化交流。譬如,社交网络平台刚一兴起,美国就率先提出了"Web2.0"公共外交的概念。不仅如此,美国总统奥巴马还在"脸谱"、"推特"和新浪微博上积极实践"Web2.0"外交。

除了将网络社交媒体引入政府网站和官员的日常工作中,美国国务院

① 蔡玮:《从技术控制到政治塑造——美国"互联网自由"战略的解读与批判》,《学习时报》2011-03-28(2)。

专门组建了一个由 150 人组成的专业"数字外交"团队,在全球开设了 600 多个网络社交账户,与各地民众加强交流。如 2008 年底至 2009 年 1 月,美国国务院及其他主办单位举办了首届"民主短片竞赛"(Democracy Video Challenge),目的是"促使全世界人民就民主问题展开一场全球性对话"。来自 95 个国家的 900 多人参加了这次活动。

再比如,美国国务院开展的"美国小屋"(American Room)项目的发展。该项目的根本目的是通过互动式的电子展览,突出展示美国崇尚的六个价值观:自由(liberty)、多元化(pluralism)、开放(openness)、集体(community)、机会(opportunity)以及自我表达(self-expression)。"美国小屋"项目的主要对象是 16 岁至 25 岁的年轻人。美国试图借助社交网络传播平台或渠道,以多种形式向国外网民介绍与美国对外政策、社会与价值观有关的各类信息,帮助他们更好地了解美国,以期促进思想和文化交流。

(五)加强了对中国的网络文化输出力度

中美既是当今世界最大的发达国家和发展中国家,也是文化价值观念截然对立的国家。用文化渗透与侵蚀来演变中国是美国矢志不渝的战略目标。特别是近几年来,在中国的综合实力呈现出全面崛起的发展势头,在多方面改变着国际社会的力量对比状况后,美国认为中国在军事、经济等方面正在快速追赶美国,中国在国际上的影响也越来越大,中国将会取代美国的超级大国地位,所以,冷战结束后,美国一度把舆论战略的矛头对准了中国,视中国为美国霸权地位的挑战国。如美国前驻华大使芮效俭认为,中国的强大使它成为世界上唯一能够在影响力和军事实力方面挑战美国的国家。因此,美国应在军事、经济、政治等方面对中国进行全面遏制,不能让中国成为美国霸权的挑战者。为此,美国在对中国进行物理空间文化渗透的同时,也加大了网络虚拟空间的文化输出。西方政要曾断言:"有了互联网,对付中国就有了办法。"2000 年 2 月 13 日美国总统布什在接受美国广播公司采访时就曾直言不讳地说:"如果因特网以在其他国家的那种方式进入中国,那么自由将迅速在那片土地上站稳脚跟。"①美国前国务卿奥尔布赖特也说:"中

---

① 中国现代国际关系研究所:《全球大战略——新世纪中国的国际环境》,北京时事出版社 2000 年版,第 547 页。

国不会拒绝互联网这种技术,因为它要现代化。这是我们的可乘之机。我们要利用互联网把美国的价值观送到中国去。"①目前,在西方对华遏制"硬"的一手越来越难以奏效的情况下,更加注重利用因特网的开放性和"脸谱","推特""优兔"新媒体对中国实施"软"遏制,这已成为美国和平演化中国的战略重点。譬如,2009 年底,美国国务院国际信息局中文网站开通了名为"雾谷飞鸿"的博客,向中国输出美国。再比如,美国国务院还在其驻外使领馆和代办处,通过 web2.0 工具进行外宣和政治公关活动。美国智库的研究报告曾指出:"像美国驻华大使馆这样利用中国社交平台的账号已经取得了相当的成功,拥有超过 50 万的微博粉丝和 60 万的 QQ 粉丝。"②

综上所述,互联网已经成为国际政治博弈的工具和场域。美国期望通过占领网络空间这一新战略制高点,维护和强化美国实力地位,最终实现其经济繁荣、军事强大、科技领先和文化渗透的战略目标。美国占据网络空间绝对优势并极力维持"西强中弱"这种不均衡局面,对包括中国在内的世界各国的网络安全和管理构成了巨大的挑战。对此现象,如果我们不加以保持足够的警惕的话, 到头来势必会削弱甚至瓦解形成中国国家凝聚力和维系社会政治稳定的文化基础。

三、当代中国网络文化交流发展概况

网络空间是人类继陆、海、空、天之后的第五个活动空间。在网络时代,网络尤其是微博等新社交媒介的迅猛发展,不仅日趋成为各国开展对外文化传播的重要平台,而且日渐成为一种外交直达公众的新尝试。党的十六大以来,中国政府越来越重视网络便捷的"人对人"传播,借此开展对外文化交流,提升国家形象。

(一)中国的网络文化发展开启大幕

互联网是各民族和国家之间文明、思想和价值观念不断交融的最主要

---

① 转引自赵启正:《中国面临的国际舆论环境》Available Athttp://www.Zjol.com.cn/05cjr/sys-tem/2005/03/31/006082462.shtmel.

② Fergus Hanson, "Public Diplomacy", October 25, 2012, http://www.brookings.edu/research/eports/2012/10/25—ediplomacy—hanson—public—diplomacy.

场所。在世界已经告别了暴力与金钱控制的时代,谁能夺得网络信息和文化的优势,谁就能掌握未来世界的控制权。

十六大以来,针对中国网络文化国际传播能力整体较弱和国家形象被扭曲和妖魔化的现状,中央高层领导不仅提出了要"大力发展中国特色网络文化"①的重大战略思想,而且多次在不同场合反复强调提高中国国际传播能力建设,打造国际一流媒体的紧迫性和重要性,明确提出要打造国际一流媒体的发展目标,改变世界舆论格局中"西强我弱"和"被动挨打"的局面。2000 年 6 月,江泽民同志在中央思想政治工作会议上的讲话中就特别指出:"信息技术特别是信息网络技术的发展,为我们开展思想政治工作提供了现代化手段,拓展了思想政治工作的空间和渠道。要重视和充分运用信息网络技术,使思想政治工作提高时效性、扩大覆盖面、增强影响力。"②

新时期,面对网络文化的深刻影响,以胡锦涛为总书记的党中央提出了大力发展中国特色网络文化的重大战略思想。胡锦涛认为,加强网络文化建设关系到社会主义文化事业和文化产业的健康发展,关系到国家文化信息安全和国家长治久安,关系到中国特色社会主义事业的全局。他高屋建瓴地指出:"加强网络文化建设和管理,充分发挥互联网在我国社会主义文化建设中的重要作用,有利于提高全民族的思想道德素质和科学文化素质;有利于扩大宣传思想工作的阵地;有利于扩大社会主义精神文明的辐射力和感染力;有利于增强我国的软实力。"③"能否积极利用和有效管理互联网,能否真正使互联网成为传播社会主义先进文化的新途径、公共文化服务的新平台、人们健康精神文化生活的新空间,关系到社会主义文化事业和文化产业的健康发展;关系到国家文化信息安全和国家长治久安;关系到中国特色社会主义事业的全局。"④所以他明确要求:"要高度重视和切实加强互联网新闻宣传工作,努力掌握网上舆论引导的主动权。"⑤2004 年 9 月他又强调,要"高度重视互联网等新型传媒对社会舆论的影响",形成网上正面舆论的强势。⑥2007 年 1 月

① 《以创新的精神加强网络文化建设和管理 满足人民群众日益增长的精神文化需求》,《人民日报》2007—01—25(2)。

② 《江泽民文选》(第 3 卷),人民出版社 2006 年版,第 94 页。

③④ 《以创新的精神加强网络文化建设和管理,满足人民群众日益增长的精神文化需求》,《人民日报》2007—01—25(2)。

⑤ 胡锦涛在全国宣传思想工作会议上的讲话,新华网,2003 年 12 月 7 日。

⑥ 《中共中央关于加强党的执政能力建设的决定》,《人民日报》2004 年 9 月 27 日。

23 日胡锦涛同志在政治局集体学习会上再次强调："我们必须以积极的态度、创新的精神,大力发展和传播健康向上的网络文化,切实把互联网建设好、利用好、管理好。"①提升主流网络文化的吸引力、影响力、亲和力和凝聚力,为实现全面建设小康社会的奋斗目标提供思想舆论保证和智力支撑。

2008 年,胡锦涛在人民日报社考察工作时,再次提出要从中国社会主义文化的荣辱兴衰和中国共产党的前途命运的高度,高度重视"大力发展中国特色网络文化"、加强网络文化的建设和管理的重要性。并提出在互联网日益成为"思想文化信息的集散地和社会舆论的放大器"的语境下,要"充分认识以互联网为代表的新兴媒体的社会影响力,高度重视互联网的建设、运用、管理,努力使互联网成为传播社会主义先进文化的前沿阵地、提供公共文化服务的有效平台、促进人们精神生活健康发展的广阔空间"②,"要牢牢掌握网上话语权和网上舆论引导的主动权,努力使互联网成为传播社会主义先进文化的前沿阵地、提供公共文化服务的有效平台、促进人们精神生活健康发展的广阔空间"③。这一论断,深刻揭示了互联网的作用,对全党、全国人民充分利用互联网作为加强网络文化建设的新平台具有重大的指导意义。

据此,中共十七届六中全会明确指出:"加强网上思想文化阵地建设,是社会主义文化建设的迫切任务。"

在互联网国家战略的指导下,中国结合社会经济状况与国际形势变化,在制定网络文化产业发展的中短期目标、统一思想的同时,还分步实施、落实网络文化具体发展措施,从而开启了中国网络文化发展的新时代。

(二)中国网络文化发展的特点

互联网开拓了国际政治行为体互动的新空间、新方式、新手段,对国际政治、经济、文化、外交、军事等领域产生了广泛而深刻的影响。"互联网展示出来的力量史无前例"④。

---

①　胡锦涛:《2007 年 1 月 23 日中共中央政治局第三十八次集体学习时的讲话》,《光明日报》2007-01-25(1)。

②　《胡锦涛在人民日报社考察工作时的讲话》,《人民日报》2008-06-21(4)。

③　《唱响奋进凯歌 弘扬民族精神——记胡锦涛总书记在人民日报社考察工作》,《人民日报》2008-06-21(4)。

④　Jose Vericat.Is the Google World a Better Place. *Journal of International Affairs*,Vol.24,No.1,2010. P186。

改革开放特别是十六大以来,中国紧紧抓住信息技术发展的历史机遇,按照大力发展、充分运用、积极引导、有效管理的要求,大力加强和建设信息量大、影响力强、覆盖全球的国际一流的网络媒体,不但极大地提高了中国网络的文化影响力,还为中国牢固掌握网络主动性、赢得国际上的话语权创造了便利条件。

1.网络规模和数量不断提高

中国是互联网世界文化传播的"后来者",存在着一些"先天不足",但后发优势使中国赶上了互联网技术发展的大潮,得以迅速超越公共领域在西方社会所经历的漫长历程,迎来了网络参与爆炸式的发展机遇。据2011年1月19日,中国互联网络信心中心(CNNIC)在京发布的《第27次中国互联网络发展状况统计报告》显示,截至2010年12月底,中国网民规模已达到4.57亿。其中网民规模、宽带网民总数、国家顶级域名注册量三项指标仍为世界第一。互联网普及率攀升至34.3%,占全球网民总数的23.2%,亚洲网民总数的55.4%。此后,这一数字不断增长,互联网普及率也稳中有升。据2014年1月16日CNNIC在京发布第33次《中国互联网络发展状况统计报告》显示,截至2013年12月,中国网民规模达6.18亿,全年新增网民5358万人。互联网普及率为45.8%,较2012年底提升了3.7个百分点。其中,中国手机网民规模达到5亿,年增长率为19.1%,继续保持上网第一大终端的地位。网民中使用手机上网的人群比例由2012年底的74.5%提升至81.0%,远高于其他设备上网的网民比例。(见图6-1)

图6-1 中国网民规模和互联网普及率

数据来源:由国家《2009-2014中国互联网络发展状况统计报告》整理而成

2.传播主体多元化

在传统文化传播空间中,中国对外文化传播的主体主要是国家机构和负责对外传播的新闻媒体。但是在由固定互联网传播空间和移动互联网传播空间构成的互联网虚拟传播空间之中, 由于网络技术的共享性和网络平台的开放性特点消解了网络"权力中心",使人们获得一定的平等话语权,进入到了"人人即媒体,人人参与大众传播"的时代,因而在互联网上开展或者参与文化传播活动的主体日趋由一元而走向多元化。除了国家对外传播管理部门和专业化的新闻传播机构扮演着最重要的主体角色之外, 众多的驻外外交机构和新闻媒体、国内公民以及各种类型的社会组织也纷纷参与到对外文化传播的行列和进程中, 中国的对外文化传播真正形成了万马奔腾的空前景象。目前,这些活跃于中国移动互联网社会化传播平台的传播力量主要可以分为以下几种:一是中国公民力量,如中国知识分子、各种公民类型的登台。二是中国外事力量,主要是指中国对外机构的微博化传播,如中国外交部于2011年4月就开通了名为"外交小灵通"的官方微博。三是中国新闻媒体力量,主要指中国新闻媒体在对外传播领域的积极参与者,具体如新华社、人民日报、中央人民广播电台、中国国际广播电台、中央电视台等。这些境内传播力量在移动互联网社会化传播平台上的传播活动对国际传播产生了相应的影响。

3.初步形成了以政府、媒体门户网站为主,商业门户网站为辅的网络传播格局

网络传播的存储量大、内容资源丰富、形式多样。中国紧紧把握这一时机,利用网络这一平台, 发挥新闻媒体在移动互联网社会化传播场中的主动性和积极性,不但将中国传统文化与现代气息相融合,展现中国当代社会文明风貌,而且大力传播中国文化真、善、美的价值。改革开放30多年以来,我国不仅在相关的互联网技术的改进与空间的拓展上取得了巨大的进步,而且,我们还建立了众多网站,初步形成了以政府、媒体门户网站为主,商业门户网站为辅的立体化的网络文化传播格局。这些网站已经在中国互联网空间发展范围内占据了绝对的优势,并对中国文化价值观念的形成和对外文化交流、传播发挥着重要的作用。一是传统媒体网站尤其是以人民网、新华网、央视网为代表的主流门户网站,成为网络传播的主力军。目前我国已初步形成"6+3"对外传播格局,包括六大中央级网站(人民网、新华网、中国日报网、中国国际广播电台网、中国网以及中央电视台国际频道网)和三大地方性英文网站(北京千龙网、上海东方网和广东南方网)。一些主流网站如人民网、新华网等已成为网络传

播的主渠道. 访问量和影响力持续上升。如新华网用多语种、多媒体每天 24 小时向全球播报重要新闻，受众遍布世界 200 多个国家和地区，在每天上亿个页面浏览量中，来自境外的访问接近 20%,被境外网民誉为"中国最好的互联网站之一"。再如,中国网拥有 9 种外文语种和 11 个文版,国际在线以 42 种语言、48 种语音上网,数量分别居世界第一位和第二位。

二是商业门户网站已经在互联网领域建立起各自的品牌优势，不仅在网络自生媒体当中最早涉入新闻传播领域，而且已经形成了一套成熟的运作模式,成为国内网络自生媒体的代表。腾讯、百度、阿里巴巴、搜狐、新浪、网易、优酷、土豆、当当均在美国或中国香港上市,同时积极开展跨国合作,拓展海外业务。腾讯的微信在海外已经拥有超过一千万的用户群,其用户体验和创新力量也深受好评,在业内和学界都受到广泛的关注,被认为是中国网络媒体国际化的新星。

目前,中国已初步形成了一个由中央级新闻网站、地方党政新闻网站、传统媒体网站和商业门户网站等组成的多层次互联网文化传播系统，极大地提高了我国对外传播的立体感和影响力。

4.新媒体逐步成为文化交流的新平台

随着信息多元化的发展,微博、QQ 等社交新媒体以其简便、快捷的特点而日益成为中国最炙手可热、最为活跃的信息交互方式。可以说,新媒体成为未来信息交互的主要工具已势不可挡。以微博为例。当前,中国各级行政机关已经意识到微博的重要作用，陆续开设了微博渠道与公众互动。在中国,新华网、人民网等主流媒体网站和新浪、搜狐、网易等商业网站也都开设了微博专栏。

鉴于微博等新媒体对社会影响力的重大作用，它们不但在大量的网民日常生活中被广泛使用,在国家的公共外交中也被普遍采用。中国和其他国家的外交机构相继在各种中国媒体机构中利用"新媒介"开展对外文化传播。此外,一些中国驻外使领馆也陆续开设了官方微博。

截至 2011 年底,通过新浪微博认证的政府机构及官员微博数量已经超过 18500 个,其中政府机构微博 9960 个,官员个人微博 8628 个,覆盖全国 34 个省、自治区、直辖市以及特别行政区。全国有 15 家政府机构,9 名官员的官方微博,粉丝数超百万。[①]新媒体正逐步成为中国对外文化交流的窗口

① 姜葳:《官方微博没官腔,三天粉丝超 2 万》,《北京晨报》2011-11-21(6)。

和新平台。

(三)中国网络文化交流存在的主要问题

网络传播媒体的飞速发展为各种信息的传播提供了广阔平台，然而绚丽多姿的网络世界同样也给中国网络文化的传播带来了严重的挑战。

1.与发达国家存在巨大的信息技术"数字鸿沟"

根据经济合作与发展组织(OECD)的定义,所谓"数字鸿沟(digital divide)",是指个人、家庭、企业、不同社会经济发展水平的地区,在享用信息技术的机会以及利用互联网从事各项活动的水平之间的差距。

网络数字鸿沟,是指不同社会经济水平的国家、企业和地区在接触信息通信技术和利用因特网进行各种活动的机会的差距。这是因为,网络文化以计算机通信技术和信息网络技术为依托。所以,信息技术水平的不同,必然会造成世界各国在信息和通信技术在全球的发展和应用方面的差距,从而造成了信息富有者与信息贫穷者之间的数字鸿沟。在当代,这种"数字鸿沟"主要表现为:"世界信息主要是从西方发达国家所在的北半球流向绝大多数发展中国家所在的南半球,从作为'信息富国'的西方发达国家流向作为'信息穷国'的非西方国家。"自1994年正式接入国际互联网以来,中国网络技术迅猛发展,正在不断缩小与西方发达国家的差距,但从总体上讲,中国网络技术发展仍处于"跟随"的态势。与西方强势传媒机构相比,我国信息传播的重要指标,如境外发射转播台、人力资源存量、技术保障、全球落地覆盖、驻外机构分布等方面,都存在很大的差距。据联合国秘书处称,发达国家占全世界人口的比例只有16%,但上网的人数却占全球的90%。美国平均每万人电脑拥有量是我国内地的55倍,在国民经济信息化投入方面,中美相差45倍。中国有学者也曾指出:"中国占世界总人口21.2%,因特网主机数仅占0.13%,每万人口因特网用户数为世界平均水平的50%,是美国的4%。"①总体而言,中国的网络传播实力与西方发达国家存在着数字鸿沟。因此,力求缩小或消除各自存在的数字鸿沟,将是未来中国网络文化发展面临的紧迫问题和艰巨任务。

---

① 胡鞍钢:《中国面临三大"数字鸿沟"》,http://www.china.com.cn/chinese/jingji/127961.htm.

2.网络文化产品与服务的供应能力亟待提高

网络的普及与传播，突破了以往人们只能靠传统公共领域交往与互动的地域局限，在网络空间里衍生出了新型的交流空间——网络公共领域。在这个文化意识激烈碰撞的场所里，各种文化为有一席之地，不仅争奇斗艳，以各种形式争夺网民"眼球"，而且还以各种文化手段提供文化服务，力求在获取巨大经济商业利益的同时，输出自己的文化。中国文化走出去是网络文化建设的重要目标，也是网络文化交流的责任担当。因此"提高网络文化产品和服务的供给能力"，"营造共建共享的精神家园"是中国网络文化建设的当务之急。但由于受网络技术和创新能力有限等多方面条件的制约，中国的网络文化供给能力存在重大"缺陷"，因而无论是在受众效应方面还是在文化影响力上，都还存在较大不足。

第一，文化服务的形式相对单一。与传统报纸、杂志等传统媒介相比，微电影、微文学、微博等新媒体具有传播速度快、内容丰富、覆盖面广、互动性强的特点。中国的网络文化服务目前主要集中在政府层面，尽管网民众多，但能够应用网络平台配合政府网络文化外交的社会力量还很薄弱。同时，政府在网络外交的方式方法上也较为单一，良性互动和及时交流远远不够，尤其是在博客、论坛、数字报纸、手机短信、电子邮件、电子布告栏等的开发利用远远不够。

第二，文化表达方式有待加强。如上所讲，作为一种新媒体形式，互联网集传统的媒介如电视、广播、报纸功能于一体，不仅可以通过文字、图片、声音、影像，而且以更丰富的技术方式，比如论坛、微博等对文化传统加以传承并对他人进行文化教化，对人们产生文化熏陶和影响，还可以借助网络动漫等形式多层面地展现一国的精神风貌和文化风采。可以说，网络文化产品和服务的表现形式如同人们美丽的服饰，它既能通过多样性的手段，将自己文化的独特魅力充分展现出来，也能够通过文化产品的不同包装打动不同的受众。美国文化帝国主义之所以在网络虚拟空间横冲直撞，就在于它既能以传统的形式，又能以现代形式出现，通过在网络上提供更方便、更多样性的内容和服务，实现了与国际受众的互动和双向传播。中国由于网络文化发展还处于发展的起步阶段，网络文化创新能力不够强，个性化、特色化服务不够丰富，所以导致真正有时代感的创意内涵与价值的文化产品少之又少，无法满足国外受众的文化需求。具体表现为：一是网络上官方政治文化信息过多。二是网上优秀文化产品供给不够充足，而卖萌、恶搞、娱乐化的信息和语言却大行其道。网络娱乐信息过多,不仅影响我国互联网经济的成熟和发展,也不利于中华文化的广泛传播。①三是内容生产的数量相当庞大,但文化产品质量不高,缺乏国际"核心竞争力",无法体现创意产业和信息产业的高附加值优势。网络文化产品与服务的供应能力差,必然会影响到文化的受众面和文化的覆盖面。因此,提高网络文化产品的供给能力,集中力量打造权威、全面的媒体形象,以此形成对世界文化受众的媒体全面覆盖,成为当前中国网络文化建设的当务之急。

3.在当代网络国际政治权力格局中处于"边缘化"地位

随着国际政治权力竞争由地缘经济、政治拓展至网络文化空间,互联网已成为信息时代各国国家战略的制高点。各国纷纷加大对网络基础设施的投入,将掌握网络核心技术视为未来国家发展与技术创新的根本要素。但是由于网络技术传播与发展的不平衡性以及各国对网络空间战略地位重视程度的差异性,导致了网络空间各国综合实力的参差不齐,"世界信息技术的深化发展和不平衡发展,成为'一超多强'世界格局的固化剂"②。作为当代信息革命的重要组成部分,网络化的深入发展使美国在网络实力积淀和网络技术创新等方面具有"先天"优势。"在美国形成的舆论都会变成一种对其他国家构成压力的世界性舆论"③。"网络空间的第一夫人"埃瑟·戴森也说:"今天的 internet 带有明显的美国味道……美国文化与网络文化的微妙交织是一个很大的谜团。"④目前,在全球信息产业中,美国中央处理器的产量占92%,系统软件产量占 86%,IT 产业投资占全球投资的 41.5%。全球约 3000个世界性的大型数据库中,70%设在美国,美国的电子商务额占全球总额的75%,商业网站占全球总数的 90%。当前,世界上支撑互联网运转的根服务器共有 13 个,其中,一个主根服务器设在美国,12 个副根服务器当中有 9 个设在美国,1 台在英国,1 台在瑞典,1 台在日本。不仅如此,美国还是网络世界最大的信息生产国,在国际互联网的信息流量中,超过 2/3 来自美国。一直处于强势的美国文化,同样在网络文化中也保持着强势。另外,"美国还有拥有世界上最大的网站访问量。……迄今为止,美国仍是全球最大的也是最主要

①　转引自罗公利、李玉良:《试论儒家思想的对外传播》,《齐鲁学刊》2010 年第 6 期。

②　黄凤志:《信息革命与当代国际关系》,吉林大学出版社 2005 年版,第 79 页。

③　〔日〕近藤诚一:《日美舆论战》,刘莉生译,新华出版社 2007 年版,第 5 页。

④　〔美〕埃瑟·戴森:《2.0 版数字化时代的生活设计》,胡泳、范海燕译,海南出版社 1998 年版,第 16 页。

的互联网市场,全球互联网业务量的约 80% 与美国有关。庞大的互联网数据库 80% 以上由美国控制,几乎所有的互联网运行规则由美国制定"①。可以说,在互联网上,美国、英国和法国的新闻组织收集情报和信息的能力远高于其他国家的新闻组织。②相对于美国在网络世界的中心位置,中国目前还处于文化传播的受动状态。受制于文化软实力的不足、话语自主创新的缺乏,中国在国际网络传播体系和话语体系中不但处于边缘,而且总是处在防御状态。以语言为例,据统计,当今互联网上英文的信息超过 95%,中文信息不到总量的万分之一,而不受西方控制的英文信息也不到万分之一。③当前,互联网流通的信息中,很大一部分网络信息和服务信息是由美国提供的。资料显示,网上信息量的 95%以上是英文,仅美国就提供了其中 80%以上的在线信息和 95% 的在线服务,而中国在整个互联网的信息输入和输出流量中占比很小。据对互联网上的输入输出信息流量统计,中国仅占 0.1%和0.05%,而美国的这两项指标都达到 85%以上。④因此,在国际话语权竞争中,建设具有强大传播力、竞争力的网络传播主体,提升国际传播力,成为提升中国网络文化地位的必然选择。

4.网络文化安全形势不容乐观

在文化全球化的时代背景下,网络技术和网络文化的快速发展为不同国度和民族的人民充分享受异国文化成果提供了前所未有的快捷通道与便利条件,但另一方面,由于以网络信息技术为支撑的网络文化具有高度"无政府"、"自由化"的特点,致使网络文化安全面临着严峻挑战与威胁。有学者认为,这种威胁来自五个方面,"一是西方发达国家的网络文化对他国文化渗透性安全威胁;二是西方发达国家的网络文化对他国主流文化变异性安全威胁;三是西方发达国家的网络文化娱乐产品输出对它国文化侵害性安全威胁;四是网络色情、迷信等垃圾文化信息带来的腐蚀性安全威胁;五是网络病毒、网络犯罪等带来的破坏性威胁"⑤。

---

① 余丽:《论制网权:互联网作用于国际政治的新型国家权力》,《郑州大学学报》(哲学社会科学版) 2012 年第 4 期。

② 宫玉萍、赵刚:《国际传播中的"软权力"与信息控制权》,《当代世界》2007 年第 10 期。

③ 于炳贵、郝良华:《文化帝国主义与国家文化安全》,《中共中央党校学报》2005 年第 3 期。

④ 张震:《网络时代伦理》,四川人民出版社 2002 年版,第 146~147 页。

⑤ 转引自赵惜群、许婷、翟中杰:《国外网络文化建设的经验及其启示》,《当代世界与社会主义》2013 年第 1 期。

　　就中国目前面临的网络文化安全而言,问题主要有:①网络恐怖主义的安全威胁。"网络恐怖主义是由非国家或国家主使的集团进行的、有目的的或威胁使用政治、社会、经济或宗教目的的网络战或以网络为目标的暴力活动,目的是为引起目标人群的恐慌、焦虑和痛苦,以毁坏军事和民用设施。"①在开放的网络上,网络恐怖分子利用自己掌握的网络资源和黑客技术,在散布虚假消息,抛出"信息恐怖炸弹"的同时,还通过网络宣扬种族主义、复仇主义和资产阶级自由化思想。②宗教极端主义、分裂主义的破坏活动。长期以来,境外民族分裂势力、宗教极端势力和暴力恐怖势力十分注意利用互联网的作用,他们与境内外的邪教组织相互勾结,为达到他们各自的目的,大肆利用互联网空间宣扬所谓的"民族独立"、"宗教自由",散布法轮功等邪教组织的所谓"真、善、忍"。甚至利用我们党和政府在工作中的失误和自身出现的问题造谣生事、制造舆论和蛊惑群众。例如法轮功邪教组织和一些极端宗教组织就把互联网作为渗透、煽动和破坏的重要工具,利用设在境外的服务器和网站、BBS 电子公告板、电子邮件群发、新闻跟帖等各种方式直接攻击党的领导、党和国家领导人。特别是一些西方国家培植的"政治异见人士",利用一些社会热点问题和突发事件,借助互联网的传播功能和组织功能,煽动社会不满情绪,教唆搞恐怖活动,破坏社会稳定,分裂中国。③网络成为少数西方国家对中国进行和平演变的工具。互联网已经成为意识形态斗争的前沿阵地。冷战结束后,虽然社会主义与西方资本主义国家赤裸裸的意识形态领域的斗争结束了,但西方国家演变社会主义国家的图谋却从来就没有停止过。如上所述,为"分化"、"西化"社会主义中国,以美国为代表的西方发达国家把意识形态斗争引入网络空间,凭借其科技实力、经济实力,利用网络语言霸权,不遗余力地倾销、灌输其生活方式、价值观念和欧美中心主义的意识形态,大搞文化殖民主义,攻击他国的意识形态,瓦解分化民众对中国意识形态的认同基础。

　　5.中国网络信息安全管理令人担忧

　　发展健康向上的网络文化,就必须探索符合中国国情的网络信息安全管理新机制。这既是净化网络文化环境、保护网络文化安全的迫切需要,也是保障互联网文化持续、健康、快速发展的必然要求。中国现在的网络信息安全管理虽然一直处于发展进步之中,但同国外发达国家相比还是存在一

---

① Rod Stark.Cyber Terrorism:Rethinking New Technology[Z/OL].http://www.infowar.com,1999.

定的差距。据调查,中国90%以上的电子商务网站存在着严重的安全漏洞;大多数企业内部网络存在着安全隐患;查获的黑客案件只占黑客攻击案总数的30%。互联网已成为境内外敌对势力和敌对分子渗透破坏、宣传煽动、操控境内活动的主要途径、重要场所和工具。文化安全是国家安全的重要保障。回应网络文化挑战与威胁的唯一正确的策略选择,就是在坚持和维护国家网络文化主权的基础上,居安思危,未雨绸缪,立足网络发展带来的文化安全的新实际,认识新情况,研究新规律,探索新途径,在实践中不断优化和完善中国的网络文化安全机制。

四、中国网络文化交流的战略选择

伴随着世界各国之间的政治、经济联系日益密切,文化交往活动的不断增多,世界各国对文化传播越来越重视,纷纷把互联网作为提高文化生产传播能力、提升国家文化软实力的重要手段和载体,采取各种措施谋求战略优势地位。如何抢占第五维空间战略的博弈制高点、国家文化安全制高点,成为网络时代的中国亟待解决的重大现实课题。

(一)网络文化交流的战略诉求随着信息技术的飞速发展,网络已发展成为一个全球竞争的新角逐场。中国在网络上提高国际影响力,其根本诉求是提高国家文化软实力,发扬光大中华文化,而不是像美国那样追求强加于他国的世界文化霸权

1.占领网络"话语权高地",提高网络文化的国际影响力

国际话语权体现着一国的政治操作能力和理念贡献能力,是形成国家软实力的要素之一。[①]掌握话语权意味着占据文化舆论制高点,能就在国际舞台上占据主动。提升中国的国际话语权,增强中国的国际舆论影响力是中国和平发展的必然要求。但由于西方强国掌控国际话语权的大格局没有发生根本改变,所以,西方主流媒体对中国充满偏见的大格局也依然故我。中国在国际主流舆论中的形象依然是负面的,面临的发展软环境仍然严峻。一方面,为维护网络空间的霸主地位,美国政府严格限制对华网络尖端技术出

---

① 李英芬:《关于话语权的国际法思考》,《前沿》2010年第5期。

口,防止自主的中国互联网企业掌握先进互联网信息技术冲击其"龙头"地位。另一方面,西方国家和反华势力在给中国扣上"不民主"、"违反人权"的帽子的同时,还利用网络不断散布"中国威胁论"、"中国崩溃论"的论调。中国的网络空间正面临与传统国际政治领域相似的"崛起困境"。①

美国学者阿特休尔在《权力的媒介》一书中说:"新闻就是力量,或说得明确一点,为了取得权力、维护权力,就必须控制新闻传播工具","新闻媒介是社会控制的机构"。②互联网已然发展成为国际话语权竞技场上的一柄利器。提升对外传播能力,增强我国文化对世界的亲和力,是化解我国崛起过程中种种怀疑和误解、避免遭受"软打击"的必然选择。网络承载着中国抢夺国际话语权的重大使命。在网络舆论场中,如果我们引导不力或不当,社会舆论就可能会通过网络的催化和放大,直接影响中国的国家形象。所以,中国"要把提高舆论引导能力放在突出位置",积极主动参与国际网络舆论议程的设置,力争占领"道德制高点",引导舆论,使之导向有利于己的方向,摆脱被别国"叙说"、"定位"的被动状况,从而达到塑造国家形象的目的。

2.为中国的和平发展构建坚实的文化软实力根基

文化是国家实力的源泉和动力,是熔铸国家实力各要素的关键。大国的成长和发展离不开强大的文化软实力基础。无疑,对于正在努力寻求在世界体系中和平发展、崛起的中国的来说,如果仅仅依靠以经济、军事和科技等物质性力量为基础的"硬实力"的增长,而没有强大的国家软实力,也是注定难以成为一个真正的世界大国的,反而会使和平发展与和平崛起的目标陷入重重困境之中。诚如有学者所言:"中国要实现崛起,不单是物质层面的崛起,而且也将是精神层面的崛起,两者相辅相成,缺一不可。崛起是全方位的,应该有丰富的文化维度和内涵。"③

经过 30 多年的改革开放,目前的中国"正在由一个十分落后的发展中国家变成一个迅速崛起、并对地区和世界事务越来越具有重要影响力的大国,正在由一个过去被国际社会忽略和偶尔借重的对象变成一个既被重视、又被借重、同时又被加以防范和制约的对象"④。软实力已经成为中国综合国力进一步提升的"瓶颈"。"如果中国要和平崛起,就有必要通过软实力和负

① 刘勃然、黄凤志:《当代网络空间国际政治权力格局探析》,《学术论坛》2012 年第 7 期。
② 〔美〕J.赫百特·阿特休尔:《权力的媒介》,黄煜等译,华夏出版社 1989 年版,第 6 页。
③ 陈志瑞:《关于和平崛起的文化战略》,《教学与研究》2004 年第 4 期。
④ 孟祥青:《中国国际角色完成历史性转变》,《环球时报》2006-01-05(11)。

责任的行为来消除外界的焦虑和恐惧。"①文化软实力来自于文化的扩散力。网络的兴起为提升中国文化软实力提供了重要的工具。在信息网络时代,占领网络文化主阵地,并形成强势的文化话语平台,将有助于销蚀掉中国和平发展所可能引发的对抗性因素,挫败西方国家和敌对势力通过"巧实力"来遏制中国的战略图谋,从而为中国顺利崛起营造一个和平、稳定、和谐的国际文化环境和周边环境。

3.打造网络空间的社会主义文化强国

一个强盛的国家,不仅要有强盛的经济国力,也要有繁荣的文化国力。推进社会主义文化强国建设是全面建成小康社会的应有之义。党的十七届六中全会通过的《中共中央关于深化文化体制改革推动社会主义文化大发展大繁荣若干重大问题的决定》(以下简称《决定》),提出了"坚持中国特色社会主义文化发展道路,努力建设社会主义文化强国"的宏伟目标。十八大报告也明确指出了要"扎实推进社会主义文化强国建设"。社会主义文化强国,从文化内涵上来说,主要表现在国内、国际两方面。国内方面,全社会的文化创新活力充分激活,涌现出一批有国际影响力、广泛传播的文化艺术作品和精品节目,不仅满足国内精神文化需求,而且在国际文化市场上占有一席之地。国际社会层面,中华文化的影响力显著提高,能够提出引领国际经济社会发展潮流的各项议题,在构建国际新秩序中发挥积极作用。也就是说,中国要想跻身于世界文化强国之列,就必须具有强大的"文化力":一是"向内的"着力点,即具有强大的民族创造力和凝聚力;二是"向外的"着力点,即具有强大的世界吸引力和影响力。

从文化空间上来看,所谓文化强国,主要表现在文化既要在现实物理空间有很强大的对内凝聚力和对外文化影响力、吸引力,也要在虚拟网络空间有很强的文化向心力和对外文化的辐射力、感召力。显然,不提高网络空间"软实力"的水平,使互联网成为传播中国先进文化的重要阵地,将深刻影响中国国家力量建设的整体进程,为中国国际地位的持续提高和国际影响力的不断上升埋下严重的风险和隐患。

---

① 丁学良:《专家:美国不是中国唯一的榜样》,《环球时报》2008年2月27日。

(二)在取胜网络,就是取胜文化,赢得世界的文化竞争中,中国要弘扬本国网络文化,并通过文化的对外交流,扩大文化的世界影响力,就必须多措并举,多管齐下,通过有序合理的文化发展战略,平等参与网络文化竞争,去占领属于自己的网络"制高点"

1.提高认识,科学谋划互联网文化发展战略

网络空间作为地缘政治的第五维时空,不仅承载着传统国家政治、经济、军事和文化发展与安全的重荷,也是全球化时代国际权势竞争的新空间。正像约瑟夫·奈和欧文斯所言:"在科学技术飞速发展的世界,信息成为国际关系的核心权力,信息权力作为软权力的核心正日益影响国际事务的变革。"[1]因此,中国要从战略高度重视信息化条件下网络空间发展的新动向,科学谋划中国未来网络空间文化发展新战略。

(1)充分认识大力发展网络文化交流的战略意义。面对世界各国在虚拟网络空间的争夺,中国应充分认识和高度重视网络空间的争夺对于网上斗争的战略意义及其重要作用。

首先,是经济发展的引擎。人的需求包括物质需求也包括精神需求。网络空间既是文化生产空间,也是文化和消费空间。网络文化的发展,不但可以生产出丰富的文化精神,满足人们日益增长的人民群众多样化、多层次、多方面的精神文化需求,提高劳动力再生产所必需的享受资料及发展资料,而且可以改造传统产业和经济部门,催生新型而富于成长性、具有强大文化经济效益和显著产业"乘数效应"的网络文化产业,推动文化生产业态、文化生产行业、文化产品生产的发展和繁荣,从而为民富国强的实现增添强大的活力和实力。

其次,能够改变政治权力的分配。权力是对行为体行为和精神的控制。按照美国未来学家托夫勒的观点,"在支撑权力的支柱——暴力、财富和知识之中,知识产生高质量的权力,因为它不仅用于惩罚、奖赏、劝说,甚至用于转化,具有更大的灵活性,因而也具有更大的权威性"[2]。吉登斯也明确指出:"国家的发展必然与话语方式的形成相融合,话语方式建构性地塑造了

---

① Joseph Nye,Owens. America.s Information Edge.*Foreign Affairs*,1996(March–April).

② 宿景祥:《骷髅会精神:耶鲁大学精英学生组织揭密》,广东旅游出版社 2006 年版,第 171 页。

国家权力。"①网络是各种文化权力激烈博弈的公共场域。虚拟网络社会的不断发展,不仅改变了政治权利的表现形式,而且也在改变着政治权力的运用方式。即通过信息的持有和垄断去努力争夺对游戏规则的支配权,进而树立权威和赋予权力。因此,占据了网络空间,控制网络信息的生产和流动,也就赢得了相对于他者的权力优势,争得了与对手不对称的软权力,从而获得在国际关系中的优势地位和主动权,维护或争取更大更多的本国利益。

最后,能够创造意义世界。世界既是物质世界,也是文化世界。文化世界虽然是客观物质世界的反映,但反过来也能对物质世界赋予一定的内涵与意义。而这主要与人们获取的文化信息相关。由于人的能力及接受信息的阻力,所以人们对现实世界的认识大多依赖于媒体的信息。受众在媒介接触中最终获得什么样的内容认知、情感体验和道德感悟,在很大程度上是由传媒文化所引导的。"不同的文化以不同的方式构造现实,对任何行为者来说,现实是通过世界观和其文化所建构的行为环境传递的。"②"个体在社会认知的过程中,通过'第一印象'最先输入的信息对以后的认知产生的影响作用最大"③。网络是个文化信息集散地。掌握网络世界,也就打上了自觉的文化烙印。鲍德里亚指出:"媒介在讯息的传递过程中不仅吞噬意义,而且拼贴意义,制造意义。"④在互联网社会中,占据不了网络游戏规则的优先制定权,某些西方文化传播媒介对中国的"自我充实性预言"理论就很有可能变成现实,导致虚浮的网络文化信息成为攻击中国的真正炮弹。总之,网络文化关乎国家经济发展,影响政治权力的分配,决定意义世界的归属。所以,网络空间的争夺已成为继现实物理空间之后世界大国政治博弈和文化软实力竞争的又一高地和战略"主战场"。中国应将网络文化问题提升到中国的文化发展战略和国家安全战略层面,制定专门战略来应对。

(2)科学谋划中国系统的对外网络文化交流战略。互联网文化战略是国家文化战略的重要组成部分。改革开放以来,在信息传播国际竞争中,我国虽然已经初步形成了包括印刷媒体、广电媒体、网络媒体组成的对外传播系统,国际传播实力也获得了显著的增强,但在建立、健全、完善一整套继承本

---

① 〔英〕安东尼·吉登斯:《民族、国家与暴力》,胡宗泽、赵力涛译,北京三联书店1998年版,第254页。

② 〔美〕M.E.斯皮罗:《文化与人性》,徐俊译,社会科学文献出版社1999年版,第158页。

③ 刘熠:《网络环境下议程设置功能在危机传播中的应用》,《东南传播》2010年第6期。

④ 戴阿宝:《鲍德里亚媒介理论的若干问题》,《外国文学评论》2004年第6期。

土文化、融合外来文化以促进自身发展、对外传播中国文化等方面未制定出切实可行的发展战略。[1]特别是没有跟上数字化和网络化的世界潮流,制定出适合国家实际情况的中国网络文化对外传播战略。在文化竞争日益激烈的网络世界里,中国应根据网络文化发展趋势,尽快从国家层面制定出具有统筹性和前瞻性的中国互联网文化交流战略。只有这样,才能够极大地拓展中国文化传播的疆域,使网络发展成为中国文化的新边疆。

首先,制定科学的国家网络文化发展战略。文化的振兴和输出关系到国家的强大和民族的未来,而互联网是文化传播的重要载体和平台,因此,国家必须把振兴网络文化和对外文化传播提到民族命运的高度,纳入国家发展战略,制定出既符合国家大的文化传播战略,又具有中国自身的特色的网络文化发展战略,为中国文化走出国门,参与网络文化交流,影响世界提供行动指南。

其次,正确谋划网络文化发展、拓展的策略。策略是战略的实现。在战略规划既定的情况下,策略如何,决定着战略目标的成败。当前中国的网络文化发展、拓展的策略应包括:一是文化力量整合策略。网络文化的主体是多元化。因此形成"统筹协调、责任明确、功能互补、覆盖广泛、富有效率"的对外传播大格局,有利于中国网络文化"走出去"。二是网络文化扩展策略。在西强我弱的国际传播格局下,积极实施积极的文化防御,固然有利于拒敌于国门之外,但网络文化的"全球性"存在,决定了中国不能做被动的适应者,而必须在战略上积极实施文化进攻,以争取主动权。唯其如此,方能在大国博弈中处于有利地位。三是国家网络文化传播力策略。文化只有传播才有可能转化为软实力。这就需要依靠多种传播能力和手段,去维护和拓展国家战略文化利益。

2. 开发中国自己的网络新技术

在马克思主义看来,科学技术是"历史的有力的杠杆"、"最高意义上的革命的力量",[2]它"既是促进旧秩序瓦解的溶剂,又是促进新世界形成的催化剂"[3]。网络技术是网络文化存在和发展的基础。对外文化交流的广度和深度很大程度上依赖于传播媒介所具备的技术条件。"拥有互联网技术优势的

---

① 毛峰:《中国文化传播的战略与策略》,《对外大传播》2005 年第 11 期。

② 《马克思恩格斯全集》(第 19 卷),人民出版社 2006 年版,第 375 页。

③ 〔英〕杰弗里·巴勒克拉夫:《当代史导论》,张广勇、张宇宏译,上海社会科学院出版社 2011 年版,第 43 页。

国家既可以在国际经济竞争中获取比较利益，也能够对防务力量进行信息化改造，制胜信息化战争"①。美国之所以会在全球信息网络空间雄踞国际政治权力格局"金字塔"的最顶端，固然与美国凭借信息强国的网络综合实力垄断了网络空间话语权、网络空间国际机制建构的主动权有关，但与美国在互联网技术特别是硬件技术领域实力超群关系更大。在网络空间，美国不但掌握着因特网、微电子技术、信息传输系统、卫星等现代通信技术的绝对主导权，同时也掌握着操作系统等核心性的技术。如果说计算机终端、大型存储硬盘、CPU、交换机等网络硬件是支撑互联网大厦的骨架的话，那么关键芯片、系统软件、支撑软件等软件特别是操作系统则是构成这一大厦的精华部分。 正是由于美国掌控了网络空间的软硬件等关键技术，所以美国才能凭借对网络技术的高度垄断，输出本国的文化价值观，使"网络成为西方国家不遗余力地提倡民主的最后地方"②。完全可以这样说，把信息技术等高科技方面的绝对优势转化为文化上的优势，是美国成为当今世界上最大的文化输出国的重要原因。"到目前为止，互联网络基本上还是英语霸权和美国霸权，互联网络的基本价值主张也是以西方为中心。"③

互联网技术是信息网络系统得以正常运行的"灵魂"。"网络权力取决于一系列与创造、控制和沟通以信息为基础的电子和计算机有关的资源，包括硬件基础设施、网络、软件及人类技能"④。互联网的发展和普及为中国等后发国家利用网络技术，缩小与发达国家的技术鸿沟提供了广阔的空间和跨越的可能性。近年来，通过广大科技工作者的辛勤努力和不懈的技术创新，中国的互联网硬件建设突飞猛进，中国先后在一些关键信息技术领域取得重大突破，如先进集成电路芯片与光电子器件、高性能计算机与软件、下一代互联网与信息安全、第三代移动通信与无线通信、数字电视与音视频编码、信息技术在产业中的应用等。⑤

但总体来看，中国的互联网核心技术与发达国家的差距仍然较大，对"数字媒体"的开发、利用和研究能力相对较弱。中国在"十二五"期间，"信息

---

① Joseph Nye, "Power and Interdependence in the Information Age", *Foreign Affairs*, Fall, 1998, p. 86.

② Evgeny Morozov, "Technology's Role in Revolution: InternetFreedom and Political Oppression", *The Futurist*, July–August 2011, pp.18–21.

③ 鲍宗豪：《网络与当代社会文化》，上海三联书店 2001 年版，第 210 页。

④ Joseph S Nye: cyber power, http://belfercenter. ksg. harvard.edu /files /cyber – power. pdf.

⑤ 邬贺铨：《中国信息技术发展的现状和创新》，《中国信息界》2006 年第 12 期。

化的主要领地,诸如信息技术研发与创新、信心技术产业发展等方面,都将面临各种各样严峻的问题和挑战"①。这使得中国在网络技术的发展上还不得不依赖于以美国为首的技术发达国家,如各类互联网终端的 CPU、操作系统等。中国的互联网核心技术与发达国家的差距仍然较大,而技术上受制于人也在较大程度上限制了中国网络文化的发展,并在与西方国家话语权的竞争中显得极为被动。

占领网络技术的制高点,就能赢得网络文化的"制网权"。因此,中国要提高国家文化软实力,加强网络文化建设,当务之急就是要紧跟世界科学技术发展前沿,加速网络信息技术的建设步伐,尽快缩小我国与西方发达国家之间的"数字鸿沟",为中国对外文化传播、交流打下坚定的物质技术基础。与此同时,还要"把运用高新科技作为推动文化建设、提高文化创新能力和传播能力的新引擎"②。这对提高中国网络文化软实力,加快中华民族伟大历史复兴的步伐有着十分重要的现实意义。

第一,加快中国的网络基础设施建设。网络文化价值的实现依赖于网络基础设施的完善。目前,中国信息网络基础设施建设规模位居世界第二,仅次于美国,但是由于我国人口基数大,使得我国网络基础设施建设的人均投入相对较少,信息化水平刚刚超过世界的平均线,处于世界中等发达国家的水平。③对此,一是要大力推动企业信息化进程,搞好信息网络的建设。要开展光纤宽带网络建设,采取多种模式,加快光纤宽带接入网络部署,提高宽带普及率,加大信息网络基础设施建设力度,实现计算机网、有线电视网及电信网的"三网合一"。二是进一步加快骨干网线建设,加快建立全国和地区互联网络交换中心,努力扩大覆盖面,保证网络信息能够有效、低耗地传输;同时还要重点扩大各互联网国际出入口带宽,加大接入网建设力度。三是提高网络的普及利用率。网络基础设施的建设耗资巨大,因此应充分发挥政府在网络基础设施的建设方面的主导作用,在为网络基础设施建设提供充足的人、财、物支持和保障的同时,大力开展网络建设的户户通工程,通过建立四通八达的网络技术设施,使互联网连接中国的千家万户,以便每个公民都

---

①　李红升:《"十二五"时期中国信息化面临的挑战》,《中国信息界》2010 年第 4 期。

②　李长春:《正确认识和处理文化建设发展中的若干重大关系,努力探索中国特色社会主义文化发展道路》,《新华文摘》2010 年第 17 期。

③　《我国信息网络基础设施建设规模位居世界第二》〔EB/OL〕.http://www.sg.com.cn/647/647c23.htm,2010 年 9 月 24 日。

能通过网络了解各种国内外文化信息。

第二,鼓励、扶持网络技术创新。技术创新水平的高与低,决定着一个国家对国际互联网的控制力和引导力,同时也决定着一个国家的"网络文化安全"。网络空间文化建设是一个科技含量极高,科学技术要求很严,不断需要科技创新的领域。只有具备了很强的网络技术创新能力,才能摆脱因国家的网络技术的相对落后而受制于人的被动局面。由于我国网络技术原始创新能力相对较弱,虽然技术研发紧跟时代潮流,但像微博、社交网络、RSS 等Web2.0 技术以及 IVP6 技术均非中国首创,以致目前国内支持网络技术发展的大部分核心部件和技术只能由国外生产商提供。例如,目前许多部门使用的通用计算机 CPU 和基础软件 90%依赖进口。①具有中国自主知识产权的技术及产品少之又少。这些问题既严重制约了中国传播媒体的传播能力,又影响了中国网络文化的对外传播与交流。对此,中国政府应放眼世界,将网络技术发展的立足点建立在自主技术的基础之上,继续加大对具有自主知识产权的网络硬件和软件的技术研发活动和扶持力度,进而提高互联网核心技术的自主研发能力。当前,尤其要针对我国关键技术尤其是核心技术的研发能力不强的问题,国家要强化组织领导,统一策划和协调,动员社会一切可能的力量,充分发挥中国的政治优势,集中优势力量,进行重大技术集体攻关,力争抢占几个关键技术战略制高点,缩小与发达国家的"信息技术落差"。"要积极发展智能宽带无线网络、先进传感和显示、先进可靠软件技术,建设由传感网络、通信设施、网络超算、智能软件构成的智能基础设施,按照可靠、低成本信息化的要求,构建泛在的信息网络体系,使基于数据和知识的产业成为重要新兴支柱产业,推进国民经济和社会信息化"②,为中国的网络文化发展提供强大的技术支持和保障。

总之,网络新媒体技术能够有效提升国家文化产业水平和文化传播能力。我们只有抓好了网络空间文化发展领域软、硬件技术的创新,进一步发挥网络科技在提升国家文化软实力中的作用和潜力,才能跟上技术发展的时代步伐,走在世界前沿,才能更好地发展中国的网络空间文化,并在网络空间激烈的文化较量中占据主动。否则,就会无限放大网络社会中的"马太

① 《我国信息化水平基本达到中等发达国家水平》〔EB/OL〕.http://www.gmw.cn/content/2010-08/19/content_1221544.htm,2010-9-24.

② 胡锦涛.在中国科学院第十五次院士大会、中国工程院第十次院士大会上的讲话〔EB/OL〕.新华网,2010 年 6 月 8 日。

效应"，从而影响中国的网络文化建设。

3.积极培育和发展新兴网络文化传媒产业

传播能力是国家软实力的重要组成部分和体现，关系到国家利益和国家形象，关系到改革开放和社会主义现代化建设大局。发展现代传播体系，增强国内国际传播能力，已经成为一项十分重要的战略任务。十七届六中全会决定指出，"提高社会主义先进文化辐射力和影响力，必须加快构建技术先进、传输快捷、覆盖广泛的现代传播体系"，强调要"加强国际传播能力建设，打造国际一流媒体"。党的十八大报告也提出了"构建和发展现代传播体系，提高传播能力"的新要求。在新的信息技术时代，面对络绎不绝的境外网络信息，要把境外媒体对中国的负面影响降到最低，加快本国网络传播媒体现代化、国际化的步伐是最优的选择。

（1）用高新技术改造传统文化传媒产业。在人类文明发展史中，文化的交流与传播总是与使用工具有关的。如上所说，与传统媒体不同，网络新媒体技术具有参与者广泛、信息传播及时、造成的影响力大等特点。网络数字媒体技术以其强大的"媒介融合"（media convergence）特性不但突破了单一媒介的限制，实现了文字、图像、声音、影像等多种符号的融合，大大拓展了文化传播平台，延伸了不同国家不同民族人民之间的文化互动，增加了不同文化交流的频度，而且还极大地提高了文化信息传播的效果，使得社会信息资源的流通、开放、利用更为高效，能够使信息本身所裹挟的文化形态以全覆盖、全时段的方式有效达到目标人群。

因此，在信息化浪潮中，要真正把握文化交流、传播的战略主动权，就要发挥报纸、广播、电视这些传统媒体的优势，在充分体现其权威性、公正性、导向性的同时，要善于利用网络等新兴媒体快捷性、多媒体、互动性的特点，做好传统媒体与新兴媒体的融合。即，通过高新技术与传统媒介文化产业的联姻，加快用数字技术、互联网、软件等高新技术改造传统传媒文化产业发展的步伐，推动文化生产方式、营销方式、传播方式的创新，提高中国文化传播技术和媒介的信息化水平，带动传统媒体升级换代，以进一步提升中国网络媒体的国际传播能力和服务水平，使其快速发展成为中国对外文化交流的窗口。

（2）着力打造网络文化平台。网络文化是依靠数字化技术发展起来的现代技术文化，"从狭义理解，网络文化是指以计算机互联网作为'第四媒体'所进行的教育、宣传、娱乐等各种文化活动；从广义的角度来理解，网络文化是指包括借助计算机网络所从事的经济、军事、政治活动在内的各种社会文化现象"①。网络文化以其最突出的开放性特征,超越国界和时空距离,实现了多元性文化的展示和竞争,使之成为全人类平等共享的精神财富。同时,还以其融人际传播、群体传播、组织传播、大众传播等多种传播模式于一体的架构形式,开拓了信息内容的到达界面,促进了不同文化形态间的交流与对话。它的受众的广泛性和影响性是前所未有的。"在当代,伴随着互联网的发展,通信交流的费用大大降低,观念的流动正越来越独立于全球化的其他形式"②。正因如此,所以以数字化网络平台为代表的新媒体作为构建和传播国家文化软实力的重要组成部分,正日渐为国际社会所广泛运用。

积极参与世界文化的交流传播,是中国网络文化建设的重要使命。紧紧抓住互联网普及和信息技术提升的契机,将优秀中华文化数字化、网络化、多媒体化,已成为中国网络文化建设的当务之急。

首先,要加强网络文化阵地建设。要充分发挥政府在中华文化网络传播中的主导作用,按照"积极发展、加强管理、趋利避害、为我所用,努力在全球信息网络化的发展中占据主动地位"的战略要求,精心选择,重点突破,建立一批以研究和传播中华文化思想为主要任务的网站,并开展有目的、有计划的培育活动,打造旗舰网站、网点,逐渐增强传播中华优秀文化的力量,以扩大中华文化在世界的影响力。特别是要"支持重点新闻网站加快发展,打造一批在国内外有较强影响力的综合性网站和特色网站,发挥主要商业网站建设性作用,培育一批网络内容生产和服务骨干企业",以其新颖活泼的方式将中华文化推向世界。然后通过以点带面的方式,培育国家、省、市各个层次的高质量的专业网站,推动网络文化繁荣发展,最终逐步形成以重点文化网站为骨干,各级政府网站、知名商业网站和专业文化类网站积极参与、共同推进网络文化发展的生动局面。其次,要加强网络文化窗口建设。要加快推进网上图书馆、网上博物馆、网上展览馆、网上剧场等公共文化服务平台的建设,拓宽网络文化的服务渠道,更好地保障文化受众共享网络文化发展成果。最后,努力扶植和拓展外语类网站,传播中华文化。语言是文化交流传播的主要载体。目前我国尽管建立了许多文化网站,但中国大多数中文网站

① 李仁五:《试论网络文化的基本内涵:网络与当代社会文化》,三联书店2001年版,第7页。
② 〔美〕罗伯特·基欧汉、约瑟夫·奈:《全球化:来龙去脉》,《国外社会科学文摘》2000年第10期。

没有外文翻译,即使有,也主要是以英文网站为主,其他语种的网站少之又少。这极大地限制了它们在国际传播中的影响力。鉴此,中国当前除了要进一步加强英语类网站建设步伐的同时,还要大力拓展英文以外的其他语言种类的网络站点建设,力求通过构建全面多元的外文类网站,借助信息量大、覆盖面广、服务功能强、在国内外有一定知名度的多媒体信息网络平台,全方位地展示中国博大精深的历史文化和蓬勃发展的中国现状,以加深西方社会对中国文化的理解和认同。

(3)大力发展社交自传媒产业。2004 年美国专栏作家丹·吉尔默在《自媒体:民有民享的草根新闻》一书中首次提出"自媒体"概念。按照他的观点,自媒体就是以博客、播客、维客、新闻聚合、论坛、即时通信等新媒体为载体的个人媒体的统称。①新媒体艺术理论先驱罗伊·阿斯科特(Roy Ascott)认为:"新媒体艺术最鲜明的特质为连结性与互动性。了解新媒体艺术创作需要经过五个阶段:连结、融入、互动、转化、出现。你首先必须连结,并全身融入其中(而非仅仅在远距离观看),与系统和他人产生互动,这将导致作品以及你的意识产生转化,最后会出现全新的影像、关系、思维与经验。"②自进入 21 世纪以来,新媒体以其定位精准、互动性强、快速传播和覆盖面广等特性而成为新一轮全球跨国界、跨文化的全新对外文化传播的技术新宠。

目前,很多国家政府特别是英、美等发达国家和欧盟都开通了针对社交媒体用户的政务微博和外交小灵通。多年来,中国都是通过报纸、电视、广播等传统媒体来传播中国文化的,虽然近年来政府官员日益重视与网民进行在线交流,人民网、新华网等网站也都设有多个外语子网站,以便让全世界网民更好地了解中国,但是总体来看中国对网络工具特别是博客、播客、视频分享网站、社交网站(SNS)等自媒体的利用程度远远不如美国那样充分。因此,在自媒体时代,中国要通过自媒体促进对外文化的传播、交流,一方面要积极开发政府自媒体建设,占领自媒体文化高地。作为人类文明进步的标志和重要体现,自媒体具有形式丰富多样,内容生动活泼,道理贴近生活的优势,所以,深受广大自媒体群众的认同和喜爱。对中国来说,积极培育和发

---

① Dan Gillmor. *We the Media: Grassroots Journalism by the people, for the people.* O'Reilly Media, 2006.

② 余晓慧:专访罗伊·阿斯科特,CANS 艺术新闻,2011 年 12 月 15 日.http://www.chinarts.net/Article/ShowArticle.asp?ArticleID=14457.

展新兴的自传媒产业，既有利于中国吸收、借鉴世界各国的先进经验和优秀成果，又对于提升中国经济、政治、文化和社会发展具有革命性的推动作用。因此，政府要加快自媒体的建设步伐，争取在较短的时间内，建设、开发一批能够运用体现新媒体特征的语言、内容和表达方式进行文化传播的自媒体网站。借助自媒体平台，传播中华文化，使自媒体逐渐成为中国抢占国际话语权的舆论高地。另一方面，借助民间自媒体的力量，弘扬、传播中华文化。民间自媒体用户，人数众多，力量庞大。在自媒体时代，充分发挥和利用国内自媒体用户在中国对外传播中的力量和作用，既有利于扩大中华文化的受众面和覆盖率，也能满足数字化时代的多样化新型文化需求，从而扩大中华文化对于国内外大众的社会影响力和号召力，用自己的思想观点去直接影响作为受众身份的文化"粉丝"。

（4）要着力打造网络文化精品。互联网既是一种新兴的文化产业领域和文化传播方式，更是文化作品和创意产品的生产和创作的主要载体和展示平台。它既为不同文化人从事文化生产、创作创造了机会，同时也为人们领略、分享不同文化的风采，满足多样化、个性化的文化需求提供了前所未有的条件。因而越来越多的人到网络中去"冲浪"，在享用网络文化作品，获取自己一切想要获取的文化知识的同时，去生产、创作文化艺术作品、新型文化产品，因而富于网络特色的文化内容不断涌现。网络阵地成了不同文化一较高下的"竞技场"和大舞台。

约瑟夫·奈认为，在信息化时代，谁的"故事"能打动人，比谁的军队能打败别人更重要。因此，我们需要通过能够吸引他人的价值观和文化来赢得受众的心灵。[①]

中国要在众多互联网文化产品中脱颖而出，获得知名度和品牌效益，赢得"眼球"，吸引网民的注意力，从而培养更多的中国文化"粉丝"，并通过他们传播中华文化，以赢得网络一席之地，就要求我们必须放弃粗放式的文化生产方式，在质上多下功夫，打造出更多体现中国文化特色而又品位高雅的网络文化作品来。一是提供更多更好的优秀网络文化产品。当今社会文化需求呈现出多元、多样和多变的发展态势，而对网络舆论的驾驭关键在于网络文化的吸引力和感召力。只有高质量的内容才能吸引公众的眼球。要大力运用新技术新媒体积极开发新业务，加快文化信息资源的开发利用，进一步提

---

① Joseph S. Nye Jr, Today, It's a Question of Whose Story Wins, *Los Angeles Times*, July21,2004.

高网络文化创新能力和服务水平，开发一批群众喜闻乐见的优秀网络文化作品，不断满足人民群众日益提高的精神文化需求。

二是大力发展网络文化精品。根据美国市场营销协会所编字典的定义，品牌是指能体现"卖方商品与服务独特性的名字、专用名词、设计、符号或特征。品牌的法律形式是商标"①。2001年，荷兰国际关系学院高级研究员皮特·梵·汉姆(Peter van Ham)在美国《外交》(Foreign Affairs)杂志上发表《品牌国家的兴起》(Rise of the Brand Nation)一文，认为，"正如品牌最好地反映出顾客对特定产品和服务的感知，品牌国家也包含了外部世界对特定国家的信任和满意度"②。品牌是一个国家的脸面。一个国家的文化对世界的影响力是主要通过其文化品牌实现的。国际化品牌的多少和品牌国际化程度的高低恰恰是检验一个国家文化软实力和文化产业竞争力的重要标志。如果说文化精品是一个国家文化发展水平的标志，那么文化品牌则代表着一个国家的形象；如果说，文化产品是打开国际市场大门的第一把钥匙的话，那么文化品牌则是长久在世界市场竞争中立于不败之地的不二法宝。没有国际知名文化品牌，在世界市场占有和竞争中势必处于劣势地位。网络是各种不同文化层出不穷之所，也是不同文化竞相交汇、争艳的平台。要在激烈竞争的网络文化百花园中突围而出，最大限度地降低被他者文化淹没的程度，必须在充分尊重市场经济规律的基础上，牢牢树立品牌意识，依靠品牌效应，通过扶持、打造一批富于时代精神、思想深刻、艺术精湛，具有中国气派，体现中国风格的网络文化精品，推动中华优秀文化的数字化、网络化传播。

(5)筑牢网络文化安全的藩篱，维护国家文化主权。网络是一把双刃剑。网络技术的发展不但为世界各文化主体提供了全球性的交往可能，为各个国家和地区、民族展示自身的文化风采和形象提供了走出去的契机，但也为世界各国反文化主义利用网络传播文化提供了机会。特别是网络文化帝国主义的泛滥，不但消解着人们特别是青少年的应有文化意识，而且对中国政治、文化、意识形态等领域的安全构成了全方位、多层次的潜在威胁及严峻挑战。因此，必须坚持从互联网络文化安全的角度，扎紧篱笆，努力构筑一道维护中国网络文化安全的防护墙。

首先，加强网络媒体的组织领导。信息网络不同于现实物理空间的一个

① American Marketing Association Dictionary [S/OL].http://www.marketingpower.com/_layouts/Dictionary.aspx?dLetter=B.

② Peter van Ham,The rise of the Brand Nation.www.Foreign Affiars,Sept/Oct,2001.

最大优势,就是实现了人们思想行为的自由式发展。网民们在这个自由的虚拟空间里,既可根据自己的文化理解和追求,生产出符合时代发展需要的文化思想,以引导社会的健康发展;也可因自己的审丑情结而炮制出大量的文化垃圾,而败坏和毒化社会的风气。因此,加强对互联网世界的统一领导,引领网络发展"扬善弃恶",是网络文化管理的一项重要任务。然而,从中国目前的实际运作情况来看,网络管理存在的一个最大问题是多头管理。不但文化管理力量分散,条块分割,部门分工模糊,而且互不相属,各自为政。如工信部管接入,而市一级没有相对应的机构;国务院新闻办管内容;公安机关管处罚。可谓是"九龙治水,各管一段"。这不仅造成人员、资源的巨大浪费,无助于效率的提高,也不利于中国网络文化走出去。因此,要继续深化文化体制改革,打破部门界限以及对内、对外传播壁垒,整合网络文化管理力量和资源,来进一步加强对网络空间的统一领导和治理。唯此,才能增强对互联网空间的控制能力和引导能力,净化网络空间,遏制文化垃圾的恶意散播,还一个风平气正的虚拟世界与人民。

其次,建立完善的网络法律管理体系。依法管理互联网是世界各国的通行做法。据有关部门对世界 42 个国家的调查表明,大约 33%的国家正在制定有关因特网的法规;70%的国家在修改原有的法规以适应因特网的发展;有 92%的国家对因特网进行不同程度的审查和监督;有 26%的国家出现对因特网的执法案例。[①]美国虽然不断虚伪地鼓吹网络绝对自由观,但从 20 世纪 80 年代开始以政府通告、总统行政命令等形式,不断推出有关信息安全的政策方针和各类规章制度,而且每隔数年就重新审定,逐步形成了一整套信息安全的防范体系。可见,网络虚拟空间绝不是一个任网民信马由缰、自由驰骋的法外之地。

同世界很多国家一样,中国对网络对国家文化安全造成的负面影响是保持着高度的清醒头脑和文化自觉的。如 2012 年 12 月 28 日第十一届全国人民代表大会常务委员会第三十次会议审议通过的《全国人大常委会关于加强网络信息保护的决定》就提出,要"保护网络信息安全,保障公民、法人和其他组织的合法权益,维护国家安全和社会公共利益"。党的十八大报告再次指出:"加强和改进网络内容建设,唱响网上主旋律。加强网络社会管

---

① 何明升:《网络文化建设的两个视点与多主体协同发展》,《兰州大学学报》(社会科学版) 2013年第 1 期。

理,推进网络规范有序运行。"为维护网络文化安全,确保网络能够成为大力弘扬中华民族优秀文化的主阵地,国家还先后出台了一系列相关的法律、法规、法案和条例,如《全国人民代表大会常务委员会关于维护互联网安全的决定》《互联网上网服务营业场所管理条例》《互联网电子公告服务管理规定》《计算机信息网络国际联网安全保护管理办法》《计算机信息网络国际联网管理暂行规定》《互联网文化管理暂行规定》《网络文化经营许可证》《互联网电子公告服务管理规定》等。总体来说,中国网络文化安全的主流是好的,极大地促进了中国网络文化的健康发展。但是,目前中国仍然存在着立法比较滞后,缺乏网络空间发展、管理和安全方面的法律法规等问题。鉴于此,各级政府应加快制定、完善与网络文化传播发展相适应的政策和法律法规。特别是国家应从战略的高度,加强网络管理制度体系的"顶层设计"。在这个体系的建设过程中,既要注意结合中国的具体国情和网络文化安全问题的特性,又要很好地借鉴世界各国通行的网络法律管理规则。应"坚持依法管理、科学管理、有效管理,综合运用法律、行政、经济、技术、思想教育、行业自律等手段,加快形成依法监管、行业自律、社会监督、规范有序的互联网信息传播秩序"[①],通过建立一整套系统科学、合理、适用、有效的法律制度保障体系,对网络舆论、文化进行适时的调控和管理,消除网络传播中因言论过度自由而带来的负面影响,确保网络在规范、有序的轨道上健康运行。

最后,加强网络空间的国际文化合作,共同应对网络文化挑战。作为一个全球开放互联的体系,网络空间的一个基本特征就是它打破了民族地域和国家主权的界限,把世界连成了一个"网络地球村",实现了文化的非领土化传播、交流。互联网的这种共享性和开放性的特征,在为参与者在网络空间发展和深化文化合作提供机遇的同时,也为网络恐怖主义、有组织的网络犯罪等敞开了一扇大门,从而对国家的信息安全和世界各国的国家利益都构成了严重的挑战。因此,如同在现实物理空间,面对非传统安全问题需要加强全球治理一样,在互联网的国际应用方面,也同样需要世界各国的通力合作和共同治理。正如有学者所言:互联网的无政府状态特性、主权超越性以及技术影响不定性都呼唤着网络空间的全球治理。[②]事实上,2010年6月8日,中国国务院新闻办公室发布的《中国互联网状况》白皮书就明确提到了

---

① 胡锦涛:《以创新的精神加强网络文化建设和管理 满足人民群众日益增长的精神文化需要》,《人民日报》2007-01-25(1)。

② 蔡翠红:《国际关系中的网络政治及其治理困境》,《世界经济与政治》2011年第5期。

积极开展国际交流与合作,并在实践中身体力行。例如,近些年,中美在应对网络犯罪方面,已开展了一系列国际合作,中美执法合作联合联络小组(China–US Joint LiaiSongroup on Law Enforcement Cooperation,JLG)的成立就是一个很好的例证。另外,中国还参加了国际刑警组织亚洲及南太平洋地区信息技术犯罪工作组(The Interpol Asia–South Pacific Working Party on IT Crime)等国际合作队伍,并先后与美国、英国、德国、意大利等国家举行双边或多边会谈,就打击网络犯罪进行磋商。

在坚决维护国际互联网民主和虚拟社会国家主权的基础上,积极开展网络安全国际合作,不仅能够克服各自为战而给世界各国带来的巨大经济成本和代价,将网络恐怖主义和不良文化信息的危害减小到最低程度,而且有利于各国在合作过程中增加彼此间的了解和虚拟网络空间的战略互信。"如果互联网发生了问题,将不是因为我们缺乏技术,缺乏远见,或者缺乏动力,而是因为我们未能把握方向,共同走向未来。"①

---

① 郭良:《网络创世纪:从阿帕网到互联网》,中国人民大学出版社 1998 年版,第 21 页。

参考文献

一、著作

1.《马克思恩格斯选集》(第一至四卷),人民出版社 1995 年版。

2.《马克思恩格斯全集》(第 25 卷),人民出版社 1956 年版。

3.《马克思恩格斯全集》(第 30 卷),人民出版社 1971 年版。

4.《马克思恩格斯全集》(第 23 卷),人民出版社 1972 年版。

5.《马克思恩格斯全集》(第 10 卷),人民出版社 1962 年版。

6.《列宁选集》(第 1 卷),人民出版社 1995 年版。

7.《毛泽东选集》(第一至四卷),人民出版社 1991 年版。

8.《毛泽东文集》(第 6 卷),人民出版社 1999 年版。

9.《建国以来毛泽东文稿》(第 10 册),中央文献出版社 1996 年版。

10.《毛泽东著作选读》(下卷),人民出版社 1986 年版

11.《邓小平文选》(第二至三卷),人民出版社 1993 年版。

12.《邓小平年谱》(1975—1997)(上),中央文献出版社,2004 年版。

13.《江泽民文选》(第一至三卷),人民出版社 2006 年版。

14.《江泽民论有中国特色社会主义》(专题摘编),中央文献出版社 2002 年版。

15.《李大钊文集》(上卷),人民出版社 1984 年版

16.《七大以来重要文献选编》(上),中央文献出版社 2009 年版。

17.《十二大以来重要文献选编》(下),人民出版社 1986 年版。

18.《十七大以来重要文献选编》(上),中央文献出版社 2009 年版。

19.顾海良:《马克思主义发展史》,中国人民大学出版社 2009 年版。

20.衣俊卿:《文化哲学十五讲》,北京大学出版社 2004 年版。

21.胡潇:《文化现象学》,湖南人民出版社 1991 年版。

22.张文勋、施惟达:《民族文化学》,中国社会科学出版社 1998 年版。

23.司马云杰:《文化社会学》,山东人民出版社 1987 年版。

24. 孟繁华:《众神狂欢:世纪之交的中国文化现象》,今日中国出版社 1997 年版。

25.钮先钟:《战略研究》,广西师范大学出版社 2003 年。

26. 唐晋主编:《论剑:崛起进程中的中国式软实力》(壹),人民出版社 2008 年版。

27.王晓德:《美国文化与外交》,世界知识出版社 2000 年版。

28.王志珂:《福柯》,湖南教育出版社 1999 年版。

29.梁守德、洪银娴:《国际政治学概论》,北京大学出版社 2000 年版。

30.黄硕风:《综合国力新论:兼论新中国综合国力》,中国社会科学出版社 1999 年版。

31.关世杰:《国际传播学》,北京大学出版社 2004 年版。

32.潘一禾:《文化安全》,浙江大学出版社 2007 年版。

33.沈壮海主编:《软文化 真实力》,人民出版社 2008 年版。

34.郑小云:《文化认同与文化变迁》,中国社会科学出版社 1995 年版。

35.王逸舟、谭秀英:《中国外交六十年(1949—2009)》,中国社会科学出版社 2009 年版。

36.王逸舟:《当代国际政治析论》,上海人民出版社 1995 年版。

37.陈正良:《中国"软实力"发展战略研究》,人民出版社 2008 年版。

38.陈卫星:《传播的概念》,人民出版社 2004 年版。

39.孙晶:《文化霸权理论研究》,社会科学文献出版社 2004 年版。

40.张骥等:《文化与当代国际政治》,人民出版社 2003 年版。

41. 叶自成:《新中国外交思想:从毛泽东到邓小平》,北京大学出版社 2001 年版。

42.张国玉:《国家利益与文化政策》,广东人民出版社 2005 年版。

43.黄仁伟:《中国崛起的时间和空间》,上海社会科学院出版社 2002 年版。

44.韩源:《国家文化安全论:全球化背景下的中国战略》,社会科学文献出版社 2013 年版。

45.龚铁鹰:《软权力的系统分析》,天津人民出版社 2008 年版。

46.张岱年、程义山:《中国文化与文化论争》,中国人民大学出版社 1990

年版。

47.丁宗和:《东西方文化交融的道路与选择》,四川人民出版社1993年版。

48.俞新天:《强大的无形力量》,上海人民出版社2007年版。

49.王岳川,胡淼森:《文化战略》,复旦大学出版社2010年版。

50.童世骏:《文化软实力》,重庆出版社2008年版。

51.陈阳:《全球传播》,北京大学出版社2009年版。

52.叶琼丰:《时空隧道:网络时代话传播》,复旦大学出版社2001年版。

53.〔英〕戴维·钱尼:《文化转向——当代文化史概览》,戴从容译.江苏人民出版社2004年版。

54.〔美〕欧文·拉兹洛:《多种文化的星球——联合国教科文组织国际专家小组报告》,戴侃等译,社会科学文献出版社2001年版。

55.〔英〕爱德华·泰勒:《原始文化》,连树声译,广西师范大学出版社2005年版。

56.〔美〕克利福德·格尔茨:《文化的解释》,韩莉译,译林出版社1999年版。

57.〔德〕克劳塞维茨:《战争论》第1卷,中国人民解放军军事科学院译,商务印书馆1997年版。

58.〔美〕汉斯·J.摩根索:《国家间政治——为权力与和平而斗争》,杨岐鸣、王燕生等译,商务印书馆1993年版。

59.〔美〕亨廷顿:《文明的冲突与世界秩序的重建》,周琪等译,新华出版社2002年版。

60.〔美〕约瑟夫·奈:《美国霸权的困惑——为什么美国不能独断专行》,郑志国等译,世界知识出版社2002年版。

61.〔美〕约瑟夫·奈:《美国定能领导世界吗》,何小东、盖玉云译,军事译文出版社1992年版。

62.〔美〕约瑟夫·奈:《软力量——世界政坛成功之道》,吴晓辉等译,东方出版社2005年版。

63.〔英〕戴维·赫尔德等:《全球大变革:全球化时代的政治、经济与文化》,杨雪冬等译,社会科学文献出版社2001年版。

64.〔美〕傅立民:《论实力——治国方略与外交艺术》,刘晓红译,清华大学出版社2004年版。

65.〔法〕路易斯·多洛:《国际文化关系》,孙恒译,上海人民出版社1987年版。

66.〔美〕曼纽尔·卡斯特:《认同的力量》,曹荣湘译,社会科学文献出版社2006年版。

67.〔加〕马修·弗雷泽:《软实力——美国电影、流行乐、电视与快餐的全球统治》,刘满贵等译,新华出版社2005年版。

68.〔美〕阿里夫·德里克:《后革命氛围》,王宁等译,中国社会科学出版社1999年版。

69.〔荷〕C.A.冯·皮尔森:《文化战略》,刘利圭、蒋国田、李维善译,中国社会科学出版社1992年版。

70.〔意〕葛兰西:《狱中札记》,葆煦译,人民出版社1983年版。

71.〔美〕本尼迪克特:《文化模式》,社会科学文献出版社2009年版。

72.〔英〕斯科特·拉什、西莉亚·卢瑞:《全球文化工业:物的媒介化》,要新乐译,社会科学文献出版社2010年版。

73.〔日〕星野昭吉:《变动中的世界政治——当代国际关系理论沉思录》,刘小林、王乐理等译,新华出版社1999年版。

74.〔美〕爱德华·萨义德:《东方学》,王宇根译,三联书店1999年版。

75.〔美〕乔舒亚·库珀·雷默等:《中国形象——外国学者眼中的中国》,沈晓雷等译,社会科学文献出版社2006年版。

76.〔美〕爱德华·萨义德:《文化与帝国主义》,李琨译,三联书店2003年版。

77.〔美〕威尔伯·施拉姆、威廉·波特:《传播学概论》,李启、周立方译,新华出版社1984年版。

78.〔美〕道格拉斯·诺斯,罗伯斯·托马斯:《西方世界的兴起》,厉以平、蔡磊译,华夏出版社1999年版。

79.〔美〕保罗·肯尼迪:《大国的兴衰》,陈景彪等译,国际文化出版公司2006年版。

80.〔美〕阿尔文·托夫勒:《权力的转移》,刘江等译,中共中央党校出版社1991年版。

81.〔美〕梅尔文·L·德弗勒、埃弗雷特·E·丹尼斯:《大众传播通论》,严建军等译,华夏出版社1989年版。

82.〔美〕马克·波斯特:《第二媒介时代》,范静哗译,南京大学出版社2000年版。

83.〔法〕马克·第亚尼:《非物质社会》,滕守尧译,四川人民出版社1998年版。

84.〔美〕M.卡斯特:《网络社会的崛起》,夏铸九等译,社会科学文献出版社 2003 年版。

85.〔法〕洛特菲·马赫兹:《世界传播概览:媒体与新技术的挑战》,郭春林译,中国对外翻译出版公司 1997 年版。

86.〔美〕保罗·莱文森:《数字麦克卢汉:信息化新纪元指南》,何道宽译,社会科学文献出版社 2001 年版。

二、论文

1. 陆扬:《论文化在马克思哲学中的地位》,《毛泽东邓小平理论研究》2003 年第 4 期。

2.邹广文:《文化、文化本质与文化变迁》,《中共天津市委党校学报》2004 年第 4 期。

3.林宗:《文化经济论的时代意义》,《思想战线》2006 年第 1 期。

4. 沈本秋:《扩张主义文化与文化扩张》,《湛江师范学院学报》2002 年第 1 期。

5.周丕启:《国家大战略概念与原则》,《现代国际关系》2003 年第 7 期。

6.周余云:《论政党外交》,《世界经济与政治》2001 年第 7 期。

7.沈国放、赵启正:《赵启正谈跨文化交流》,《世界知识》2008 年第 4 期。

8.孙晓凌、汪北华:《从思维方式看中西文化差异》,《河海大学学报》(哲社版)2003 年第 5 期。

9. 杨金海:《文化帝国主义与军事帝国主义》,《马克思主义与现实》1999 年第 4 期。

10. 曾端祥:《"全球化"发展新态势与中国战略选择》,《江汉大学学报》2001 年第 1 期。

11.梁凯音:《对中美关系中的中国国际话语权问题的研究》,《东岳论丛》2010 年第 7 期。

12. 陈东晓:《试论国际制度的本质特征及其与美国霸权的互动关系》,《国际政治研究》2004 年第 3 期。

13. 卢新德:《文化软实力建设与维护我国意识形态安全》,《山东大学学报》(哲学社会科学版),2010 年第 3 期。

14.刘轶:《政治意图、文化软实力与文化产业》,《江淮论坛》2009 年第

5 期。

15.杨阳:《浅析文化在国际关系中的作用》,《现代国际关系》2002 年第 4 期。

16.于炳贵、郝良华:《全球化进程中的国家文化安全问题》,《哲学研究》2002 年第 7 期。

17.吕芳、殷存毅:《认同政治与国家的衰落——兼评亨廷顿的新作〈我们是谁?〉》,《世界经济与政治》2005 年第 5 期。

18.胡文涛、招春袖:《英国文化外交:提升国家软实力的成功之路》,《太平洋学报》2010 年第 9 期。

19.彭姝祎:《法国对外文化活动及其启示》,《对外传播》2010 年第 8 期。

20.吴咏梅:《浅谈日本的文化外交》,《日本学刊》2008 年第 5 期。

21.张杰:《文化自觉、文化战争、文化立国———世界"现代性"进程中的文化三部曲》,《南京社会科学》2008 年第 2 期。

22.谢晓娟:《毛泽东关于文化地位的思想及其在改革开放初期的继承与发展》,《辽宁师范大学学报》(社会科学版)2012 年第 1 期。

23. 黄力之:《论国家形象视域中的文化软实力问题》,《宁夏社会科学》2011 年第 4 期。

24.孙红霞、李爱华:《文化外交的独特价值》,《山东师范大学学报》(人文社科版)2007 年第 1 期。

25.冯惠玲、胡百精:《北京奥运会与文化中国国家形象构建》,《中国人民大学学报》2008 年第 4 期。

26. 赵俊:《文化全球化分析——国际关系视角下的文化全球化》,《社会科学》2003 年第 3 期。

27.刘德斌:《"软权力"说的由来与发展》,《吉林大学社会科学学报》2004 年第 7 期。

28.武晓荣、王晓芳:《中国文化服务贸易现状与对策研究》,《北京联合大学学报》(人文社会科学版)2013 年第 5 期。

29. 罗建波:《中国崛起的对外文化战略———一种软权力的视角》,《中共中央党校学报》2006 年第 3 期。

30. 苏长和:《中国的软权力——以国际机制与中国的关系为例》,《国际观察》2007 年第 2 期。

31. 李智:《软实力的实现与中国对外传播战略》,《现代国际关系》2008

年第 7 期。

32.张占、李海军:《国际政治中的中国软实力三要素》,《中国特色社会主义研究》2003 年第 4 期。

33.张帆、王红梅:《文化的力量:德国歌德学院的历史和启示》,《比较教育研究》2006 年第 11 期。

34.金开诚:《中国传统文化的四个重要思想及其古为今用》,《新华文摘》2007 年第 1 期。

35.赵玉华:《中国传统文化基本内涵探析》,《东岳论丛》2008 年第 5 期。

36.佘远富:《十七大以来中国共产党对马克思主义文化观的创新与发展》,《扬州大学学报》(人文社会科学版)2012 年第 5 期。

37.周凯:《美国价值观传播的文化介质解析》,《当代传播》2011 年第 4 期。

38.吴咏梅:《"哆啦 A 梦"让世界亲近日本》,《世界知识》2008 年第 16 期。

39.林华东:《制约语言传播的几个因素——论汉语的国际推广》,《绍兴文理学院学报》2007 年第 3 期。

40.董璐:《孔子学院与歌德学院:不同理念下的跨文化传播》,《国际关系学院学报》2011 年第 4 期。

41.金立鑫:《试论汉语国际推广的国家战略和学科战略》,《华东师范大学学报》2006 年第 4 期。

42.陈清华:《关于海外受众接受心理的外宣策略》,《江苏社会科学》2010 年第 4 期。

43.张胜军:《新世纪中国民间外交研究:问题、理论和意义》,《国际观察》2008 年第 5 期。

44.高飞:《加强软实力建设——提升中国的国际影响力》,《当代世界》2012 年第4 期。

45. 檀有志:《网络外交：美国公共外交的一件新式武器》,《国际论坛》2010 年第 1 期。

46.罗公利、李玉良:《试论儒家思想的对外传播》,《齐鲁学刊》2010 年第 6 期。

47.宫玉萍、赵刚:《国际传播中的"软权力"与信息控制权》,《当代世界》2007 年第 10 期。

48.韩源:《中国国家文化安全形势评析》,《当代世界与社会主义》2004 年第 4 期。

49.于炳贵、郝良华:《文化帝国主义与国家文化安全》,《中共中央党校学报》2005 年第 3 期。

50.刘勃然、黄凤志:《当代网络空间国际政治权力格局探析》,《学术论坛》2012 年第 7 期。

51.陈志瑞:《关于和平崛起的文化战略》,《教学与研究》2004 年第 4 期。

52.王坚方:《网络帝国主义:价值裂变与和合思想的文化互动》,《现代哲学》2001 年第 4 期。

53.刘熠:《网络环境下议程设置功能在危机传播中的应用》,《东南传播》2010 年第 6 期。

54.何明升:《网络文化建设的两个视点与多主体协同发展》,《兰州大学学报》(社会科学版) 2013 年第 1 期。

55.蔡翠红:《国际关系中的网络政治及其治理困境》,《世界经济与政治》2011 年第 5 期。

56.〔美〕爱德华·萨义德:《文化与帝国主义》,《马克思主义与现实》1999 年第 4 期。

57.江志君:《我国版权贸易逆差扩大问题透视》,《中国贸易报》2006 年 3 月 24 日。

58.郑杭生:《美国民主价值观的虚伪性》,《人民日报》1999 年 06 月 01 日.

59.蔡玮:《从技术控制到政治塑造——美国"互联网自由"战略的解读与批判》,《学习时报》2011 年 03 月 28 日。

60.孟祥青:《中国国际角色完成历史性转变》,《环球时报》2006 年 01 月 05 日。

61.王岳川:《中国软实力与文化安全》,《光明日报》2010 年 07 月 29 日。

62.汤一介:《"文明的冲突"与"文明的共存"》,《文汇报》2004 年 12 月 24 日。

三、外文期刊

1.Werner J. Severn, James W. Tankard,Jr.Communication Theories:Origins, *Methods and Uses inthe Mass Media*.USA: Addison Wesley Longman,Inc. 2000 (5th edition). p.111.

2.Joseph.Nye Jr.The Rise of China's Soft Power.Op-Ed.*The Wall Street*

Journal Asia, December 29, 2005.

3.Lester Pearson: *Democracy in World Politics. Princeton*: Princeton University Press, 1995. pp.83–84.

4.Eytan Gilboa, Searching for a Theory of Public Diplomacy, *Annals of the American Academy of Political and Social Science*, Vol. 616（Mar , 2008）, pp.55–77.

5.Macbride & Sean, Many voices, *one world: communication and society*, today and tomorrow, esco, 1984.

6.Jose Vericat. Is the Google World a Better Place. *Journal of International Affairs*, Vol. 24, No. 1, 2010. p.186.

7.Evgeny Morozov, Technology´s Role in Revolution: Internet Freedom and Political Oppression, *The Futurist*, July–August 2011, pp.18–21.

后 记

《当代中国对外文化交流战略》是天津市艺术科学研究规划项目《当代中国对外文化交流发展战略研究》(E12004)的最终研究成果。

在文化软实力作用日益凸显的今天，对外文化交流在国家总体战略体系中的地位越发重要。因而引起了我的研究兴趣。博士毕业时我以"和平发展论域中的中国文化外交研究"为题，对对外文化交流相关问题进行了初步的理论探讨和研究，并以专著的形式出版。但至今回想起来其研究还远远不够，因为对外文化交流问题不仅仅是一种理论研究，更是一个实践、操作性课题。于是我萌发了从实践视角进行探讨、研究的想法，并申报天津市艺术科学研究规划项目，得以成功立项。本书与《和平发展论域中的中国文化外交研究》一起，共同构成了姊妹篇。

该书由我拟定提纲、统稿并组织实施。本书共分六章，其中第一、二、四、五、六章由张殿军撰写，第三章由张殿军、任春峰和薛冰共同撰写完成。

本书在撰写过程中得到了中共天津市委党校科社部、科研处等部门领导和同事以及天津市艺术科学研究规划办公室的大力支持和帮助，对此谨表诚挚的谢意。同时，本书能够得以出版，与天津人民出版社的责任编辑林雨女士的细心审校和热情帮助是分不开的，在此表示由衷的感谢。

本书在撰写中参考和借鉴了学界研究的相关成果，对此本书尽最大可能予以标注，若有遗漏和不妥之处，敬请见谅。

由于对外文化交流是一个系统、复杂的问题，加之作者的研究水平有限，课题中难免挂一漏万，恳请方家批评指正。

张殿军

2014 年 5 月 25 日